地方公共品有效供给研究

杨刚强 等 著

人民出版社

责任编辑:陈寒节

封面设计:徐 晖

图书在版编目(CIP)数据

地方公共品有效供给研究/杨刚强等著.—北京:人民出版社,
　2022.6

ISBN 978-7-01-024445-7

Ⅰ.①地… Ⅱ.①杨… Ⅲ.①公共物品-供给制-研究-中国

　Ⅳ.①F20

中国版本图书馆 CIP 数据核字(2022)第 013339 号

地方公共品有效供给研究

DIFANG GONGGONGPIN YOUXIAO GONGJI YANJIU

杨刚强 等 著

人 民 出 版 社 出版发行

(100706 北京市东城区隆福寺街 99 号)

北京盛通印刷股份有限公司印刷　新华书店经销

2022 年 6 月第 1 版　2022 年 6 月北京第 1 次印刷

开本:710 毫米×1000 毫米 1/16　印张:17

字数:272 千字

ISBN 978-7-01-024445-7　定价:69.00 元

邮购地址:100706　北京市东城区隆福寺街 99 号

人民东方图书销售中心　电话:(010)65250042　65289539

前　言

公共产品具有特定的效用溢出区域，人们对公共品的消费或享用程度受到地理空间等因素的影响。按照这一特征标准，公共品可划分为全球性、全国性和地方性公共品，本书聚焦于地方性公共品的有效供给。在我国财政分权体制下，地方政府是地方公共品供给的主体。有效提升地方政府公共品供给的质量和水平，促进基本公共服务均等化，是满足人民日益增长的美好生活需要的根本要求，是加快推进地方治理体系和治理能力现代化的重要内容，也是我国全面建设社会主义现代化国家的重要目标。

本书以习近平新时代中国特色社会主义思想为指导，立足我国高质量发展的新阶段，贯彻新发展理念，聚焦地方民生保障和生态环境领域短板弱项，重点分析了劳动力流动、高铁开通、信息披露、社会组织参与等对地方政府福利性支出和环境公共品供给的影响，提出了促进地方高质量公共品有效供给的激励机制、制度保障和政策建议，对于促进资源要素合理配置、推动地方高质量发展、加快构建"双循环"新发展格局、实现全体人民的共同富裕等具有重要的现实意义。

改革开放以来，我国经济发展和社会建设取得了举世瞩目的成就，人民生活水平大幅提升，基本公共服务支出持续增加。特别是党的十八大以来，我国坚持以人民为中心的发展思想，各地区全面推进公共服务领域供给侧结构性改革，不断加大基本公共服务的投入力度，提高基本公共服务共建能力和共享水平，基本公共服务供给水平和质量有了明显提升，人民群众获得感、幸福感不断增强。截至2020年，我国地方财政中教育、社会保障和就业、医疗卫生等支出分别占地方财政一般预算支出的16.47%、14.93%和8.96%，分别比2010年提高了10.46、3.18和2.56个百分点。目前，我国基本公共服务的制度框架初步形成，各级各类基本公共服务设施不断改善，国家基本公共服务项目和标准得到全面落实，各地教育、医疗卫生、文化体育、社会保障、生态环保和社会组织等方面存在的问题逐步缓解，基本公共服务均等化水平稳步提升，全面建成小康社会取得伟大历史性成就。但我国发展不平衡不充分的问题依然存在，民生保障还有短板，社会治理还有弱项。在新发展阶段贯彻新发展理念、构建新发展格局，迫切需要科学评价我国地方基本公共服务供给的成效与短板，分析影响地方基本公共服务有效供给的因素及其作用机理，探索通过供给制度创新、供给机制创新、供给模式创新，激励地方政府增加高质量公共品的有效供给，向着实现基本公共服务均等化的目标迈进。

为促进地方公共品的有效供给，我国出台实施了一系列规划和政策。改革开放40多年来，人们对美好生活的需求也发生了极其深刻的变化，提出了许多新的发展需求。特别是人们对教育、医疗卫生、文化体育、社会保障、生态环境安全等领域的需求提高到了新的高度，对基本公共服务的获得感提高到了新的层次，对地方公共品的供给质量提出了新的要求。保障和改善民生是我国各项工作的出发点和落脚点。党的十八大以来，在新发展理念的引领下，坚持以人民为中心的发展思想，国家相继出台了《国家基本公共服务体系"十二五"规划》《"十三五"推进基本公共服务均等化规划》《"十四五"公共服务规划》等，进一步明确了基本公共服务的内涵、范围、标准等内容，建立了国家基本公共服务清单制，科学、合理地界定了基本公共服务与非基本公共服务的范围，将基本公共服务的供给予以制度化、标准化、法制化。围绕教育、医疗卫生、环境保护、基础设施、社会保障等公共服务供给，国家也出台了相应的专项规划，明确了规划的目标、重点内容和保障措施等。2016 年 8 月，国务院出台了《关于推进中央与地方财政事权和支出责任划分改革的指导意见》，要求科学、合理地划分中央与地方财政事权和支出责任，形成中央领导、合理授权、依法规范、运转高效的财政事权和支出责任划分模式，落实基本公共服务提供责任，提高基本公共服务供给效率，促进各级政府更好地履职尽责。① 党的十九大指出，中国特色社会主义进入新时代，我国社会的主要矛盾已经转化为人民日益增长的美好生活需要和不平衡不充分的发展之间的矛盾；同时，明确提出了习近平新时代中国特色社会主义思想和基本方略，其中之一就是坚持在发展中保障和改善民生，核心就是要在发展中补齐民生短板、促进社会公平正义；明确提出了新时代地方政府基本公共服务供给的新要求、新目标，要求使人民的获得感、幸福感、安全感更加充实、更有保障、更可持续。② 2018 年 1 月，国务院办公厅印发了《基本公共服务领域中央与地方共同财政事权和支出责任划分改革方案》，明确了基本公共服务领域中央与地方共同财政事权范围，制定了基本公共服务保障的国家基础标准，规范了基本公共服务领域中央与地方共同财政事权的支出责任分担方式，要求调整完善转移支付制度，推进省以下支出责任划分改革。③ 此后，国务院办公厅相继出台了医疗卫生、生态环境保护、公共文化、应急救援等领域中央与地方财政事权和支出责任划分改革方案，明确要求建立权责清晰、财力协调、区域均衡的中央和地方财政关系，形成稳定的各级政府事权、支出责任和与财力相适应的制度，健全财政保障机制，有效促进地方公共品的供给。特别是 2021 年出台的《国家基本公共服务标准（2021 年版）》，进一步明确了现阶段政府兜底保障的基本公

---

① 国务院：《关于推进中央与地方财政事权和支出责任划分改革的指导意见》，2016 年 8 月 24 日，见 http://www.gov.cn/zhengce/content/2016-08/24/content_ 5101963. htm。

② 习近平：《决胜全面建成小康社会 夺取新时代中国特色社会主义伟大胜利——在中国共产党第十九次全国代表大会上的报告》，人民出版社 2017 年版。

③ 国务院办公厅：《关于印发基本公共服务领域中央与地方共同财政事权和支出责任划分改革方案的通知》，2018 年 1 月 27 日，见 http://www.gov.cn/zhengce/content/2018-02/08/content_ 5264904. htm。

共服务范围与标准，提出要以标准化推动基本公共服务均等化。国家"十四五"规划和 2035 年远景目标纲要，也明确提出了"十四五"时期我国基本公共服务供给的指导方针、目标任务、战略举措，将基本公共服务实现均等化作为 2035 年远景目标之一，① 对地方基本公共服务供给指明了方向，为增进民生福祉、实现共同富裕奠定了坚实的基础。

促进地方公共品的有效供给，需要深刻把握地方公共品供给领域的短板弱项。我国基本公共服务领域还存在不少短板，城乡区域间差异明显，群众在就业、教育、医疗、居住、养老等方面面临不少难题，公共品供给不平衡不充分的问题突出，具体表现为公共品供需数量与质量、供需结构与层级、供给效率与公平之间的矛盾较为突出。所谓不平衡，既有东部地区、中部地区、西部地区和东北地区间及各行政区域之间的不平衡，也有城乡之间的不平衡。特别是随着我国城镇化进程的加快，以及高铁等交通基础设施的改善，流动人口跨省流动、省内跨市流动的规模不断增大，改变了区域间要素流动的方向和居民对公共服务选择的区位偏好，加速了城乡之间、城市之间资源共享和功能再配置，对基本公共服务资源的配置和均等化产生了深远的影响。总体呈现出"大城市公共服务拥挤、中小城市公共服务供给不足、城乡公共服务差距明显"的现象，使得地方公共服务供给和均等化成为区域治理的难题。与居民对美好生活的需求相比，各地区公共服务资源配置在数量、质量、结构等方面还存在不匹配、不协调、不均衡等问题。② 而不充分，既有消费满足程度的不充分，也有社会保障覆盖范围的不充分；既有公共品供给规模层面的不充分，也有质量层面的不充分。公共品供给不平衡，会诱发需求的不平衡；而供给的不充分，会抑制居民消费需求增长。特别是近年来，我国户籍制度、医疗保险制度等改革的不断深入，有效释放了居民的基

---

① 《中华人民共和国国民经济和社会发展第十四个五年规划和 2035 年远景目标纲要》，人民出版社 2021 年版。

② 杨刚强等：《官员晋升激励、标尺竞争与公共品供给——基于 286 个城市的空间杜宾模型实证》，《宏观经济研究》2017 年第 8 期。

本公共服务需求，引发了居民对基本公共服务需求的聚集效应、选择效应和分选效应，[①] 使得基于刚性行政区划基础上进行的基本公共服务资源配置面临新的挑战。

促进地方公共品的有效供给，需要深刻理解地方公共品供给不足的缘由。从公共品特性来看，地方公共品具有显著的外部性特征和空间溢出效应，并体现出一定的空间维度。由于生产和消费主体成本分摊和收益分享的不对称，公共品供给存在显著的市场失灵，需由政府通过公共财政预算的方式加以解决。在我国现有财政体制下，中央与地方就基本公共服务领域实施了财政事权和支出责任划分，基本公共品绝大多数是由地方政府提供，中央政府通过转移支付的方式为地方政府提供资金支持。[②] 地方政府普遍针对其管辖区域空间内进行公共资源配置，会对其他区域产生相应的空间外部性。个体的理性行为往往会导致集体行动的困境，如果将地方政府间公共品供给看成是多个地方政府组成的集体行动，地方政府作为集体成员会存在不配合或免费"搭便车"的动机，导致供给效率损失及合作供给水平降低，从而使地方公共品的供给停留在无效的低水平上，[③] 致使地方公共品供给不足的问题更加严重。此外，地方公共品供给不足的其他可能原因在于：一是地区经济和社会发展的不平衡。改革开放以来，我国区域战略经过多次调整，各地区的经济社会发展差距也由不断扩大到逐渐走向协调。当前，地区之间的差距也由东西部地区间的发展差距逐渐演变为东西差距与南北差距并存，城乡收入差距和消费差距依然突出。在新发展阶段，我国进入区域高质量发展的新时期，亟待解决的重大现实问题是如何处理好国家统筹决策与区域发展内

① Gilles Duranton and Diego Puga, "The Economics of Urban Density, Journal of Economic Perspectives", 2020, 34, pp. 3-26.
② 贾晓俊、岳希明、王怡璞：《分类拨款、地方政府支出与基本公共服务均等化》，《财贸经济》2015年第4期。
③ Olson. M., "The Logic of Collective Action: public goods and the theory of groups", Cambridge: Harvard University Press ltd, 1965。

生激励的关系,实现区域经济发展中公平与效率的平衡。[①] 地区经济发展的失衡直接反映在社会发展的差距上,在我国基本公共服务供给体制和制度不断完善的情况下,地区间基本公共服务供给的差距,主要原因在于地区间发展水平的差距。二是地方政府间公共品共建共治共享的治理机制不匹配。1994 年我国实施分税制改革以来,中央和地方事权与支出责任不适应、财力与事权不匹配的现象不断凸显,进一步强化了地方政府追求财政收入最大化的行为动机。[②] 在我国现有财政分权和财政竞争机制下,基于刚性行政区划基础上的区域地方政府分割治理,会改变相邻区域地方政府公共品支出策略,出现"搭便车"等策略互动的行为,致使其对教育、医疗卫生、生态环境等公共品供给奉行少分担多受益的原则,导致此类公共品功能分裂,供给出现结构失衡和效率损失的现象。三是政绩考核机制与公共品供给偏好不协同。由于中央和地方政府的目标函数不一致,地方政府往往不是以公共福利为目标,而是具有某种自利性动机。[③] 以 GDP 为主要考核指标的政治晋升机制,使得地方政府在政绩考核和经济利益竞争的驱使下,更偏好追求经济规模最大化,而忽视教育、医疗卫生、环境治理等短期难以见效的公共品投资[④],地方财政支出表现出明显的生产性偏向。四是公共品供给激励机制的不相容。中央政府通过对地方政府的财政激励、晋升激励[⑤],以及通过公共财政政策对私人部门的激励,来提高基本公共服务的供给效率。但由于各地方政府对公共财政目标认知水平的差异,往往会展开竞争,造成公共服务供

① 刘秉镰、朱俊丰、周玉龙:《中国区域经济理论演进与未来展望》,《管理世界》2020 年第 2 期。

② 王雯:《地区间外溢性公共品供给研究——以环境治理为例》,经济科学出版社 2017 年版,第 46 页。

③ Garzarelli, G. , "Old and New Theories of Fiscal Federalism, Organizational Design Problems, and Tiebout", Journal of Public Finance and Public Choice, 2004, 22 (1-2), pp. 91-104。

④ 刘蓉、刘楠楠、黄策:《地区间外溢性公共品的供给承诺与匹配效率研究》,《经济研究》2013 年第 10 期。

⑤ 张华:《地区间环境规制的策略互动研究—对环境规制非完全执行普遍性的解释》,《中国工业经济》2016 年第 7 期。

给的"政府失灵"。同时，由于受经济利益和政治利益的影响，政府机构公共财政政策对私人部门所产生的鼓励和促进作用被削减了，私人部门对公共品供给尚未体现出明显的偏好，造成地方公共品供给存在"市场失灵"。

促进地方公共品的有效供给，需要深入推进激励机制改革和制度创新。公共品的基本特点在于能够为社会及其成员带来正的外部性。促进地方公共品的有效供给是一项复杂的系统工程，在理论和实践上都应具有新的机制、新的路径、新的保障。在新发展阶段，激励地方政府公共品的有效供给，要以习近平新时代中国特色社会主义思想为指导，贯彻新发展理念、构建新发展格局，以公共服务领域供给侧结构性改革为主线，以完善财政激励地方公共品有效供给机制和供给制度为路径，以健全居民公共品需求表达机制、传导机制和地方官员绩效考核机制为保障，矫正地方政府公共品供给结构偏好，提升地方政府公共品支出效率。一是在问题对象上，聚焦地方公共品供需不平衡的结构性矛盾，改变以往主要基于总量因素的政策思路，转到地方公共品供给结构失衡、效率损失等一系列重大结构性失衡上。有效矫正地方政府公共品供给结构偏好，补齐地方公共品供给的短板弱项，提升地方政府公共品支出效率，促进不同类型公共品的有效供给。二是在实施路径上，要优化公共品供给税收激励机制、公共财政的支出激励机制、公共品供给市场化激励机制，实现财政分权下地方政府公共品支出结构偏好与公共品需求偏好匹配、公共品供给效率与公平的统筹兼顾。创新地方公共品有效供给模式，推进公共品智能化治理与供给，推动区域协同供给，强化应急防控能力。要在坚持地方政府负责公共品供给的前提下，充分发挥市场机制作用，鼓励社会力量参与，推动地方公共品供给主体和提供方式多元化。要加快服务型政府建设，建立保障地方公共品供给的财政激励机制；要充分发挥市场机制的作用，发挥政府投入对启动社会投资的杠杆作用，努力形成政府推动、多元投资、市场运作的资本经营机制，积极鼓励民间资本进入地方公共品供给领域，培育社会企业，实现地方公共品供给的多元化。三是在保障措施上，要从以往主要依靠政策层面的调整，转到以改革的办法突破体制机制障碍，通过推进各种基础性改革，为地方政府公共品有效供给创造条件。要加快完善财政分权和转移支付制度，健全区域公共品协同供给的财政体制；促进城乡公共品供给制度的衔接，优化公共品供给空间格局。健全激励地方政府民生性支出的相关制度，完善居民需求表达机制，增强地方政府对居民公共品需求的回应性。

目　　录

导　论

　　我国已开启全面建设社会主义现代化国家新征程，对地方公共品供给提出了新的更高要求。在新发展阶段，实现地方公共品的有效供给，既与各地方政府的财政能力和行政能力密切相关，也与要素变革、政策创新和制度建设等因素密切相关，许多具体问题还有待深入探讨：如何矫正地方政府公共支出结构偏向？如何认识高铁发展对地方医疗卫生资源配置产生的影响？环境信息披露能否有效促进地方环境公共品的供给？社会组织在促进地方公共品供给中发挥了怎样的作用？这既是新发展阶段实现地方公共品高质量供给要关注的重要问题，也是本书讨论的核心议题。

一、研究背景与意义

　　经济学基本理论认为，竞争市场对配置私人品一般是有效的，但对配置公共品往往会出现市场失灵的情况。公共政策的重要目标就是要消除公众因经济收入水平差异而导致的享有公共服务机会的不均，加快促进地方公共服务的均等化是地方政府治理的重要目标。实现地方公共品的有效供给，需要充分发挥有为政府的作用，形成有效的激励机制和制度供给。在我国财政分权体制下，地方政府是地方公共品供给的主体，对其管辖区域空间内进行公共资源配置。新中国成立以来，特别是党的十八大以来，我国始终把改善和保障民生作为政府工作的重中之重，各地区教育、医疗卫生、社会保障等公共品供给质量和水平都有了大幅提升，生态环境得到有效改善，全体人民能够充分共享我国改革和发展的成果。

2021 年 7 月 1 日，习近平总书记在庆祝中国共产党成立 100 周年大会上宣告："经过全党全国各族人民持续奋斗，我们实现了第一个百年奋斗目标，在中华大地上全面建成了小康社会，历史性地解决了绝对贫困问题"，"正在意气风发向着全面建成社会主义现代化强国的第二个百年奋斗目标迈进"。① 社会主义现代化国家的重要标志之一在于基本公共服务实现均等化，这就要求各地方政府加快补齐基本公共服务短板，努力提升公共服务质量和水平。为实现这一目标，客观上要求我们从理论与实践的视角审视地方公共品供给的特征、存在的短板弱项，以及影响地方公共品高质量有效供给的因素，构建与新发展阶段要求相适应的地方公共品供给制度与政策体系。

当前，世界正经历百年未有之大变局，新冠肺炎疫情全球蔓延的冲击和国际政治格局的调整，加速了逆全球化的趋势，一些国家的公共政策范式开始转向保护社会。与此同时，我国经济由高速增长转向高质量发展的新阶段，加快构建以国内大循环为主体、国内国际双循环相互促进的新发展格局，推进国家治理体系和治理能力现代化，这对我国地方政府公共服务的供给能力提出了更高要求，对地方公共服务供给的质量和水平提出了更高标准。在新发展阶段，促进地方公共品的高质量供给，有着特殊的重要现实意义，具体体现在如下几个方面。

一是促进地方公共品供给是实现共同富裕的本质要求。共同富裕是社会主义的本质要求，是中国式现代化的重要特征。开启全面建设社会主义现代化国家新征程，根本目的是满足人民日益增长的美好生活需要，实现基本公共服务均等化是关键。国家"十四五"规划和 2035 年远景目标纲要，就民生福祉提出了具体的目标，要在"十四五"时期我国基本公共服务均等化水

---

① 习近平：《在庆祝中国共产党成立 100 周年大会上的讲话》，《求是》2021 年第 14 期。

平明显提高，全体人民共同富裕迈出坚实步伐。2021年8月，习近平总书记在中央财经委员会第十次会议上强调："共同富裕是全体人民的富裕，是人民群众物质生活和精神生活都富裕"，"坚持在发展中保障和改善民生"，"把保障和改善民生建立在经济发展和财力可持续的基础之上，重点加强基础性、普惠性、兜底性民生保障建设"。作为再分配过程的重要工具，基本公共服务均等化是解决收入分配不公、实现社会公平的主要形式。① 当前，我国公共服务领域还存在许多短板弱项，城乡区域间基本公共服务供给水平和质量差距明显，与实现现代化国家和共同富裕的目标要求尚有较大差距。各地方政府应充分认识到地方公共品高质量供给的重大历史意义，坚持以人民为中心的发展思想，坚持尽力而为、量力而行，着力提升基本公共服务均等化水平，创新地方公共品供给方式，完善公共服务保障体系，让改革和发展的成果更多更公平地惠及全体人民，不断增强人民群众获得感、幸福感、安全感。

二是促进地方公共品供给是实现高质量发展的必然要求。随着新一轮科技革命的加速推进和生产要素的变革，高质量发展的动力源泉正处于换挡升级的关键时期。在新发展阶段，推动质量变革、效率变革、动力变革，关键在于坚持发展是第一要务、创新是第一动力、人才是第一资源。实现地区经济的高质量发展，需要集聚高质量的生产要素，推进产业集聚和产业结构升级。地方公共品的高质量供给，能有效提升城市承载能力和社会服务功能，加速资本、人力、技术等要素的集聚，促进城乡区域之间资源要素高效流动和优化配置，为提高生产要素效率、引导产业空间布局、培育新兴产业、激发经济高质量发展的新动能等提供重要保障，有利于形成更多新的增长点、增长极，以更现代化的产业链条支撑起更高的发展质量，② 这也为促进城乡融合发展、区域协调发展奠定了坚实基础。

---

① 李实、朱梦冰：《推进收入分配制度改革 促进共同富裕实现》，《管理世界》2022年第1期，第52—61页。

② 金观平：《激活高质量发展的动力活力》，《经济日报》2020年9月19日。

三是促进地方公共品供给是构建新发展格局的重要支撑。促进基本公共服务均等化，是国家治理体系的重要内容，是国家治理能力现代化的具体目标。新发展阶段，构建以国内大循环为主体、国内国际双循环相互促进的新发展格局，是我国统筹发展和安全，积极应对内外部环境深刻变化的必要战略举措。构建新发展格局，重要支撑是我国强大的国内市场，就是要结合我国生产力水平快速提升、需求结构发生重大变化的现实情况，要坚持扩大内需这个战略基点。当前，我国人均国内生产总值已超过 1 万美元，实现了全面小康。促进地方公共品的供给，进一步提高公共服务的供给水平和社会保障能力，既是有效推进逆周期调节的重要举措，也是加快替代民间储蓄间接增加居民可支配收入，有效释放居民消费潜力和促进消费升级的重要路径，有利于扩大国内消费需求和促进供给侧结构性改革，为畅通国内大循环、促进国内国际双循环提供重要支撑。

二、研究框架与内容

（一）研究框架

新发展阶段，推进地方公共品供给的研究，有着新的重要现实意义。本书围绕地方公共品供给的理论与政策，从不同视角研究了有效促进地方公共品供给的路径与政策。

首先，基于公共品供给理论，重点分析了国家公共政策调整背景下，政府职责和治理模式演进对地方公共品供给提出的新要求。与此同时，从财政分权的理论出发，阐述了我国在中央与地方财政事权与支出责任改革的基础上，晋升激励、税收激励和财政转移支付等影响地方公共品供给的机理与路径。

其次，基于地方公共品供给实践，重点分析了我国地方公共品供给呈现的阶段性、区域性特征，既有总量的刚性增长，也存在结构性失衡；全面分析了我国地方公共品供给的短板，并从地方经济发展水平和社会治理能力差异视角，以及城乡区域经济发展、地方政府公共品支出偏好、公共品供给激励机制、公共品需求约束差异等具体方面，阐述了对地方公共品供给的影响。

再次，基于地方公共品供给的现实问题，运用理论分析和实证检验相结合的方法，系统分析了劳动力流动对地方民生性公共品供给、高铁发展对地方医疗卫生资源供给、环境信息披露对地方环境公共品供给、社会组织对地方公共品供给的影响和作用机理，并从不同的视角，提出了促进地方公共品供给的政策建议。

最后，基于完善地方公共品供给的激励机制与政策保障，重点从完善地方公共品有效供给制度、优化地方公共品供给激励机制、创新地方公共品有效供给模式等视角，回答了新发展阶段，促进地方公共品高质量供给应构建怎样的政策体系，以及制度创新的方向等亟待解决的重大现实问题。

（二）主要内容与观点

本书对上述问题进行深入的分析，试图提出针对性的路径和具体政策建议，以期在全面建设社会主义现代化国家征程中，充分发挥地方政府在保障和改善民生、实现全体人民共同富裕进程中的积极作用。本书的具体内容和观点如下。

第一章分析了地方公共品的内涵和供给机理。地方公共品的外溢空间局限在一定地理范围内，具有一定的地区性或地理行政区域的限制，包括基础教育、医疗卫生、环境公共品等。在我国财政分权体制下，地方政府是地方公共品供给的主体。推进国家治理体系和治理能力现代化，是我国全面建设社会主义现代化国家的目标之一。社会治理是中国特色社会主义事业总体布局中社会建设的重要组成部分，是民生之盾。推进政府职能转变，建设服务型政府，必须强化地方政府的公共服务供给和社会治理职能，以高质量的公共服务推进社会治理现代化，以完善的社会治理体系保障公共服务有效供给。基于地方政府间竞争的财政分权能够有效促进地方经济社会发展，提升地方公共品供给的效率和优化资源配置的格局。在我国财政分权体制下，税收和转移支付激励是增进地方政府公共品供给的重要手段。

第二章分析了我国地方公共品供给特征与影响因素。随着我国财政事权改革的不断深入，以及地方政府财政能力和行政能力的提升，地方公共品供给呈现出明显的阶段性、区域性特征，既有总量的刚性增长，也存在结构性失衡。这种结构失衡，既体现在财政支出强度上，也体现在人均实际占有量上。与人民日益增长的美好生活的需求相比，地方公共品供给在一定程度上还存在着不匹配、不协调、不均衡等问题。这种现象的产生，是多种因素综合作用的结果，核心因素体现为地方经济发展水平和社会治理能力的差异，具体还包括地方政府公共品支出偏好、公共品供给激励机制、公共品需求约束等差异，致使地方公共品供给存在显著的空间异质性。

第三章讨论了劳动力流动对地方公共支出结构的影响。地方发展的实践表明，地方政府偏向于有利于招商引资和经济贸易的道路交通等基础设施投资，财政支出结构偏向于生产性公共品，而对教育医疗等民生性公共品的提供缺乏主动性。事实证明，随着产业结构的转型升级和户籍制度的逐步完善，地区间对生产要素竞争的内容和形式发生了改变，劳动力越来越成为稀缺的生产要素，地方政府不再仅仅关注于资本，对于劳动力的竞争也越发激烈。针对劳动力流动趋势和特征，地方政府应矫正公共品支出的结构性差异，完善地方政府基本公共服务供给的制度和政策体系，为优化资源要素配置、实现基本公共服务均等化提供保障。

第四章讨论了高铁对地方医疗卫生资源供给的影响。高铁具有显著的网络效应和结构效应，提高了站点城市间人口流动效率，进一步释放了居民对医疗卫生服务的需求，引发居民对医疗卫生服务资源需求的集聚效应、选择效应和分选效应。高铁开通，在短期内会显著影响城市医疗卫生服务的人均享有水平，会对超大城市与特大城市的医疗卫生服务造成显著的拥挤效应，其供给水平相对于过快增长的需求来说有所滞后；长期而言，高速铁路可能会给城市医疗卫生服务的供给和需求产生正向影响，区域之间医疗服务资源配置趋于协同，人均所享有的医疗资源将会大大提高。新发展阶段，地方政府应充分重视高铁的外溢效应，并基于多中心城市的格局，实现医疗卫生资源的协同配置，提高人口流入城市医疗卫生等基本公共服务供给质量和水平，加快补齐人口流出城市医疗卫生服务短板弱项，提升规模效应。

第五章讨论了环境信息披露对地方环境公共品供给的影响。激励地方政府增加环境公共品供给，完善环境治理体系，是我国绿色转型发展、建设生态文明、实现可持续发展迫切需要解决的重大现实问题。环境公共品供给存在一定的路径依赖，地方政府之间存在逐底竞争的现象，环境信息披露有助于促进当地与周边城市的环境公共品供给。环境信息披露程度对于当地的外资利用水平产生挤出作用，进而提升环境公共品供给水平。腐败程度较高的地区，环境信息披露的真实性受到质疑，故对于环境公共品供给的激励作用降低。各地方政府，应深入推进构建更加完善的环境信息披露制度，以环境信息披露引导清洁型外资企业入驻，推动环境问责从"督企"向"督政"转变，以有效促进地方环境公共品的高质量供给。

第六章讨论了社会组织对地方公共品供给的影响。党的十九届四中全会强调要"创新公共服务提供方式，鼓励支持社会力量兴办公益事业，满足人民多层次多样化需求，使改革发展成果更多更公平惠及全体人民。"以社会组织为主要代表的第三方力量参与公共服务供给，是对"政府失灵"和"市场失灵"的重要补充，可以有效解决公共服务供给中的难点和痛点问题，显著提升公共服务的供给质量和效率。政府治理能力的改善可以显著提升社会组织密度，从而提高公共服务供给水平。而政府治理能力与社会组织质量的互动作用尚不明显，二者难以在提高公共服务供给水平上形成合力。要进一步完善社会组织供给公共服务保障机制，加大政府向社会组织购买公共服务力度，提高社会组织供给公共服务能力。

第七章研究了地方公共品有效供给的激励机制与制度保障。各地方政府要以改革的办法突破体制机制的障碍，应基于不同区域公共品需求偏好和区域匹配机制，重构公共品供给政府与市场边界，重塑配套制度改革与财政政策体系。既包括现有财政分权和转移支付制度的改革，也包括公共服务供给制度、户籍制度、官员考核制度等配套制度的改革，以期形成有利于区域间公共品供给结构均衡、供给效率不断增进的公共服务供给制度保障体系。要构建合理的税收、公共财政支出、市场化等激励机制，实现财政分权体制下地方政府公共品支出结构偏好与公共品需求偏好匹配、公共品供给效率与公平的统筹兼顾。要促进公共服务供给模式的创新，实现由地方政府单一供给体系向以政府供给为主体，其他组织协同参与的多元供给体系转变；积极引入市场机制，通过合同外包、特许经营和内部市场等方式，发挥市场和社会组织等多种力量，实现多元主体的供给。要充分发挥新一代信息技术的作用，提高地方政府公共品供给效能，也要充分发挥地方政府间的联动合作供给，提高地方政府的公共品供给效率。

第一章 地方公共品内涵与供给机理

经济学理论普遍认为，公共品具有消费的非竞争性、受益的非排他性和效用的不可分割性等特征。与私人品供给相比，公共品供给会出现"市场失灵"的现象。为解决这一问题，我们主要关注政府的行为，政府承担了公共品供给的职责。按照公共品受益范围的大小，可以划分为全国性公共品和地方性公共品。在财政分权体制下，地方政府是地方公共品供给的主体。地方公共品存在显著的外部性，会出现"搭便车"的问题，地方政府公共品供给会出现低效率和"政府失灵"的现象。地方公共品具有显著的社会福利性质，地方政府对公共品等低弹性产品供给负有重要的职责，需要设计合理的激励机制和政策工具来达到社会的最优配置。

第一节 地方公共品内涵

一、地方公共品内涵

（一）公共品概念

公共品概念的提出源于人们对公共性问题认识的不断深入，有关公共品的概念和理论，经历了一个不断完善、不断丰富的过程。公共品（Public

Goods）是相对于私人品而言的。萨缪尔森在其发表的论文《公共支出的纯理论》《公共支出的理论图解》中，基于"私人产品——公共产品"的分类，从公共品的特征、公共品的供给机制视角，对纯粹公共品进行了经典的定义，极大地推进了公共品理论的研究。他认为公共品是指每个人消费这种产品，不会导致别人对该产品消费减少的药品与之对应的是私人品，即那些可以分割、可供不同人消费，并且对他人没有外部收益或成本的物品。①

针对公共品的不纯粹性和复杂性，学者们对萨缪尔森提出的公共品概念和理论进行了完善，后续的研究开始关注参与人效用函数以及公共品生产的技术特征对公共品供给本身的影响。② 马斯格雷夫（1959）进一步指明公共品的非竞争性特征以及由此造成的公共品在排他性方面更为困难，将非排他性引入公共品的定义，与非竞争性并列作为界定公共品的两大标准。③ 布坎南（1965）提出了"俱乐部理论"，该理论可以适用于从纯私人产品到纯公共产品的所有情况，纯私人产品就是最优会员数量为1的产品，纯公共产品最优会员数量为无穷大的产品，最优规模数量介于两者之间的为准公共品。俱乐部产品对于俱乐部以外的消费者是可以有效排他的，俱乐部可以通过私人或自愿供给的途径提供公共品。④ 奥克兰（1972）在俱乐部理论的基础上分析了拥挤性公共品供给的帕累托最优条件。他认为非竞争性是公共品区别于私人品的关键特征，当放松"增加一个消费者的边际成本为零"这一假设，并假定增加一个消费者会给其他人带来一个拥挤成本时，这一类公共品就是拥挤性公共品，即消费者从拥挤性公共品获得的效用会因为其他人的使用而减少。⑤ 阿特金森和斯蒂格利茨（1992）将萨缪尔森的公共品纯理论性

① 萨缪尔森：《经济学》，华夏出版社1999年版，第268页。
② 周业安、宋紫峰：《公共品的自愿供给机制：一项实验研究》，《经济研究》2008年第7期。
③ Musgrave R. A. The Theory of Public Finance-A Study in Public Economy. New York：McGraw-Hill Press，1959.
④ Buchanan J. M. An economic theory of clubs, Economica, 1965, pp. 1-14.
⑤ Oakland W. H. Congestion, public goods and welfare, Journal of public economics, 1972, 1（3）: pp. 339-357.

定义扩展到更贴近现实经济社会的一般性公共品，描述了介于公共品和私人品两极之间的准公共品的性质。他们认为"更为一般的情况是，有一类商品具有这样一种特质：某个人消费的增加并不会使他人的消费同量减少"。①乔治恩德勒（2002）从经济伦理学视角提出了定义公共品的两条原则，进一步扩展了公共品定义的外延。第一条原则是非排斥原则，与私人品比较，对受（公共品）影响的和受个人或集团权利限定的"消费"不排斥其他人的消费，不论出于技术原因或者效率的原因，还是出于法律或伦理的原因。第二条原则是非敌对原则，它假定与其他消费者的关系，缺乏敌对性或竞争性。②

私人品和公共品是从物品本身的属性来界定的，形成了基于消费属性上的非排他性和非竞争性，以及供给主体政策决策程序的公共选择两大类。正如贾康（2019）所言，萨缪尔森式定义解决了纯公共品和私人品的问题，在模糊的准公共品领域，需要加入布坎南式的"公共选择要素"，才能扩展到既合乎逻辑也正视现实，有效地解决绝大多数公共品都是准公共品所带来的盲区问题。他在原有公共品定义的基础上，提出了"权益-伦理型公共品"，即扩展的公共品范围包括：经典的公共品、准公共品、权益-伦理型公共品。在扩展的公共品定义下，政府既可以提供公共产品，也可以提供直观形式上的私人产品，如基础教育、医疗服务、住房等。公共产品内部各分类之间及其与私人产品之间的分界是可以随发展阶段、技术、市场、体制等相关因素和条件的不同而漂移的，前提是只要公共选择程序决定这么做。③

（二）地方公共品概念

公共产品都具有特定的效用溢出区域，人们对公共品的消费或享用程度

---

①　［英］安东尼·B. 阿特金森、［美］约瑟夫·E. 斯蒂格里：《公共经济学》，上海三联书店出版社 1992 年版。

②　乔治恩德勒：《面向行动的经济伦理学》，上海社会科学出版社 2002 年版，第 84 页。

③　贾康：《财政学通论》，中国出版集团、东方出版中心 2019 年版，第 56—57 页。

受到地理空间等因素的影响。按照公共品外溢空间范围的差异或受益范围的不同，可以分为全球性公共品、全国性公共品和地方性公共品。全球性公共品越来越受到世界各国的关注，公共品的外溢范围涉及两个及以上主权国家，如我国实施的"一带一路"建设、全球气候问题、全球公共卫生、全球安全、全球和平、跨越国界的通信与运输体系等。全国性公共品是在一国居住的居民都可受益的公共品，受益范围是全国性的，如国防、法律、全国治安、外交、电力等。地方性公共品是在某个地方居住的人才能受益的公共品，[1] 为某一地域内的居民集体受益，超过一定范围会大大减少效用的产品。本书研究的重点为地方性公共品，即公共品外溢空间局限在一定地理范围内，具有一定的地区性或地理行政区域的限制，包括基础教育、医疗卫生、环境公共品等。

表1—1　全球性、全国性、地方性公共品分类

全球性公共品	全国性公共品	地方性公共品
公共品的外溢范围涉及两个及以上主权国家，原则上能使全球居民共同受益	单一主权国家内居民均可享用的物品和服务，其受益范围是全国性的，由中央政府来负责提供	在某一特定区域内（而非全国）、具有一定的地区性和地理行政区域限制的公共品或服务，受益者主要是本辖区的居民。主要由各级地方政府供给
"一带一路"建设、全球气候问题、全球公共卫生、安全、和平、跨越国界的通信与运输体系等	国防、外交、法律法规、公共卫生、电力等	基础设施、基础教育、医疗卫生、区域环境治理等

资料来源：约瑟夫·E. 斯蒂格利茨：《公共部门经济学（第三版）》，中国人民大学出版社2005年版，第628—629页。

　　根据地方公共品的特征，基于不同的视角，地方公共品可以分为以下

---

　　① 约瑟夫·E. 斯蒂格利茨：《公共部门经济学》（第三版），中国人民大学出版社2005年版，第625页。

几类：

1. 按照竞争性和排他性特征程度的差别，地方公共品可以分为纯公共品、准公共品、私人品

公共品是一个外延极其丰富且处于不断发展变化中的经济学范畴，现实世界中纯公共品并不多见，大量的公共品实际上都是兼有公共品与私人品两种属性的物品或服务，"各种类型之间的界限有时是模糊的"。① 纯公共品在消费上不具有竞争性和排他性，消费上具有不可分割性，即增加一个消费者不会影响到其他消费者对该类产品的消费，如地方法律法规、社会治安等。除纯公共品和私人品外，现实社会中由于公共品外部性的存在，使得其竞争性和排他性程度存在明显差异的这类公共品称为准公共品。准公共品也可进一步细分为自然垄断资源和公共资源两类。其中，公共资源具有消费上的竞争性和非排他性，如环境、草地、拥挤的不收费公路等。这类公共品在消费上是公共的，但存在过度消费和拥挤的问题。自然垄断资源又可称为俱乐部公共品，具有消费的非竞争性和排他性特征，如消防、有线电视、电影院、不拥挤的收费公路、机场、港口、铁路、图书馆、影剧院等。对于此类公共品在没有达到拥挤之前，俱乐部内部成员对俱乐部产品的消费是平等的、非排他性的。当消费者成员超过一定数目时，就会发生拥挤现象，从而破坏了非竞争性特征。因此，俱乐部理论的核心问题是决定俱乐部成员的数量，即拥挤程度。私人品既有竞争性又有排他性的特征，且具有明晰的产权，通过市场交换可以实现供需均衡和资源配置的效率。公共品与私人品的边界并不是一成不变的，会随着技术的发展变化而动态变化。

---

① 曼昆：《经济学原理：微观经济学分册》，梁小民、梁砾译，北京大学出版社 2009 年版，第 233 页。

表1-2　纯公共品、准公共品、私人品分类

纯公共品	准公共品		私人品
非竞争性和非排他性特征	竞争性和非排他性特征	非竞争性和排他性特征	竞争性和排他性特征
	公共资源	自然垄断资源（俱乐部产品）	
排他成本高。直接由政府生产或由私人企业根据政府合同生产。通过预算分配。税收融资	产品集体消费，但会变得拥挤。由私人企业生产或由公共部门提供。由市场分配或直接由预算分配。从销售收入中获得所需经费或税收融资	排他成本低。主要由私人企业生产。通过市场分配。从销售收入中获得所需资金	具有外部性的私人产品。主要由私人企业生产。通过补贴或征税，主要由私人市场分配。通过销售收入获得所需经费

资料来源：①杨志勇、张馨：《公共经济学（第三版）》，清华大学出版社2013年版，第28—29页；②刘君：《财政分权、空间溢出与我国公共品供给研究》，吉林大学出版社2017年版，第31—33页。

2. 按照地方政府公共品供给目的差异，地方公共品可以分为经济性公共品和非经济性公共品，或硬公共品和软公共品

经济性公共品是指那些服务于经济发展的生产型公共品，直接进入地方官员任期当期的生产函数，直接带来经济效应，如交通基础设施；非经济类公共品是福利性的，是那些旨在增加社会整体福利的消费型公共品，如文化体育、教育、医疗卫生、社会保障、环境保护等。[1] 也有学者将政府提供的所有有形准公共品界定为硬公共品，如高速公路、地铁等基础设施建设类准公共品；将无形的准公共品界定为软公共品，如医疗卫生、教育等。受我国财政分权制度和官员政绩考核机制的影响，各级地方政府对不同公共品的供给偏好存在明显差异。一般而言，硬公共品具有较强的正外部性，不仅有利于吸引外地投资，还能直接带来明显的经济效益和提升地方政府的政绩，相对于中央政府而言地方政府更加偏好此类公共品供给；而教育、医疗卫生等软公共品是外溢性较差的公共品，短期内对地方经济发展的效果不显著，地

---

[1]　傅勇：《财政分权、政府治理与非经济性公共物品供给》，《经济研究》2010年第8期。

方政府对此类公共品的供给偏好不强。① 总体而言，地方政府偏好于供给短期内带来经济绩效和政绩的硬公共品或经济性公共品。

表1-3　经济性公共品和非经济性公共品分类

分类 I		分类 II	
经济性公共品	非经济性公共品	硬公共品	软公共品
服务于经济发展的生产型公共品，直接进入地方官员任期当期的生产函数	福利性的、旨在增加社会整体福利的消费型公共品	有形的准公共品（满足人们物质消费需求、具有显在的物质表现形式）	无形的准公共品（满足人们精神消费需求、通常不具有显在的物质表现形式）
高速公路、地铁、城市道路等	基础教育、医疗卫生、社会保障、社会福利、区域环境治理等	高速公路、地铁、桥梁等	基础教育、医疗卫生、区域环境治理等

资料来源：①傅勇：《财政分权、政府治理与非经济性公共物品供给》，《经济研究》2010 年第 8 期；②丁菊红、邓可斌：《政府偏好、公共品供给与转型中的财政分权》，《经济研究》2008 年第 7 期；③王郁、范莉莉：《环保公共服务均等化的内涵及其评价》，《中国人口资源与环境》2012 年第 8 期。

（三）地方公共品特征

地方公共品具有显著的外部性。外部性又称为溢出效应、外部影响或外差效应，指一个人或一群人的行动和决策使另一个人或一群人受损或受益的情况。② 外部性是没有反映在价格中的市场交易成本或收益。具体而言，外部性问题的出现，是由于边际私人成本和边际社会成本、边际私人收益和边际社会收益的不一致带来的。外部性有正的外部性和负的外部性，正外部性下个人收益小于社会收益，市场均衡产量小于社会最优产量；负外部性下个

---

① 丁菊红、邓可斌：《政府偏好、公共品供给与转型中的财政分权》，《经济研究》2008 年第 7 期。

② 贾康等：《财政学通论》，中国出版集团、东方出版中心 2019 年版，第 50 页。

人成本小于社会成本，市场上最终的供给量超过最优产量。① 外部性的存在会使作为市场参与者决策基础的边际成本或边际收益偏离实际的边际社会成本或边际收益，导致市场体系中资源配置的失衡。② 纯公共品具有显著的正外部性，居民获得了相应的收益却没有为此付出成本。外部性无法通过市场机制将收益或成本反映出来，即人们无法通过市场或者某种交易制度来为获得外部收益而付费，或者因为带给别人外部成本而向其支付补偿金，短期内资源配置都会偏离帕累托最优，这种外部效应是通过影响效用或者利润函数，而不是通过市场价格来起作用的。③ 公共物品的存在可以看作是市场失灵的极端形式。在一些情况下，一种公共品不仅只具有纯公共品的一个特征，是一种混合产品。对某些产品而言，消费是非竞争的，但可能具有排他性，如剧院、公园和有线电视等，对这类产品收费会阻止一些人对该类产品的消费，出现消费不足的情况。对某些产品而言，消费是非排他的，但具有竞争性，这类产品是集体消费的，会变得拥挤，如医疗卫生、运输系统等，导致供给不足。与地方公共品相关的市场失灵，主要有两种基本形式：消费不足和供给不足。④

地方公共品存在"搭便车"的现象。由于公共品的不可分割性和非排他性，具有共同消费的特点，公共品的提供满足了人们的共同利益，对所有消费者都会产生正的外部性，不存在从某种变化的受益人处收取税收和给从该变化中受损的人以补偿金的平衡问题，每个人都有动机逃避付费。⑤ 如每个人都能从到社会安定团结、环境改善中受益，他们在享受公共品的同时少付

---

① 王雯：《地区间外溢性公共品供给研究——以环境治理为例》，经济科学出版社 2017 年版，第 29 页。

② 黄冠豪：《中国城市公共品需求表达机制研究》，西南财经大学出版社 2016 年版，第 40 页。

③ 姚志勇等：《环境经济学》，中国发展出版社 2002 年版，第 21 页。

④ 约瑟夫·斯蒂格利茨：《公共部门经济学》，中国人民大学出版社 2005 年版，第 110 页。

⑤ 马克·布劳格：《经济理论的回顾》，中国人民大学出版社 2018 年版，第 580 页。

或不付本应该承担费用的现象称为"搭便车"问题。地方公共品的外部性是产生公共问题的主要原因。由于地方公共品都不同程度地存在"搭便车"问题，人们的逐利行为总是期望免费使用公共品或少付费用，即消费者都想少分担公共品的生产成本，多从公共品的消费中受益，甚至不承担相关的成本。由于个体的逐利，都有动机想少为公共品支付费用，从而使公共品的有效提供水平不足，导致帕累托无效率配置。[1] "搭便车"行为的存在，使得公共品供给难以达到社会最优水平，往往会导致公共资源配置效率损失。为了克服这个问题，理论家们设计了合适的机制来使个人激励与集体利益保持一致。其中主要两种机制：一种是税收补贴机制，即奖励和惩罚偏离对公共产品的平均贡献的代理人。由于这种税收补贴机制是由法尔金格（1996）提出的，又称为法尔金格机制。另一种是补偿机制，即允许代理人补贴其他代理人的贡献。这两种机制都可以提高对公共品的贡献水平，但两种简单的激励相容的公共物品提供机制是实验室实验的结果，均使用准线性环境。[2] 但现实社会中，相互冲突的目标和分散的信息，使得激励相容机制变得更为复杂。

　　基于上述地方公共品的特征，市场机制在公共品供给上存在市场失灵问题，很难通过自愿的方式筹集资金进而实现有效供给，需要充分发挥有为政府的作用，成为地方公共品供给的责任主体。[3] 除此之外，一些学者认为把福利项目的决策责任更多地划分给地方，会使成本得到控制。[4]

---

① 田国强：《高级微观经济学》，中国人民大学出版社 2016 年版，第 701 页。

② Juergen Bracht, Charles Figuières, Marisa Ratto, Relative performance of two simple incentive mechanisms in a public goods experiment, Journal of Public Economics, Vol. 92, Issues 1-2, February 2008, pp. 54-90.

③ 贾康等：《财政学通论》，中国出版集团、东方出版中心 2019 年版，第 52 页。

④ 约瑟夫·斯蒂格利茨：《公共部门经济学》，中国人民大学出版社 2005 年版。第 635 页。

二、地方公共品供给机制

地方公共品的供给是供给主体筹集公共活动所需的资金，向社会居民提供公共产品。关于公共品供给的理论在古典经济学、新古典经济学的基础上，发展形成了财政学、福利经济学、现代经济学、公共经济学等的重要研究内容。

早期财政学不包含公共品需求理论，也不涉及相关的供给理论，但零星存在对公共活动的关注。马歇尔经济学关注私人物品的供求及市场理论，此后诸多学者开始关注公共物品领域的供给。如威克塞尔（1896）将财政经济学与民主政治的现实联系起来，他强调市场机制不能诱导消费者显示对这种商品的偏好，只有通过投票箱的政治决策才能确定应该提供的公共品的数量，即一致同意原则。① 林达尔（1919）受到威克塞尔所强调的"政治-经济"关系的影响，尽可能地模仿市场在提供私人公共品中的作用方式，提出了林达尔均衡，这一均衡总是存在而且是帕累托最优的，② 但人们没有表露其真实偏好的激励。此后形成的威克塞尔-林达尔模型试图找出民主社会中公共品提供数量的合理水平，提出了不同个体是如何分摊公共品的成本即税收负担问题。③ 林达尔机制是在公共经济中，实现公共品有效配置的一种可能机制，本质是价格共担机制，即采用税收的方法来提供公共品。由于所有消费者对公共品的消费水平是相同的，但每个消费者由于消费偏好的差异，对公共品的定价也是不同的。在均衡时，消费者消费的公共品数量是相同的，但为此所承担的价格是不同的。萨缪尔森（1954，1955）提出了公共品最优供给的一般均衡模型，给出了公共品帕累托有效配置的条件，即林达尔-萨缪尔森条件，该条件表明所有经济人的公共品和私人品边际替代率之

---

① 马克·布劳格：《经济理论的回顾》，中国人民大学出版社2018年版，第405页。
② 帕累托最优转换成政治选择术语，便是威克塞尔一致同意。
③ 杨志勇、张馨：《公共经济学》，清华大学出版社2017年版，第51—54页。

和等于边际技术替代率,公共品的提供水平不是唯一确定的,而是与所有个体的私人品的消费水平一同决定的。[①] 布坎南(1975)忠实于威克塞尔方法,进一步发展了公共选择理论,认为私人物品可以通过市场制度实现需求和供给,而公共品是通过政治制度实现需求和供给,不存在可以轻松进行公共品供求分析的竞争性秩序的对立物。[②]

地方公共品的有效供给是一个难题,也是学界一直以来研究的重要问题之一。为有效解决这一问题,形成了地方公共品的政府供给机制、市场供给机制和私人供给机制。地方政府通过税收为公共品供给融资,通过有效的公共品供给制度承担地方公共品的供给,地方政府是地方公共品供给的主体。竞争市场对配置私人品具有显著的效率,但对公共品配置往往会失灵。自愿交易或市场机制有可能达不到有效率的结果,主要原因在于存在"搭便车"的环境。此外,还存在得自公共品与服务交易的共同收益,即使个人没有任何动机参与通常的双边交易,这些共同收益也将激励个人达成协议或改变行为规则。[③] 一些营利组织根据市场需求,以盈利为目的,对教育、医疗、基础设施等准地方公共品,以收费方式补偿支出的机制,即为市场机制。[④] 地方公共品私人供给机制即在地方政府公共部门的配合下,公民个人、单位或非营利组织,直接或间接地提供地方公共品,如私人慈善资金支持学校、医院、公园、图书馆等建设。

[①] 田国强:《高级微观经济学》,中国人民大学出版社 2016 年版,第 692—696 页。
[②] 詹姆斯·布坎南:《公共品的需求与供给》,上海人民出版社 2017 年版,第 5 页。
[③] 詹姆斯·布坎南:《公共品的需求与供给》,上海人民出版社 2017 年版,第 182 页。
[④] 樊丽明:《中国公共品市场与自愿供给分析》,上海人民出版社 2005 年版,第 8—9 页。

表 1-4　地方公共品供给的三种机制比较

机制	政府供给	市场供给	私人供给
决策机制	集体选择	自主选择	分散决策、个人选择
使用机制	政府公共财政支出	具有消费的排他性	直接捐赠或通过中介机构间接捐助
筹资机制	强制规范的税收为主，使用者收费为辅	使用者收费	自愿
激励约束机制	政府内部监督，立法机关监督，公民监督。政府间财权与事权的明确，以及晋升激励等	内部监督、消费者、立法和执法机关监督；低水平壁垒、优惠的税收政策、宽松的社会环境、公平的评价体系等	直接与委托监督相结合，优惠税收政策、返还或褒奖政策，以及有效的捐助管理和透明度

资料来源：樊丽明：《中国公共品市场与自愿供给分析》，上海人民出版社 2005 年版，第 11 页。

现实社会中，以上三种地方公共品供给机制同时存在、互为补充，各级政府承担了公共品供给主体责任的同时，也为市场机制和私人供给公共品创造了条件，如地方政府部门为私人部门供给公共品提供了保障，通过税收的方式解决了消费者不承认受益且不愿付费的情况，也有效保障了消费者承认受益不愿付费的问题。[①] 同时，随着经济社会的发展和制度的不断完善，地方公共品供给机制会呈现出鲜明的时代特征。

第二节　地方公共品供给机理

一、政府治理与地方公共品供给

几个世纪以来，无论是发达国家还是发展中国家，关于政府和市场在国家经济运行中的作用，经历了多次调整，政府的职能也不断地完善。萨缪尔森着重强调了政府的四个主要职能：提高经济效率、改善收入分配、通过宏

---

① 张五常：《卖桔者言》，四川人民出版社 1988 年版。

观经济政策恢复稳定、执行国际经济政策，既包括微观经济方面，也包括宏观经济方面。传统上，政府试图通过再分配来缓解收入和其他经济结果的不平等。[①] 政府干预经济活动的增加，对于解决市场失灵和经济不平衡问题发挥了重要作用。与此同时，各国的公共政策也在进行相应的调整，政府的职责和治理的模式也发生相应的演进。

（一）政府治理模式

开始于 20 世纪 70 年代中后期西方国家公共管理领域的分权改革以及与此相关的私有化改革和市场化改革，在很大程度上促进了治理方式的急剧转变，也成为治理方式持续变革的重要驱动方式。随着治理理念的流行，无论是政府改革还是公共服务供给的环境都发生了急剧的变化，而公共服务不仅是社会治理改革的试金石，更成为考察和评价社会治理领域诸多改革的重要评价指标。[②]

20 世纪 80 年代以来，随着西方国家政府重塑运动的兴起，在世界范围内掀起了行政改革的浪潮，许多国家开始反思治理的问题，并通过社会治理模式的转型来解决自身面临的现实问题。改革的策略涉及众多方面，但由于多数策略的碎片化和缺乏系统性，并未在实践中运用，这也说明了改革的难度之大。而一些学者提出的改革策略，得到了学界和政府部门的认可，对于政府设计改革方案发挥了一定的作用。在行政管理改革方面，将"新管理主义"运用到公共部门，公共选择理论、交易成本理论、委托-代理理论等是这一思想的重要体现。奥斯本和盖布勒使用"企业化政府"就美国出现的新模式进行了分析，提出了"十条原则"[③]。他们认为政府是用来做出公共决

---

① Philipp Lergetporer, Katharina Werner, Ludger Woessmann. Educational inequality and public policy preferences: Evidence from representative survey experiments, Journal of Public Economics, Volume 188, August 2020, 104226.

② 王丽萍、郭凤林：《中国社会治理的两副面孔——基本公共服务的视角》，《南开学报（哲学社会科学版）》2016 年第 3 期。

③ 奥斯本、盖布勒：《重塑政府》，周敦仁等译，上海译文出版社 2019 年版。

策的一种机制，政府的职能应该是"掌舵"而不是"划桨"，要把竞争机制注入提供公共服务中去，运用企业家精神改革政府的不良体制，不断以新的方式运用公共部门的资源来提高其效率和效能等。这一思想在西方国家得到了认同，同时也有许多批评的声音。美国的学者珍妮特和罗伯特提出了"新公共服务"的理念，认为政府的职能是服务，而不是"掌舵"，政府应该为表达共同价值观念和形成共同的公共利益观念提供舞台，让公民参与政府对公共服务的提供等。[1] 这一思想为深入思考什么是公共服务，为什么公共服务很重要等，构建了一个新的分析框架。而美国学者盖伊·彼得斯认为经济形势的剧变是迫使政府改革的重要原因，而面临所需解决问题的艰难性和政府治理的复杂性，需制定不同的改革策略，提出了四种新治理模式：市场式政府、参与式政府、弹性化政府和解制型政府，治理模式策略的选择必须与特定的问题及其环境密切联系起来。[2] 这些理论和模式的核心目标就是如何有效提高政府行政和公共品供给效率，降低行政成本，为公共服务提供一个合理的结构形式。因此，在公共服务的提供方面，需要改变政府的单一主体状态，由多种多样的社会主体，比如由社会组织来提供，并且由此形成政府与社会组织合作提供公共服务的伙伴关系，这种伙伴关系实际上是公共服务不同提供机制的结合。[3]

（二）地方政府公共品供给职责

我国政府治理体制改革是渐进式的，是从计划经济体制的框架下逐渐释放市场力量的过程，这也是政府追求地方经济增长和承担公共事务职责等多维目标不断平衡的过程。这一改革过程既有中央政府的制度性变革，也有地

---

① 珍妮特、罗伯特：《新公共服务：服务，而不是掌舵》，丁煌译，中国人民大学出版社2016年版。

② 盖伊·彼得斯：《政府未来的治理模式》，中国人民大学出版社2001年版。

③ 王浦劬、莱斯特·萨拉蒙等：《政府向社会组织购买公共服务研究》，北京大学出版社2010年版。

方政府的实践推动。在我国财政分权和政治晋升的激励机制下，地方政府行为主要受两个维度的影响。一是中央和地方政府间的博弈。由于中央和地方政府在目标函数和约束条件方面存在结构性差异，地方政府面临经济增长、公共服务供给、环境治理等多维的目标和考核机制，使得地方政府行为更多考虑中央激励的部分，而对具有显著外溢性的公共职责往往采取纵向选择性策略。① 在 GDP 增长为核心的晋升激励下，竞争加剧了地方政府注重基础设施等经济性支出而忽视教育和社会保障等民生性支出的行为偏差。② 同时，鉴于地方政府官员在权力结构中所处的位置，会出现"帮助之手"的政府行为或"掠夺之手"的政府行为。③ 二是地方政府间的竞争。地方官员基于政治晋升的激励，为争夺流动税基和经济增长的目标，政府公共财政支出结构往往会偏离政府治理的目标，表现为行为上的策略互动。④ 由于垂直化行政管理架构和资源流动性的限制，地方政府在地区竞争中往往会采取保护性、掠夺型策略，从而导致资源配置效率低下。⑤ 地方政府如何基于市场力量的释放而进行的自我制度环境建设，以及对地方狭隘权利意识的革新，进而构建地方政府治理目标与地方政府间协调发展相适应的激励兼容机制，这是解开地方公共财政支出偏向"黑箱"的重要密码，也是实现地方政府社会治理目标的关键所在。政府治理体制改革涉及政府转型，就"必须立足于我国长期处于社会主义初级阶段这个最大实际"，⑥ 适应中国特色社会主义市场经济的要求，统筹处理好中央政府与地方政府、政府与市场之间的关系，核心

---

① 周黎安：《转型中的地方政府：官员激励与治理》，格致出版社、上海三联书店、上海人民出版社 2017 年版。

② 贾俊雪、梁煊：《地方政府财政收支竞争策略与居民收入分配》，《中国工业经济》2020 年第 11 期，第 5—23 页。

③ 章奇、刘明兴：《权力结构、政治激励和经济增长》，格致出版社、上海三联书店、上海人民出版社 2016 年版。

④ 郭庆旺、贾俊雪：《地方政府间策略互动行为、财政支出竞争与地区经济增长》，《管理世界》2009 年第 10 期，第 17—27 页。

⑤ 周业安：《地方政府竞争与经济增长》，《中国人民大学学报》2003 年第 1 期。

⑥ 张明军、陈朋：《中国特色社会主义政治发展的实践前提与创新逻辑》，《中国社会科学》2014 年第 5 期，第 38—59 页。

是构建与政府治理目标兼容的财政税收体制和地方政府绩效考核机制。地方政府改革的目标是建设服务型政府,这是现代国家治理的一个重要标志,也是我国行政体制改革的基本方向。保障和改善民生是地方政府社会治理的根本目的,也是推动实现建立共建共治共享社会治理格局的重要保障。

公共服务是 21 世纪公共行政和政府改革的核心理念。推进国家治理体系和治理能力现代化,是我国全面建设社会主义现代化国家的目标之一。社会治理是中国特色社会主义事业总体布局中社会建设的重要组成部分,是民生之盾。推进政府职能转变,建设服务型政府,必须强化政府的公共服务和社会治理职能,以公共服务推进社会治理,以社会治理保障公共服务。[①] 党的十八届三中全会通过的《中共中央关于全面深化改革若干重大问题的决定》指出,要紧紧围绕更好保障和改善民生、促进社会公平正义深化社会体制改革,改革收入分配制度,促进共同富裕,推进社会领域制度创新,推进基本公共服务均等化,加快形成科学有效的社会治理体制,确保社会既充满活力又和谐有序。从改进社会治理方式,激发社会组织活力,创新有效预防和化解社会矛盾体制,健全公共安全体系等方面,创新社会治理体制。[②] 党的十九大进一步强调,要提高保障和改善民生水平,加强和创新社会治理。强调优先发展教育事业、提高就业质量和人民收入水平、加强社会保障体系建设、坚决打赢脱贫攻坚战、实施健康中国战略、打造共建共治共享的社会治理格局。[③] 国家"十四五"规划和 2035 年远景目标纲要明确提出,要坚持尽力而为、量力而行,健全基本公共服务体系,加强普惠性、基础性、兜底性民生建设,完善共建共治共享的社会治理制度。[④]

---

① 黄建安、陈志刚:《公共服务延伸与农村社会治理创新——浙江建设村级便民服务中心的探索及启示》,《观察与思考》2017 年第 2 期。

② 《中共中央关于全面深化改革若干重大问题的决定》,人民出版社 2013 年版。

③ 习近平:《决胜全面建成小康社会 夺取新时代中国特色社会主义伟大胜利》,人民出版社 2017 年版。

④ 《中华人民共和国国民经济和社会发展第十四个五年规划和 2035 年远景目标纲要》,人民出版社 2021 年版。

立足新发展阶段，贯彻新发展理念，构建新发展格局，各级地方政府要坚持以人民为中心的思想，坚持共建共治共享的原则，正确处理好政府和市场、政府和社会的关系，明确政府的职责边界；进一步夯实中央和地方的财权和事权，提高公共品供给的质量和效率；加强基层社会治理，补齐农村公共服务领域的短板弱项；运用大数据、人工智能等现代信息技术，提升社会治理的能力和治理水平。在公共服务均等化中体现政府治理的效能，通过社会治理能力的提升，进一步完善公共服务供给体系。

二、财政分权与地方公共品供给

财政分权理论研究的是政府之间的财政关系，即政府职能在不同层级政府之间划分效率的研究，包括纵向不同级次政府，如中央政府和地方政府的关系，也包括一定数量的横向同一级的政府。[1] 20 世纪 50 年代以来，财政分权改革获得更多的理论支持。各国在分权改革的实践中，也普遍证实基于地方政府间竞争的财政分权能够有效促进地方经济社会发展，提升公共品供给的效率，即由地方政府提供公共品有利于改善资源配置的效率。[2]

（一）财政分权理论

1939 年，公共经济学的奠基人马斯格雷夫在《经济学季刊》发表了《财政学的自愿交换理论》一文，奠定了公共产品理论的基础，后被萨缪尔森从实证理论发展成为规范理论。20 世纪 50 年代，出版的一系列成果中重点关注了公共品理论及其对公共政策的影响，并成为公共财政经济分析的主

---

① 刘君：《财政分权、空间溢出与我国公共物品供给研究》，吉林大学出版社 2017 年版，第 5 页。

② Tiebout, C., "A Pure Theory of Local Expenditures", Journal of Political Economy, 1956, 64 (5), pp. 416–424.

体。① 传统的财政分权理论又被称为财政联邦主义，它以新古典经济学作为分析的范式，对公共品的研究是建立在萨缪尔森和马斯格雷夫公共品理论基础上，该理论中效率和公共选择对政治程序的探讨为地方公共品的研究开创了先河，形成以效率和公共选择对政府行为问题两个方面的研究内容。②

政府间的财政关系包括政府间支出责任的划分、收入分配和转移支付。运用公共财政供给公共品，地方政府更接近本辖区居民，具有获得本地居民公共品偏好和需求的信息优势，相比集权式供给，地方政府供给地方公共品更具有效率。在一定程度上，即使完全缺乏更高层政府的矫正性干预或科斯式的讨价还价协调制度，分权式的政策决策也可能获得有效的资源配置。③ 奥茨（1972）指出，在给定的需求信息结构下，每种不同的公共品都需要由对应的各级政府供给。但他也强调，由于公共品具有较强的空间特征和外部性，单独的各级政府无法内化这种外溢性。在分权制度下，公共品会出现供给不足的情况，不足的程度随着外溢性程度的增加而增加，包括水平不足、结构失衡和效率损失。因此就需要上级政府的协调，在集权和分权上有适合的度，才能将公共品的"外溢效应"和"地方偏好"属性结合起来，达到供给的帕累托改进。④

财政分权在一定程度上可以解决地方公共品供给的激励问题，与此同时也存在公共品供给失衡的问题。地方性公共品供给更多地体现为一个政治过程的实现，分析分权的激励时需要将这一因素考虑在内，更多的关注政府的支出偏好和政府的政策选择，才能形成有效的激励机制。

第一代财政分权理论认为市场在提供公共品时会出现失灵，政府应采取

---

① Richard A. Musgrave, Alan T. Peacock, "Classics in the Theory of Public Finance", Palgrave Macmillan, London, 1958.

② 刘君：《财政分权、空间溢出与我国公共物品供给研究》，吉林大学出版社 2017 年版，第 47 页。

③ 王雯：《地区间外溢性公共品供给研究——以缓解治理为例》，经济科学出版社 2017 年版，第 46 页。

④ Oates, Wallace E., Fiscal Federalism, New York; Harcourt, Brace, Jovanovich, 1972.

政策进入该领域纠正市场缺陷。1956 年蒂布特在他的《一个地方公共支出的纯理论》一文中指出，通过居民"用脚投票"的方式来解决人们对公共物品偏好显示的问题，使地方公共品能够像私人品那样可以由居民自由选择，地方政府间可以通过供给更符合当地居民需求的公共品而产生对居民的"竞争"，也就是对税收的竞争，从而部分地解决对地方公共品供给的激励问题。但这一研究是建立在政府是仁慈公众利益的保护者，以实现社会福利最大化为己任的假设基础之上，这与现实世界存在较大的差距。公共选择理论认为，真实的情况是政治和市场中的参与者都是理性"经济人"，都是为了实现自身利益最大化的目标，政府并不是追求社会福利最大化的目标，而是追求税收收入最大化，这一点使得政治和经济市场行为没有差别。

第二代财政分权理论在公共选择的基础上，从新制度经济学的视角开始关注机制设计和政府激励的研究。[1] 该理论认为，政府行为在受到一定约束的同时能够带来市场效率的提高，财政分权的绩效依赖于地方政府的政治激励和经济激励。这即不同于传统财政分权理论"仁慈政府"的假设，也不同于公共选择理论关于"邪恶政府"的假设，而是主张市场维护的财政联邦主义。在市场维护型的政治结构系统中，通过激励机制的作用使得中央政府和地方政府拥有相应的权利和义务，能够各尽其责，维护和推进市场，发挥其优化资源配置的作用。即如果能够建立优良的政府治理结构促进地方政府官员获取经济激励而展开地区间竞争和财政自治，就能够使得地方政府官员从职位的晋升和问责制方面获取政治激励，从而为公共品供给效率提高创造条件。[2] 具体而言，地方公共品供给的激励机制主要有：一是中央政府利用地方政府间水平竞争的激励机制来实现部分分权的绩效。二是地方政府间的标尺竞争。标尺竞争是地方官员政治晋升的重要渠道，即通过相对绩效评估实

---

[1]　刘君：《财政分权、空间溢出与我国公共物品供给研究》，吉林大学出版社 2017 年版，第 52 页。

[2]　刘君：《财政分权、空间溢出与我国公共物品供给研究》，吉林大学出版社 2017 年版，第 53—55 页。

现对地方公共品供给的激励。

(二) 我国财政分权管理体制改革

我国在行政分权的基础上，也对财政领域进行了多次阶段性的改革，大体可以分为三个阶段：1950—1978 年间是中央集权型统收统支体制；1980—1993 年间实行的行政分权型财政包干体制，是我国真正意义上分权式财政改革的开始，地方政府被赋予了比较稳定的物资配置权；1994 年实施的分税制改革以来，实行中央与地方的财政分权体制，形成了与社会主义市场经济相适应的政府间财政关系。

财政分权对地方政府公共品供给有什么样的影响？财政分权体制下，可以有效促使各级政府的资源更充分地接近帕累托效率，由此形成了"地方性公共品应由地方政府供应更有效率"的基本观念。按照制度经济学"职能下属化原则"，每一项任务都应放置在尽可能低的政府层次上从而被分散化，并由相互竞争的机构来承担。这样既有分权层决策，又有集权层决策的公共部门，每一层次的供给服务选择由辖区内居民的需求来决策，可以用较低的成本获得区域内居民对公共品的消费偏好，也有可能较好地解决居民消费公共品的受益成本分担问题，地方政府能更有效率地供给地方性公共品。

财政分权是我国经济体制改革的重点内容，也是一系列财政制度改革的重要成果。改革开放以来，我国财政体制经历了包干制试点、分灶吃饭、多种地方包干以及分税制等多个阶段的演变。改革开放后至分税制改革前，"分灶吃饭"的财政体制，使得中央财政收入占全国财政收入的比重下降，由 1979 年的 46.8% 下降到 1993 年的 31.6%，中央财政调控的主动权受到影响，但地方又缺乏必要的设税权，财政收入的稳定性同样受到影响。地方政府职能重一般营利性企业的投资，而轻基础设施、公共服务的投资。加之中央和地方财政事权缺乏稳定性，公共品支出条块分割和供给不足现象明显。[1]

---

[1] 贾康等：《财政学通论》，中国出版集团、东方出版中心 2019 年版，第 717—792 页。

分权制度使得地方政府享有对财政收入的剩余支配权，为地方政府促进经济改革，发展当地经济和促进公共品供给提供了重要的财政激励。1993 年国务院颁布了《国务院关于实行分税制财政管理体制的决定》（国发〔1993〕85 号），从 1994 年 1 月 1 日起改革现行地方财政包干体制，对各省、自治区、直辖市以及计划单列市实行分税制财政管理体制。[①] 1994 年实施的分税制改革，将税收收入划分成三个部分：中央收入、地方收入[②]、共享收入，分别设立国税局和地税局两个税务机构征收不同的税种。此次分税制改革后，中央和地方政府的收支比重发生明显变化：中央政府的税收收入比重得到提高，财政收入的调整使中央财力得到集中，中央宏观调控和再分配能力得到了提高。而地方政府的税收收入在总收入中的比重被削弱了，地方政府对地方企业减免税收的权利也被削弱。[③] 2002 年起，我国实施了所得税收入分享改革，改革现行按企业隶属关系划分所得税收入的办法，对企业所得税和个人所得税收入实行中央和地方按比例分享，具体为 2002 年所得税收入中央分享 50%，地方分享 50%；2003 年所得税收入中央分享 60%，地方分享 40%；2003 年以后年份的分享比例根据实际收入情况再行考虑。[④] 2016 年 5 月 1 日起，我国全面推开营业税改征增值税试点，增值税央地分配比例由原来的 75∶25，调整为 50∶50。[⑤] 但随着我国现代化经济体系建设进程的加快，产业结构更趋合理，现代服务业发展水平进一步提升，与之相关的税额也会进一步扩大。地方增值税分成的提高实质上是以原有地方税收的营业税分成大幅下降为代价的，中央财政在"营改增"后能够吸收较大规模的营业

---

① 国务院：《国务院关于实行分税制财政管理体制的决定（国发〔1993〕85 号）》1993 年 12 月 15 日。

② 我国财政体制划分为五级：中央政府、中央政府以下有省级、省级以下是地区级、县级和乡镇级单位。

③ 黄佩华、迪帕克等：《中国：国家发展与地方财政》，中信出版社 2003 年版，第 49 页。

④ 国务院：《关于印发所得税收入分享改革方案的通知（国发〔2001〕37 号）》2001 年 12 月 31 日。

⑤ 财政部、国家税务总局：《关于全面推开营业税改征增值税试点的通知（财税〔2016〕36 号）》2016 年 3 月 23 日。

税税收收入。① 但中央和地方政府间的支出责任没有发生较大变化，地方政府需承担基本公共服务供给的职责，地方政府的财政收支出现了较大的缺口。为保障地方政府财政支出和收入之间的平衡，中央主要通过向地方政府税收返还、转移支付来调节不同地区之间的财力分配，地方政府的预算外收入等途径弥补财政支出的缺口。同时，预算外收支成为地方政府主要的财政激励来源。

随着财税体制改革的深入，地区间的财政支出差距不断扩大。就地方一般公共预算人均财政支出而言，由图1-1可知，1994—2005年间，全国人均财政支出变异系数在波动中保持高位，表明地区间财政能力差距呈不断扩大的趋势。2006年以来，这一变异系数逐步降低，地区间财政能力差距不断缩小。

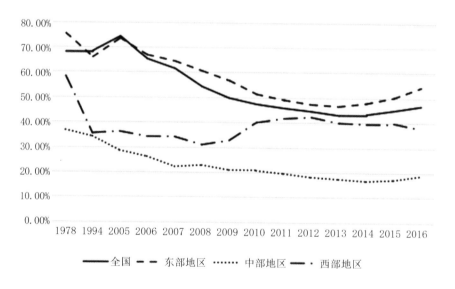

图1-1　1978—2016年全国各地区人均财政支出变异系数

---

① 席鹏辉、梁若冰、谢贞发：《税收分成调整、财政压力与工业污染》，《世界经济》2017年第10期。

由表 1-5 可知，人均财力较高以及地区内财力差异程度也较高的省份主要分布在东部地区，两项指标都最低的省份集中在中部地区，其次为西部地区。这种财政能力的差异不可避免地会导致地方政府之间在提供公共服务能力上的差异，最终体现在它们的支出效率变化上。①

表 1-5　我国各地区一般公共预算人均财政支出

	特征	1978	1994	2005	2010	2011	2012	2013	2014	2015	2016
东部地区	均值	108.2	593.8	3523.7	7625.2	9173.5	10230.3	11410	12168.8	14402	15576.5
	变异系数（%）	75.2	65.80	73.4	51.26	48.99	47.27	46.56	47.82	50.10	54.15
中部地区	均值	63.2	268.9	1598.4	4819.4	6090.2	7104.1	7943.2	8507.3	9767.4	10433.1
	变异系数（%）	36.5	34	28.4	20.61	19.43	18.08	17.33	16.58	17.12	18.70
西部地区	均值	89.2	346	1977.1	6908.8	8756.0	10296.5	11208.2	12133.7	13530.9	14171.2
	变异系数（%）	58.1	35.3	36	39.92	41.58	42.19	39.85	39.39	39.73	37.54
全国	均值	88.5	414.9	2437.7	6555	8121.1	9326.1	10315.6	11072.2	12738.4	13584.1
	变异系数（%）	67.95	68.3	74.2	47.26	45.73	44.51	42.98	43.35	44.94	46.65

注：1. 1978 年、1994 年、2005 年数据来源于陈诗一、张军：《中国地方政府财政支出效率研究：1978—2005 年》，《中国社会科学》2008 年第 4 期，第 65—80 页；2010—2016 年数据作者根据中国统计年鉴数据计算所得。2. 为便于与 1978 年、1994 年、2005 年数据进行对比，此处的东部地区包括北京、天津、河北、辽宁、上海、江苏、浙江、福建、山东、广东等 10 个省（市）；中部地区包括山西、吉林、黑龙江、安徽、江西、河南、湖北、湖南等 8 个省（区）；西部地区包括内蒙古、广西、四川、贵州、云南、陕西、甘肃、青海、宁夏等 9 个省（区）。

（三）中央与地方财政事权与支出责任改革

经济分权同垂直的政治管理体制紧密结合是我国分权的核心内涵，在为地方政府提供激励的同时，也加剧了地方政府间的竞争。中国式财政分权以及基于政绩考核下的政府竞争，使得地方政府在支出结构上呈现出重经济建

---

① 陈诗一、张军：《中国地方政府财政支出效率研究：1978—2005》，《中国社会科学》2008 年第 4 期。

设，轻人力资本投资和公共服务的扭曲结构，① 同时也对地区经济发展带来的问题也日益突出，如规模不经济、重复建设和地方保护主义、地区分化、二元结构等。②

近年来，我国对基本公共服务领域中央与地方共同财政事权和支出责任进行了多次调整和划分，核心是明确事权和支出责任，提高地方公共品配置的效率。如 2016 年 8 月，《国务院关于推进中央与地方财政事权和支出责任划分改革的指导意见》，明确指出要减少并规范中央与地方共同财政事权，如要逐步将义务教育、高等教育、科技研发、公共文化、基本养老保险、基本医疗和公共卫生、城乡居民基本医疗保险、就业、跨省（区、市）重大基础设施项目建设和环境保护与治理等体现中央战略意图，跨省（区、市）且具有地域管理信息优势的基本公共服务确定为中央与地方共同财政事权，并明确各承担主体的职责；完善中央与地方支出责任划分，加快省级以下政府财政事权和支出责任划分，并要求建立财政事权划分动态调整机制。2018 年 1 月，国务院办公厅关于印发《基本公共服务领域中央与地方共同财政事权和支出责任划分改革方案》的通知。该方案主要内容包括五个方面：即明确基本公共服务领域中央与地方共同财政事权范围、制定基本公共服务保障国家基础标准、规范基本公共服务领域中央与地方共同财政事权的支出责任分担方式、调整完善转移支付制度、推进省以下支出责任划分改革。这为加快推进基本公共服务均等化，以及推动分领域财政事权和支出责任划分提供了

---

① 傅勇、张晏：《中国式分权与财政支出结果偏向：为增长而竞争的代价》，《管理世界》2007 年第 3 期。

② 李永友、王超：《集权式财政改革能够缩小城乡差距吗？——基于"乡财县管"准自然实验的证据》，《管理世界》2020 年第 4 期。

引领和支撑,① 具体内容见表1-6。此后,国务院办公厅相继出台了医疗卫生②、生态环境保护、公共文化、应急救援等领域中央与地方财政事权和支出责任划分改革方案,都明确要求建立权责清晰、财力协调、区域均衡的中央和地方财政关系,形成稳定的各级政府事权、支出责任和财力相适应的制度,健全财政保障机制,有效促进地方公共品的供给。2021年3月,国家发展和改革委等21个部门联合印发了《国家基本公共服务标准(2021年版)》,围绕幼有所育、学有所教、劳有所得、病有所医、老有所养、住有所居、弱有所扶、优军服务保障、文体服务保障等9个方面,明确了服务标准和支出责任,即基本公共服务项目属于中央财政事权的,由中央财政安排经费;属于地方财政事权的,原则上由地方通过自有财力安排经费,相关收支缺口除部分资本性支出可通过依法发行地方政府债券等方式安排外,主要通过上级政府给予的一般性转移支付弥补;属于中央与地方共同财政事权的,主要实行中央与地方按比例分担经费,具体支出责任按照相关领域中央与地方财政事权和支出责任划分改革情况确定。③

---

① 贾康:《财政学通论(上)》,中国出版集团、东方出版中心2019年版,第294页。

② 2018年7月,国务院办公厅印发《医疗卫生领域中央与地方财政事权和支出责任划分改革方案》,明确从公共卫生、医疗保障、计划生育、能力建设四个方面划分医疗卫生领域中央与地方财政事权和支出责任。力争通过改革,形成中央领导、权责清晰、依法规范、运转高效的医疗卫生领域中央与地方财政事权和支出责任划分模式,提高基本医疗卫生服务的供给效率和水平。

③ 国家发改委:《关于印发国家基本公共服务标准(2021年版)的通知》2021年4月20日。

表1-6 中央与地方共同财政事权清单及基础标准、支出责任划分

共同财政事权事项		基础标准	支出责任及分担方式
义务教育	1. 公用经费保障	中央统一制定基准定额。在此基础上，继续按规定提高寄宿制学校等公用经费水平，并单独核定义务教育阶段特殊教育学校和随班就读残疾学生公用经费等	中央与地方按比例分担。第一档为8:2，第二档为6:4，其他为5:5
	2. 免费提供教科书	中央制定免费提供国家规定课程教科书和免费为小学一年级新生提供正版学生字典补助标准，地方制定免费提供地方课程教科书补助标准	免费提供国家规定课程教科书和免费为小学一年级新生提供正版学生字典所需经费，由中央财政承担；免费提供地方课程教科书所需经费，由地方财政承担
	3. 家庭经济困难学生生活补助	中央制定家庭经济困难寄宿生和人口较少民族寄宿生生活补助国家基础标准。中央按国家基础标准的一定比例核定家庭经济困难非寄宿生生活补助标准，各地可以结合实际分档确定非寄宿生具体生活补助标准	中央与地方按比例分担，各地区均为5:5，对人口较少民族寄宿生增加安排生活补助所需经费，由中央财政承担
	4. 贫困地区学生营养膳食补助	中央统一制定膳食补助国家基础标准	国家试点所需经费，由中央财政承担；地方试点所需经费，由地方财政统筹安排，中央财政给予生均定额奖补

续表

共同财政事权事项		基础标准	支出责任及分担方式
学生资助	5. 中等职业教育国家助学金	中央制定资助标准	中央与地方分档按比例分担。第一档分担比例统一为8:2；第二档，生源地为第一档地区的，分担比例为8:2，生源地为其他地区的，分担比例为6:4；第三档、第四档、第五档，生源地为第一档地区的，分担比例为8:2，生源地为第二档地区的，分担比例为6:4，生源地为其他地区的，与就读地区分担比例一致，分别为5:5、3:7、1:9
	6. 中等职业教育免学费补助	中央制定测算补助标准，地方可以结合实际确定具体补助标准	中央统一实施的免学费补助所需经费，由中央与地方分档按比例分担。第一档分担比例统一为8:2；第二档，生源地为第一档地区的，分担比例为8:2，生源地为其他地区的，分担比例为6:4；第三档、第四档、第五档，生源地为第一档地区的，分担比例为8:2，生源地为第二档地区的，分担比例为6:4，生源地为其他地区的，与就读地区分担比例一致，分别为5:5、3:7、1:9
	7. 普通高中教育国家助学金	中央制定平均资助标准，地方可以按规定结合实际确定分档资助标准	所需经费由中央与地方分档按比例分担。第一档为8:2，第二档为6:4，第三档为5:5，第四档为3:7，第五档为1:9
	8. 普通高中教育免学杂费补助	中央逐省核定补助标准，地方可以结合实际确定具体补助标准	中央统一实施的免学杂费补助所需经费，由中央与地方分档按比例分担。第一档为8:2，第二档为6:4，第三档为5:5，第四档为3:7，第五档为1:9
基本就业服务	9. 基本公共就业服务	由地方结合实际制定标准	主要依据地方财力状况、保障对象数量等因素确定
基本养老保险	10. 城乡居民基本养老保险补助	由中央制定基础标准	中央确定的基础养老金标准部分，中央与地方按比例分担。中央对第一档和第二档承担全部支出责任，其他为5:5
基本医疗保障	11. 城乡居民基本医疗保险补助	由中央制定指导性补助标准，地方结合实际确定具体补助标准	中央与地方分档按比例分担。第一档为8:2，第二档为6:4，第三档为5:5，第四档为3:7，第五档为1:9
	12. 医疗救助	由地方结合实际制定标准	主要依据地方财力状况、保障对象数量等因素确定

续表

共同财政事权事项		基础标准	支出责任及分担方式
基本卫生计生	13. 基本公共卫生服务	由中央制定基础标准	中央与地方分档按比例分担。第一档为 8:2，第二档为 6:4，第三档为 5:5，第四档为 3:7，第五档为 1:9
	14. 计划生育扶助保障	由中央制定基础标准	中央与地方分档按比例分担。第一档为 8:2，第二档为 6:4，第三档为 5:5，第四档为 3:7，第五档为 1:9
基本生活救助	15. 困难群众救助	由地方结合实际制定标准	主要依据地方财政困难程度、保障对象数量等因素确定
	16. 受灾人员救助	中央制定补助标准，地方可以结合实际确定具体救助标准	对遭受重特大自然灾害的省份，中央财政按规定的补助标准给予适当补助，灾害救助所需其余资金由地方财政承担
	17. 残疾人服务	由地方结合实际制定标准	主要依据地方财力状况、保障对象数量等因素确定
基本住房保障	18. 城乡保障性安居工程	由地方结合实际制定标准	主要依据地方财力状况度、年度任务量等因素确定

资料来源：《国务院办公厅关于印发基本公共服务领域中央与地方共同财政事权和支出责任划分改革方案的通知国办发》〔2018〕6 号，2018 年 1 月 27 日，中国政府网，http://www.gov.cn/zhengce/content/2018-02/08/content_ 5264904. htm。

三、干部考核机制与地方公共品供给

随着公共品投资理论的深化，财政分权在此领域得到广泛认同。奥茨（1972）提出由于地方政府在公共品供给方面的信息优势，地方政府应替代中央政府成为供给的主体。[1] 因此如何激励地方政府扩大公共品供给成为相关学者关注的焦点。早期财政分权尝试把地方政府激励和经济增长联系起来，强调向地方分权促成地方经济竞争，从而推动城市化和基础设施的建设，[2] 但是这种推动偏向于经济性产出，恶化了医疗、教育等情况，无法满

---

[1]　Oates, W. E., "Fiscal Federalism, Harcourt Brace Jovanovic", New York, 1972.

[2]　Faguet, J., "Does decentralization increase government responsiveness to local needs? Evidence from Bolivia", Journal of Public Economics, Vol. 88, No. 3, 2004.

足公众需求。① 随着研究的深入，分权理论被进一步拓展到把地方政府激励与干部职务晋升激励联系起来。就我国而言，存在独特的政治周期和显著的换届效应，② 地方政府内部激励最为基本和长期的源泉是地方官员的职务晋升激励。③ 随着我国干部考核和任用制度的调整，将民生问题提高到与经济增长相当的高度，地方领导的升迁与教育、医疗等社会性公共品供给显著正相关。④ 由此可见，我国的干部考核标准体系中，GDP 增长是处于核心地位的指标，教科文卫等也是官员考核的重要指标。因此，从职务晋升驱动视角研究地方官员的公共品供给偏向，比单方面从经济增长驱动公共品供给视角研究更为全面与深入。

一方面，地方官员为了最大化晋升概率而努力发展经济、提供公共服务，但中央政府的评价方式却是相对绩效考核即"标尺竞争"：以邻近地区的经济指标为基准，判断本地区的政府效率。周黎安（2008）等认为中央政府对于地方官员的人事任免决策正是基于相对绩效考核的治理模式，目的是减少绩效考核的误差。罗党论等（2015）等验证了中央对省级官员的考核不仅依据本省的绝对经济绩效，而且还会参照其前任以及邻近地区的平均 GDP 增长绩效。⑤ 相应地，地方官员针对中央考核指标展开的竞争成为理解中国高增长的关键线索之一。⑥ 其实这种竞争也适用于公共品供给领域，即地方官员对公共品的供给也会受到这种"标尺竞争"的影响⑦，即由于存在信息外溢性，公众往往会以其他地区政府行为表现作为本地区政府绩效的评判标

---

① 辛方坤：《财政分权、财政能力与地方政府公共服务供给》，《宏观经济研究》2014 年第 4 期。

② 项后军、巫姣、谢杰：《地方债务影响经济波动吗》，《中国工业经济》2017 年第 1 期。

③ 周黎安：《中国地方官员的晋升锦标赛模式研究》，《经济研究》2007 年第 7 期。

④ Zou, C. V., "Promoting city leaders：The structure of political incentives in China", The China Quaterly, Vol. 224, No. 12, 2015.

⑤ 罗党论、佘国满、陈杰：《经济增长业绩与地方官员晋升的关联性再审视——新理论和基于地级市数据的新证据》，《经济学》（季刊）2015 年第 4 期。

⑥ 周黎安：《转型中的地方政府：官员激励与治理》，格致出版社 2008 年版。

⑦ 王媛：《官员任期、竞争标尺与公共品投资》，《财贸经济》2016 年第 10 期。

准，从而产生一种标尺效应，使得本地区政府在制定财政政策时，不得不考虑其他地区政府财政支出行为，[1][2] 显著增加非经济性支出。另一方面，公共品的基本特点在于能够为社会及其成员带来正的外部性，但由此也可能引起"搭便车"问题。由于生产和消费主体成本分摊和收益分享的不对称，政府在某一区域内配置公共服务资源，会对其他区域产生相应的空间外部性。在我国现有财政分权和财政竞争机制下，基于刚性行政区划基础上的地方政府分割治理，会改变相邻区域地方政府公共品的支出策略，出现"搭便车"的情况，会造成地方社会性公共品功能分裂、供给结构失衡和效率损失。因此，干部晋升对地方政府公共品支出策略的综合影响具有不确定性，核心在于进一步完善官员晋升的考核机制，将地方公共品供给的质量和水平纳入考核标准，进而增强地方政府对民生性公共品供给偏好。

四、税收激励效应与地方公共品供给

由于地方公共品的外部性和外溢性特征，价格机制对应得收益和成本不能进行有效的分配和补偿，公共品供给存在显著的市场失灵，难以实现帕累托最优，需要政府的直接干预，税收是重要的调节手段之一。

（一）公共品外部效应的税收激励

新古典主义的"庇古税"或经济补偿方案是将外部性内部化或激励正的外部性的重要途径，即政府通过对那些有负外部性的活动征税和补贴那些有正外部性的活动来使负外部性内在化或激励正的外部性，[3] 以达到激励政府或市场主体对公共品的供给目的。

---

① Besley，T. and A. Case，1995， "Incumbent Behaviour：Vote Seeking，Tax Setting and Yardstick Competition"，American Economic Review，85.

② 郭庆旺、贾俊雪：《地方政府间策略互动行为、财政支出竞争与地区经济增长》，《管理世界》2009 年第 10 期。

③ 杨长江、陈伟浩编著：《微观经济学》，复旦大学出版社 2004 年版，第 233 页。

20 世纪初，英国著名经济学家阿瑟·庇古，分析了通过征税使厂商环境污染的外部成本内部化的问题，即对污染的生产者征税的问题。[①] 因为污染的社会成本超过了污染者的私人成本，政府应该通过税收的方式来干预，使得私人成本和私人利益与相应的社会成本和社会利益相等，这种税收被称为庇古费或庇古税。20 世纪 70 年代，OECD 正式确定了"污染者付费原则"，[②] 即由污染者承担其污染所造成的损失。与此同时，排污权交易[③]被用于处理各种环境和资源问题，特别是在环境保护领域得到普遍的应用。1982年我国就实施了《征收排污费暂行办法》，对"超过国家规定的标准排放污染物，要按照排放污染物的数量和浓度，根据规定收取排污费"。征收排污费的目的，是为了促进企业、事业单位加强经营管理，节约和综合利用资源，治理污染，改善环境。20 世纪 90 年代以来，欧洲诸多国家先后开征碳税，将气候变化的外部不经济性内部化，从而减少企业对化石能源的消耗。科技自立自强是国家发展的重要战略支撑，近年来我国深入推进供给侧结构性改革，加大减税降费力度，实行研发费用加计扣除等一系列税收激励政策，这些税后激励政策切实提高了企业的研发投入强度，显著增强了企业的研发创新水平。

（二）公共品偏好显示的税收激励

对公共品真实需求偏好的显示，是实现这类公共品有效供给的重要前提条件之一。对于公共品和准公共品，有效配置的条件是公共品能被一直提供，直到其最后一单位的边际收益等于其边际成本，而边际收益取决于非竞争性消费者人数，与公共品提供者的人为排斥机制无关。公共品供给不足的

---

①　Charles D. Kolstad，傅晋华、彭超译：《环境经济学》，中国人民大学出版社 2011 年版，第 114 页。

②　龚辉文：《促进可持续发展的税收政策研究》，中国税务出版社 2005 年版，第 119 页。

③　排污权交易是指在一定的区域内，在污染物排放总量不超过允许排放量的前提下，内部各污染源之间通过货币交换的方式相互调剂排污量，从而达到减少排污量、保护环境的目的。

一个重要原因，是消费者消费偏好显示不足。很难给予他们合适的激励，使他们诚实地显示关于公共品的偏好。一方面会导致公共品供给不足。消费者在公共品消费中存在"免费搭便车"的情形，或为减小支付的成本会隐藏自己的偏好，导致公共品供给的不足。另一方面，虽然政府通过购买公共服务的方式，使得消费者付费，但由于无法获得消费者的真实偏好，也会导致公共品供给效率损失。因此，如何激励消费者表达其真实的公共品消费偏好，成为公共品有效供给的一个重要途径。

税收的功能之一就是为公共品供给融资，因此应设计合理的税制促进人们对公共品真实偏好的表露。人们对公共品不如实表露其真实偏好主要是基于两个方面的缘由，一是由于公共品的特征，其很难通过市场机制表露自己的偏好；二是由于信息不对称，出于"免费搭便车"的动机，人们会隐藏自己的公共品需求信息，不愿意表露自己的真实偏好。① 关于税制激励人们表露真实偏好的原理，主要有蒂伯特的"用脚投票"理论和公共选择理论中的"用手投票"理论，即中间投票人理论。蒂布特（1956）认为自由流动的居民通过迁移来选择最优的地方公共品供给水平，借助这样一种不同于通过政治渠道"呼吁"的"退出"机制，即居民通过选择居住地从而确定自己所偏好的地方政府的税收支出模式，促使辖区政府尽可能满足居民的公共服务需求，实现社会福利最大化。② 在特定条件下，投票机制可以得到公共产品的最优产出水平，但由于投票人的"近视效应"，投票机制并不一定能正确鼓励人们诚实地显示他们的真实偏好。③ 维克里（1961）的第二价格法为设计需求表露税提供了思路，即每个人支付的价格等于这个人行为的机会成

---

① 阎坤、王进杰：《公共品偏好表露与税制设计研究》，《经济研究》2000 年第 10 期。

② Tiebout, C., 1956, "A Pure Theory of Local Expenditures", Journal of Political Economy, 64 (5), pp. 416-424.

③ 郝春虹：《公共产品偏好显示的税收激励机制分析》，《当代财经》2002 年第 10 期。

本，也称为外部性税。① 克拉克（1971）② 和格劳维斯（1973）③ 提出了运用外部性税诱使人们真实偏好表露的方法，人们享有公共品需要支付对等的税收。这一机制的关键在于公共品决策中的决定性个体，即改变公共品供给与否的关键个体，须向其他个体进行转移支付，这种转移支付被称为"克拉克税"，④ 所征税额等于该关键人物参与决策给其他人造成的净损失。但"克拉克税"本身并不能用来提供公共品，克拉克-格劳维斯机制可以使人们表露真实的公共品需求，能够保证"林达尔均衡"的实现。但这一机制的核心在于将公共品融资的一般税收与发挥激励作用的"克拉克税"分离开，无法解决公共品"税费-收益"问题。尽管在该机制的改进版中加入了"税收函数"，从而提供了一种公共品"税费-收益"问题的帕累托效率解决方案，但每个人都真实表露其偏好已经从博弈的占优策略均衡退化为纳什均衡，无法保证"最优解"的唯一性。⑤ 但偏好显示的税收激励机制较多的停留在理论层面，现实中采用该激励的案例相对较少。

（三）公共品私人供给的税收激励

由于公共品的非排他性和非竞争性特征，世界各国的公共品普遍由政府提供，但政府供给公共品并不能保证其供给效率。制度经济学认为这其中的主要缘由在于，公共品缺乏相关的制度安排来界定可以据此获取收益的产权，市场机制难以发挥资源配置的决定性作用。但现实社会中，教育、医疗等公共品大多具有一定竞争性和排他性，属于准公共品，有效的引入市场机制和市场导向的供给模式，并通过税收激励私人部门对该类公共品的供给，

---

① Vickrey, William. "Counterspeculation, Auctions, and Competitive Sealed Tenders." The Journal of Finance, 1961, pp. 8-37.

② Clark, E. H. "Multipart pricing of public goods", Public Choice, 1971, pp. 17-33.

③ Groves, T., "Incentives in teams", Econometrica, 1973, pp. 617-631.

④ 张琦:《公共物品理论的分歧与融合》,《经济学动态》2015 年第 11 期。

⑤ Groves, T. & J. Ledyard, "Optimal allocation of public goods: A solution to free-rider problem, Economitrica", 1977, pp. 783-809.

能有效提升公共品供给的效率。

五、政府财政转移与地方公共品供给

按照马克思主义经济理论，社会总产品在经过初次分配之后，就相应地转化为补偿基金、积累基金和消费基金，相应的政府支出也可以划分为补偿性支出、积累性支出和消费性支出。1989 年，马斯格雷夫在其出版的《财政理论研究》著作中，明确将政府的公共财政职能划分为三种，即配置、分配和稳定职能。现代财政学更加关注政府的微观职能，即政府如何影响，以及应该如何影响资源配置和收入分配。[①] 罗森（1997）认为现代公共经济学一个重要研究方面，就是以社会福利函数最大化为目标，把公共品供给作为政府的重要职能，以实现公共财政的配置职能和分配职能。[②]

财政转移支付是指与一定事权相对应的财权、财力在不同级别、不同层级政府间的划转与移交。一般公共预算制度习惯称为分税制财政体制，是现代预算制度的核心，由税制、分税和转移支付制度构成，一般性转移支付制度是补助地方一般公共品支出不足的基本制度。[③] 当地方一般公共品收益外溢时，受区域限制，地方政府无法收回外溢部分的成本，导致地方资源配置无效率，地方居民缴纳的税收无法完全弥补享有一般公共品的成本，需要上级政府的转移支付；但当公共品存在成本外溢时，其他地区的相关支出也会增加，同样需要上级政府的转移支付。转移支付有两种基本的形式：一是特殊性转移支付；二是一般性转移支付，又可分为收入分享转移支付和均衡性转移支付两大类。[④] 在财政联邦主义体制下，中央政府对地方政府、地方政

---

① 马珺：《财政学研究的不同范式及其方法论基础》，《财贸经济》2015 年第 7 期。

② Harvey S. Rosen. The way we were（and are）: changes in public finance and its textbooks. No. w5972. National Bureau of Eronomic Research, 1997. http：//www. nber. org/papers/w5972.

③ 吴俊培、郭柃沂：《关于建构我国一般性转移支付基金制度的可行性研究》，《财贸经济》2016 年第 12 期。

④ 麦履康、黄艳卿：《中国政府预算若干问题研究》，中国金融出版社 1998 年版，第 74 页。

府间的财政转移性支出是公共支出的一个重要组成部分，对于保障地方政府公共品供给能力，矫正地方政府活动在辖区之间的负外部效应具有重要的作用。

（一）财政纵向转移支付激励

财政联邦制下，为提高资金的使用效率，应运用公共财政政策，通过转移支付的形式，支持地方经济建设和包括教育、医疗卫生、社会保障、环境保护等在内的公共品供给。但由于存在"粘蝇纸效应"，转移支付诱致了地方政府的道德风险和弱化了地方政府的财政纪律，刺激地方财政支出规模的过度膨胀。[1] 同时，由于"替换效应"的存在，会刺激地方政府将更多支出偏向基本建设等经济性公共品，挤占私人投资和社会性公共品供给，造成经济效率和社会福利的双重损失。因此，转移支付对公共品供给均等化效应的影响成为研究的重点。目前的研究情况看，转移支付对地方公共品的影响具有不确定和多重复杂性。转移支付与公共品供给的理论研究主要有以下两类：

一是转移支付存在"粘蝇纸效应"，即对经济建设支出的激励大于社会性支出的激励，扭曲了公共品供给效率。在某种情况下，地方政府为了吸引资本、技术等，有将公共品供给成本进行转嫁的动机，[2] 地方各级政府都倾向于占有或截留尽可能多的财政收入并将支出责任推至下级政府，他们会把对下转移支付维持在"吃饭财政"水平。[3] 李永友和张子楠（2017）研究认为，中国纵向的转移支付制度，无论是筹资机制还是分配机制，不仅未能激励地方政府提高社会性公共品供给，强化地区间竞争对地方政府支出的约束

---

① 文雁兵：《政府规模的扩张偏向与福利效应——理论新假说与实证再检验》，《中国工业经济》2014 年第 5 期。

② Oates, W. E., "Fiscal Federalism. Harcourt Brace Jovanovic", New York, 1972.

③ Shih, Victor, Ming xing Liu and Qi Zhang, Eating Budget: The logical of Fiscal Transfers under Predatory Fiscal Federalism. FED Working Papers Series, 2005, No. FE20050009.

力，而且超过门槛值的支出补助显著降低了地方政府的社会性公共品供给水平，尽管较高的转移支付筹资水平和专项补助方式有助于提高地方政府社会性公共品供给激励，但又背离分权改革要求。[①] 同时，由于转移支付具有"公共蓄水池"特征，转移支付资金与地方税收之间构成直接的成本替代，可能会抑制地方对公共品支出增长的激励。[②]

二是转移支付有助于改善地区间财力均等化，促进各地区公共品的供给收敛。转移支付是中央政府治理地方政府的重要激励机制，能有效弥补地方的财政缺口，降低地方政府增加公共品的边际成本，提升地方政府公共服务供给能力。在我国经过财政的二次分配，转移支付在地方政府预算收入中所占比重达到90%，如再加政府性基金收入，地方政府所占比重超过93%。[③] 不指定用途的一般性转移支付能够较好地起到均衡地方间财政能力的作用，而指定用途的专项转移支付则能较好地起到引导、规范地方政府行为的作用。[④] 而戈登和李（2011）认为中央政府为了防止"搭便车"，偏好采用要求地方配套的专项转移支付，结果就限制了地方官员的灵活性，使得他们无法根据辖区的需求进行最有效的公共服务配置。[⑤]

[①] 李永友、张子楠：《转移支付提高了政府社会性公共品供给激励吗?》，《经济研究》2017 年第 1 期，第 119—132 页。

[②] Baretti, C., Huber, B., Lichtblau, K., A tax on tax revenue: the incentive effects of equalizing transfers: evidence from Germany. International Tax and Public Finance, 2002, Vol. (9), pp. 631-649.

[③] 李永友、张子楠：《转移支付提高了政府社会性公共品供给激励吗?》，《经济研究》2017 年第 1 期。

[④] 尹振东、汤玉刚：《专项转移支付与地方财政支出行为——以农村义务教育补助为例》，《经济研究》2016 年第 4 期。

[⑤] Gordon, Roger H., and W. Li, "Provincial and Local Governments in China: Fiscal Institutions and Government Behavior", NBER Working Paper No. 16694.

表 1-7 中国财政转移支付种类与目标

种类	细类	目标
中央对地方的一般性公共转移支付	均衡性转移支付、民族地区转移支付、县乡基本财力保障机制奖补资金、调整工资转移支付、农村税费改革转移支付、义务教育转移支付、农村义务教育化债补助、资源枯竭城市财力性转移支付、其他一般性转移支付	均等化地方政府供给服务能力
专项转移支付	教育、科技、社会保障和就业、医疗卫生、生态保护、产业转型升级、区域协调发展等	特定用途

资料来源：杨志勇、张馨：《公共经济学》，清华大学出版社，2017 年版，第 364 页。

目前，我国一般性转移支付所占比重较低。由图 1-2 可知，1994—2010 年间，除 2005 和 2006 年外，一般性转移支付在转移支付总量中的比重小于专项转移支付，2011 年起超过专项转移支付，但其规模仍然较小，仅为 18311.34 亿元，地方政府实现公共服务均等化的能力有限。

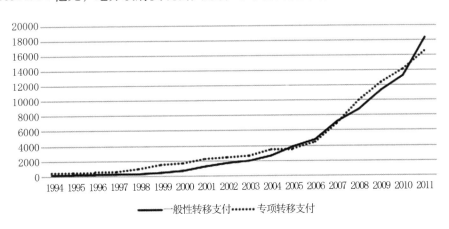

图 1-2 1994—2011 年中国财政转移支付 单位：亿元

资料来源：中国统计年鉴，1994—2012 年。

纵向的转移支付对地方公共品供给的影响，关键取决于中央转移支付是否有效引导和矫正地方政府的支出行为。良好的转移支付制度是解决异质性地区竞争约束弱化的关键，也是消除信息不对称产生标杆偏误的重要机制。

尹振东和汤玉刚（2016）根据转移支付对地方支出行为的激励效应，提出了两种分配原则：一是中央政府补助基本公共服务水平较差的地区，即"扶弱"规则；二是中央政府补助基本公共服务水平较多或者财政努力程度较高的地区，即"奖优"规则。从全国看，公共品的配置要求按照均等化原则进行，需要政府通过财政进行矫正性再分配。[1] 现实中地方政府公共品支出行为和资源配置效果，还取决于转移支付的规则和地方经济发展的阶段。[2]

（二）财政横向转移支付激励

财政分权体制下，中央政府超过门槛水平的支出补助，在地方政府支出政策上会产生显著的替代效应，可能会扭曲地方政府的治理行为，降低地方政府提供有利于本地居民的公共品激励。公共品在地方政府间存在明显的空间溢出效应，特别是环境保护等公共品，地方政府间会出现免费"搭便车"的现象。但纵向转移交付在提高地区间竞争时，对地方政府支出选择的约束方面没有发挥显著作用。因此，从公共品供给效率和均等化效应视角而言，应充分发挥地方政府间的横向转移支付作用，实现转移交付对竞争约束力的强化效应，增强财政收入流动效应，提高转移对地方公共品供给的激励作用。

经济发展水平较低的辖区和经济发展水平较高的辖区，在公共品供给的边际成本间存在一定的差距。为实现整个区域社会福利最大化，经济发展水平较低的辖区需在公共品供给上做出更多的投资，否则会造成经济发展水平较低辖区居民的福利损失。就跨行政辖区的公共品供给问题，作为具有"理性经济人"的地方政府实际上也必然会存在区域公共品消费上的"搭便车"现象和"公共地悲剧"问题。因此，促进经济发展水平较低地区公共品的投

---

① 尹振东、汤玉刚：《专项转移支付与地方财政支出行为——以农村义务教育补助为例》，《经济研究》2016 年第 4 期。

② 倪红日、张亮：《基本公共服务均等化与财政管理体制改革研究》，《管理世界》2012 年第 9 期。

资，辖区间应建立良性的补偿机制，即横向转移支付。横向转移支付可以有效实现财政收入的流动效应，同时可以弱化转移支付流出或流入对地方政府支出政策的收入效应，相对提高转移支付的激励作用。

横向转移支付是基于地方政府间合作的基础，对于缩小地区间因自然因素、经济发展等因素造成的社会差异、福利差异具有重要的作用。特别是对具有外溢性的地方公共品供给具有重要的激励作用，如不同主体功能区生态横向补偿、流域环境治理等。

第二章　地方公共品供给特征与影响因素

在我国财政分权体制下，地方政府承担提供地方公共品的职责。随着我国财政事权改革的不断深入，以及地方政府财政能力和行政能力的提升，地方公共品供给呈现出明显的阶段性、区域性特征，既有总量的刚性增长，也存在结构性失衡。这种现象的产生，是多种因素综合作用的结果，核心因素体现为地方经济发展水平和社会治理能力的差异，具体还包括城乡区域经济发展、地方政府公共品支出偏好、公共品供给激励机制、公共品需求约束等差异，致使地方公共品供给存在显著的空间异质性。

第一节　我国地方公共品供给特征

一、公共品供给总体特征

财政是国家治理的基础和重要支柱，具有重要的公共资源配置作用。改革开放以来，我国经济发展取得了举世瞩目的成绩，被称为"中国增长奇迹"。与此同时，我国各地区社会建设也取得了长足的发展，民生性公共服务得到全面改善。但由于各地区经济发展水平的阶段性差异，地方公共品供给也呈现出了相应的结构性特征。

（一）公共品的福利刚性特征

教育、医疗卫生、文化体育和社会保障是各国福利体系的重要组成部分，表现出明显的福利刚性特征，即公共品支出总体呈现不断上升的趋势，且不依赖经济增速的上下起伏波动。[1] 如图 2-1 所示，改革开放以来，我国人均 GDP 的增速呈现出明显的阶段性特征，但公共品支出占 GDP 的比重整体呈上升的趋势（除 1980—1995 年间公共品支出占 GDP 比重呈下降趋势）。特别是我国实施分税制改革以来，公共品支出占 GDP 的比重由 1995 年的 2.58% 上升到 2019 年的 9.36%，平均占比为 6.34%。以公共财政支出占 GDP 比重度量的公共品支出规模，相对于人均 GDP 具有更快的增长。尽管公共品支出规模受经济周期性波动的影响，但刚性特征显著。"改善民生既要尽力而为，又要量力而行"。[2]

相比社会保障和就业、医疗卫生与计划生育、科学技术、节能环保和文化体育与传媒等，如图 2-2 所示，我国教育支出占 GDP 比重处于最高水平，2012 年以来占比超过了 3.5%。

近年来，我国研发支出占 GDP 比重加速提升，由 1996 年的 0.56% 上升到 2018 年的 2.19%，支出增速也呈快速上升趋势，近年来占比也保持在 2% 以上，与世界平均水平接近。随着我国创新驱动发展战略的实施，坚持科技自立自强，我国研发投入的力度不断加大。2020 年我国研究与试验发展（R&D）经费支出 24426 亿元，比上年增长 10.3%，占国内生产总值的 2.40%，其中基础研究经费 1504 亿元。[3]

---

[1] 黄少安、陈言、李睿：《福利刚性、公共支出结构与福利陷阱》，《中国社会科学》2018 年第 1 期。
[2] 中共中央宣传部：《习近平总书记系列重要讲话读本》，人民出版社 2016 年版，第 213—214 页。
[3] 国家统计局：《中华人民共和国 2020 年国民经济和社会发展统计公报》2021 年 2 月 28 日。

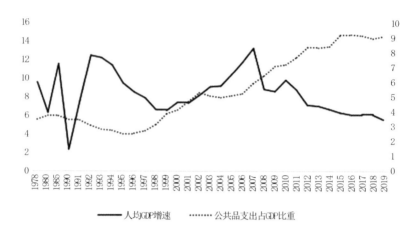

图 2-1　1978—2019 年人均 GDP 增速与公共品支出占 GDP 比重

数据来源：中国统计年鉴，1979—2020 年。

注：由于统计口径发生调整，公共品支出核算内容进行调整：1978—2006 年公共品支出主要包括文教、科学、卫生和社会保障支出；2007—2019 年公共品支出主要包括教育、文化体育与传媒、社会保障和就业、医疗卫生与计划生育和节能环保。

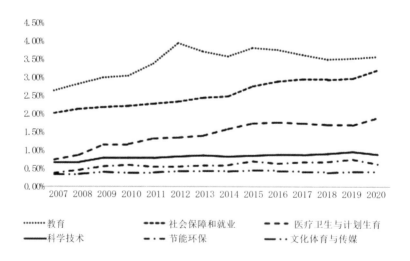

图 2-2　2007—2020 年公共品支出占 GDP 比重（%）

数据来源：中国统计年鉴，2007—2021 年。

（二）地方政府公共品支出结构性特征

1. 地方政府重生产性公共品支出偏向明显

税收收入是政府的主要财力来源，受平衡预算的约束，地方政府的公共财源是有限的。因此，公共资源在不同支出项目之间的配置便存在竞争关系，配置到某一类公共品上的资源过多，则用于其他项目的公共资源势必会受到影响，由此可能会导致政府内部公共资源配置的无效率状态。[①] 特别是地方政府间存在税收竞争的情况下，会导致支出结构系统性扭曲，即在整个公共支出结构中，进入企业生产函数的公共投入支出增加，进入居民效用函数的公共品支出在减少，地方政府竞争的努力程度越高，就越会形成偏向生产性支出的结构。[②] 现实中中央和地方政府的公共品偏好是不一致的，且存在信息不对称问题，地方政府间偏好会随着区域经济的发展呈现出动态的变化，财政分权激励地方公共品供给的作用就变得模糊和复杂。[③] 随着财政分权程度的提高，以地区经济发展水平评价的官员晋升激励，将进一步激励地方政府扩张基本建设投资。同样，在现有的政绩考评机制下，居民对公共服务的满意度无法成为官员晋升的主要依据，由此便形成一种负向的激励效应，引导地方官员在财政资源总量有限前提下，重视对政府运作和基础设施建设的投入，而忽视对辖区居民公共需求偏好的满足。[④] 即在我国现行分税制形成的财政激励和晋升形成的政治竞赛激励下，地方政府更偏好于基础设施建设，导致区域内污染治理和环境保护、教育和医疗等民生类公共品投入不足；或是在公共服务领域，重视产能的形成，忽略有效服务水平的提高。

[①] 卢洪友：《政府预算学》，武汉大学出版社 2006 年版。

[②] Keen，M. and Marchand，M.（1997）. Fiscal competition and the pattern of public spending. Journal of Public Economics，66，33-53.

[③] Besley，Timothy J. and Ghatak，Maitreesh，Government Versus Private Ownership of Public Goods（March 2001），Available at SSRN：https：//ssrn. com/abstract=266455.

[④] 龚锋、卢洪友：《公共支出结构、偏好匹配与财政分权》，《管理世界》2009 年第 1 期。

例如基本建设支出占地方财政总支出的比重由 1994 年的 8.46%上升到 2006 年的 9.5%，而文教科卫支出的比重由 1994 年 27.19%下降为 2005 年的 21.93%，虽然在 2010 年达到了 26.45%，但依然没有达到 1994 年的水平。①

2. 地方政府民生性公共品支出增速明显增加

地方政府财政支出规模，可以有效反映地方公共品供给水平和特征。1994 年我国分税制改革以来，地方政府的一般公共预算支出比重不断提高，由 1994 年的 4038.19 亿元，增加到 2016 年的 160351.36 亿元。其中，2000 年地方一般公共预算支出突破 1 万亿元，2012 年地方一般公共预算支出突破 10 万亿元，2019 年突破了 20 万亿元。同时，我国各地方政府的各项公共服务支出也在不断加大，基本公共服务体系建设和服务水平稳步提高，各级各类公共服务设施不断完善，保障能力和群众满意度进一步提升。

地方政府的公共支出中，教育、社会保障、医疗卫生、文化体育、节能环保等支出逐年提高。如图 2-3 所示，2007—2019 年间，教育支出、社会保障和就业、医疗卫生支出平均值分别为 1.99 万亿元、1.51 万亿元、0.89 万亿元，而文化体育与传媒支出、节能环保支出平均值仅为 0.22 万亿元和 0.35 万亿元。就支出的平均增速而言，2008—2019 年间增速最快的为医疗卫生和计划生育支出，平均增速为 20%，其次为节能环保，平均增速为 18.57%，而教育、社会保障、文化体育的平均增速分别为 14.56%、15.42% 和 14.44%。

就地方政府公共品支出占地方一般公共预算支出比而言，如图 2-4 所示，2007—2019 年间，地方政府公共品支出中，教育支出所占比重最高，年均占比为 16.84%；其次为社会保障与就业支出和医疗卫生支出，年均占比分别为 12.56%和 7.09%；而文化体育和节能环保支出占比较低，年均占比为 1.89%。但总体而言，地方政府公共品预算支出占比增长幅度较小，部分

---

① 邓明、魏后凯：《公共支出结构偏向的经济波动效应研究—兼论新常态下的公共支出结构调整》，《经济管理》2015 年第 9 期。

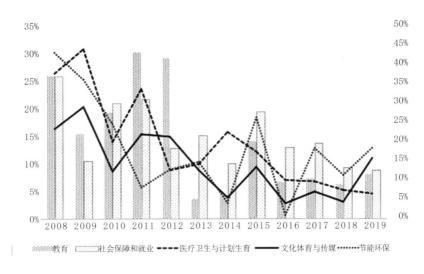

图 2-3　2008—2019 年地方公共品支出增速

数据来源：中国统计年鉴，2008—2020 年。

公共品预算支出占比呈现出下降趋势，如地方财政教育支出，由 2012 年的 18.79% 下降到 2019 年的 16.18%。

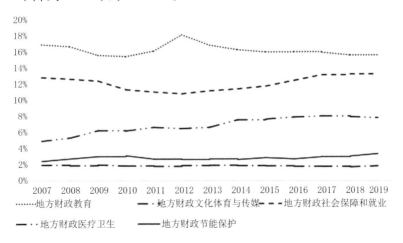

图 2-4　2007—2019 年地方公共品预算支出占比（％）

数据来源：中国统计年鉴，2007—2020 年。

二、地方公共品供给城乡区域差异

我国城乡区域发展不平衡，公共财政在资源配置中偏向存在差异，使得不同区域间、城乡间在基本公共服务供给制度衔接、供给结构比例、投入强度等方面产生明显的异质性，我国基本公共服务水平在城乡区域间存在较大差距。

（一）地方公共品供给城乡差异

改革开放以来，为促进地区经济的快速发展，我国相继实施了城市偏向战略和政策，致使城乡经济发展差距不断扩大，导致城乡在教育、医疗卫生、社会保障等基本公共服务呈现出明显的城乡"二元"结构。① 近年来，为有效缩小城乡发展差距，我国相继实施了新农村建设、乡村振兴战略等，不断加大中央转移支付力度，增加对农业、农村的投入，推动公共服务向农村延伸、社会事业向农村覆盖，但城乡差距依然明显。

就教育而言，城乡差距较为明显。近年来农村义务教育经费投入不断增加，但增幅显著低于全国平均水平。如 2017 年全国普通小学生均一般预算教育事业费支出为 1.02 万元，较上年增长 6.71%。其中农村为 0.98 万元，较上年增长 5.65%。普通初中生均一般公共预算教育与事业费支出达 1.46 万元，较上年增长 9.13%。其中农村为 1.34 万元，较上年增长 7.77%。②

就城乡医疗卫生差距而言，每万人拥有的注册护士人数差距最为明显（见图 2-5）。2003—2019 年间，每万人拥有的注册护士数城市平均为农村的 3.19 倍，每万人拥有的城市卫生技术人员、每万人拥有的城市职业医师、每万人拥有的城市医疗机构床位数，分别为农村的 2.41 倍、2.2 倍和 2.2 倍。

---

① 缪小林、王婷、高跃光：《转移支付对城乡公共服务差距的影响——不同经济赶超省份的分组比较》，《经济研究》2017 年第 2 期。
② 邬志辉、秦玉友：《中国农村教育发展报告2019》，北京师范大学出版社2020年版。

近年来，特别是 2018 年我国实施乡村振兴战略以来，加快推进供给侧结构性改革，农村基本公共服务供给有了大幅提升，城乡医疗卫生服务差距呈不断下降的趋势。但在医疗卫生服务质量、供给效率等方面仍存较大差异。

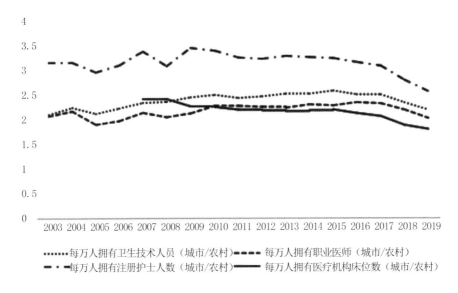

图 2-5 每万人拥有的医疗卫生资源城乡比

数据来源：中国统计年鉴，2003—2020 年。

由杨晓军、陈浩（2020）测算的城乡基本公共服务均等化水平可知，2003—2018 年间，我国城乡基本公共服务均等化水平较为稳定，考察期内并未有显著的变化，见图 2-6。就基尼系数而言，城乡基本公共服务均等化的总体差异呈现波动上升态势，由 2003 年的 0.284 增加至 2017 年的 0.312，年均增长率为 0.64%，增幅为 9.97%，表明城乡基本公共服务均等化的差距在逐渐扩大。但分区域而言，东部地区的城乡基本公共服务均等化水平显著高于全国平均水平和其他地区，中部地区和西部地区低于全国平均水平，但呈波动上升的态势，表明城乡基本公共服务水平不断提升。东北地区城乡基本公共服务水平呈明显下降趋势，2005 年后开始低于中部地区，2011 年后开始低于西部地区，是四大区域板块中城乡基本公共服务均等化水平最低的地区。①

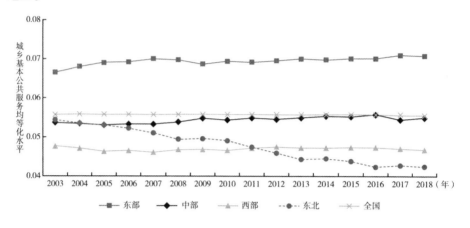

图 2-6　城乡基本公共服务均等化水平

资料来源：杨晓军、陈浩：《中国城乡基本公共服务均等化的区域差异及收敛性》，《数量经济技术经济研究》2020 年第 12 期。

（二）地方公共品供给的区域差异

我国各地区经济发展水平、人口规模等存在差异，在基本公共服务支出上也存在明显差异。就人均财政支出而言，各省人均教育支出普遍高于文化体育与传媒、医疗卫生、科学技术、环境保护等人均支出。近年来一些省市的人均社会保障支出高于人均教育支出，如图 2-7 所示，2019 年东部地区的天津、上海，中部地区的湖北，东北地区的吉林、辽宁、黑龙江，西部地区的重庆市、内蒙古、宁夏、青海、四川等省份的社会保障支出比重超过教育支出。而其他省份公共品支出结构占比情况与全国平均水平保持相同的趋势。

就人均教育支出而言，如图 2-8 所示，2007—2019 年的各省人均教育财

---

① 杨晓军、陈浩：《中国城乡基本公共服务均等化的区域差异及收敛性》，《数量经济技术经济研究》2020 年第 12 期。

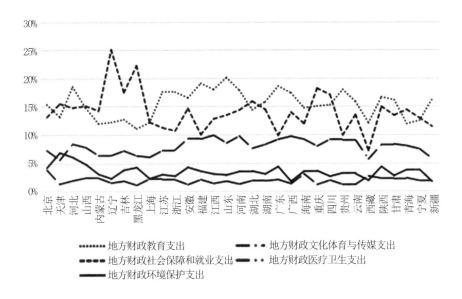

图 2-7 2019 年各省市公共品支出占一般公共预算支出比重（%）

数据来源：中国统计年鉴，2020 年。

政支出的均值体现出明显的地区差异，西藏、北京、上海、青海等省份较高，显著高于全国的平均水平，但中部地区除江西省外的其他五省份、东部地区的山东省和河北省，西部地区的云南、广西、四川省，东北地区的黑龙江、辽宁省，均显著低于全国平均水平。

就各省份的人均存量而言，如图 2-9，2007—2019 年间各省份单位人口拥有卫生技术人员数（人/千人）、单位人口医疗卫生机构床位数（张/千人）的平均水平差异较大，全国的平均水平分别为 5.312 和 4.959，标准差分别为 1.492 和 0.620；而单位人口拥有执业医师数（人/千人）、注册护士数（人/千人）各省份平均水平差异相对较小，全国的平均水平分别为 2.082 和 2.068，标准差分别为 0.580 和 0.639。与全国平均水平相比，四项指标全国各省份呈现出明显的差异，见表 2-1。

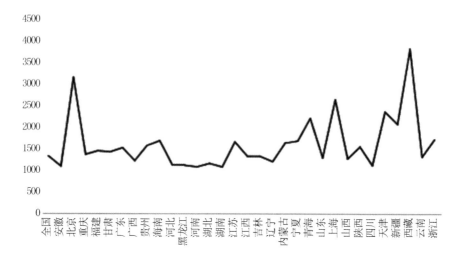

图 2-8　2007—2019 年各省人均教育财政支出（元/人）平均水平

数据来源：根据中国统计年鉴计算。

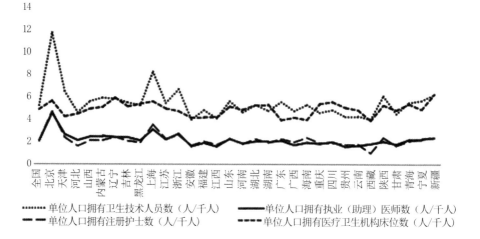

图 2-9　2007—2019 年各主要指标平均水平

数据来源：根据中国统计年鉴计算。

表 2-1 2007—2019 年各指标平均值与全国平均水平

	单位人口拥有卫生技术人员数（人/千人）	单位人口拥有注册护士数（人/千人）	单位人口拥有执业（助理）医师数（人/千人）	单位人口医疗卫生机构床位数（张/千人）
高于全国平均值省市	黑龙江、湖北、海南、江苏、吉林、青海、广东、山西、山东、宁夏、辽宁、内蒙古、陕西、新疆、天津、浙江、上海、北京	山西、内蒙古、湖北、宁夏、山东、江苏、广东、陕西、海南、天津、新疆、辽宁、浙江、上海、北京	广东、黑龙江、河北、青海、江苏、宁夏、山东、新疆、吉林、辽宁、山西、内蒙古、天津、浙江、上海、北京	宁夏、山西、江苏、贵州、内蒙古、吉林、山东、湖北、陕西、湖南、青海、黑龙江、重庆、四川、上海、北京、辽宁、新疆
全国平均水平	5.312	2.068	2.082	4.959
低于全国平均值省市	安徽、西藏、江西、贵州、云南、甘肃、重庆、河北、河南、广西、湖南、福建、四川	西藏、河北、安徽、甘肃、江西、贵州、云南、河南、重庆、四川、湖南、黑龙江、广西、福建、青海、吉林	江西、贵州、安徽、云南、广西、甘肃、西藏、重庆、河南、福建、海南、湖南、四川、陕西、湖北	西藏、广东、海南、安徽、江西、广西、福建、天津、河北、浙江、甘肃、云南、河南

数据来源：根据中国统计年鉴计算。

就各省份的单位人口拥有公共图书馆藏量（册/人）而言，如图 2-10，2011—2019 年各省份的平均值，仅有东部地区的广东、福建、江苏、天津、北京、浙江和上海，西部地区的宁夏、青海，东北地区的吉林和辽宁超过0.64 的全国平均水平，其他省市均低于全国平均水平，标准差为 0.514。

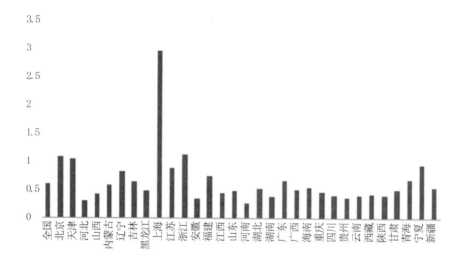

图 2-10 2011—2019 年各省单位人口拥有公共图书馆藏量（册/人）平均值

数据来源：根据中国统计年鉴计算。

第二节 我国地方公共品供给影响因素

一、我国地方公共品供给短板

总体而言，我国基本公共服务供给在区域城乡间还存在较大差距，既体现在财政支出强度上，也体现在人均实际占有量上。从基本公共服务人均有效需求的视角来看，部分地区各类公共品的供给在一定程度上还存在着不匹配、不协调、不均衡等问题。

（一）公共品供给数量与需求之间的不匹配

改革开放以来，我国经济实现了快速发展，人均收入水平大幅提升。2020 年我国人均国内生产总值超过 1 万美元，位列中等偏上收入国家行列，与高收入国家发展的差距继续缩小；居民人均可支配收入达到 32189 元，扣除价格因素实际增长 2.1%，比 2010 年翻了一番。① 近年来，随着我国新型城镇化进程的加快，以及户籍制度改革的不断深入，各类城市不断放开、放宽落户限制，加速了人口在城乡区域间的流动。现有文献研究表明，人口流动的动因既有经济因素方面的原因，也有地区间或城乡间公共服务水平存在差异等非经济因素方面的原因。截至 2019 年，我国流动人口规模达 2.36 亿人，占总人口的 16.86%。②

随着各地区人口的流入与流出，在一定程度上引起了人口分布格局和规模的变化，打破了人们享有城市基本公共服务的区域边界和空间维度，使得基于刚性行政区划基础上配置的城市基本公共服务资源出现了供需失配的现象，公共品供给数量与质量、供给结构与模式、供给效率与公平之间的矛盾较为突出。特别是加大了对人口流入地教育、文化体育、医疗卫生、社会保障、生态环保等公共品供给总量的压力。流动人口的增加会对地方政府辖区居民公共服务的满意度产生影响，往往会导致公共服务供给水平较高地区公共服务"拥塞"，一定程度上会影响辖区政府和相邻地方政府对公共服务支出结构、改善公共服务供需匹配的偏好，而这种影响度又与各地方政府的财政分权程度有着密切的联系。与居民多样化的需求相比，各城市社会公共服务资源配置还存在不匹配问题，出现基本公共服务"大城市太拥挤、中等城市无法形成规模、小城市集聚不足"的困境。同时，社会公共服务资源具有较高的收入弹性，随着流动人口收入水平阶梯型差异的形成，对公共品的需求呈现结构性分层，且随着收入水平的提高，使得原有的消费模式升级，他们倾向于享受更高的生活水平和更好的教育、医疗、社会保障。这些因素在一定程度上，加剧了不同地区间公共品的供需矛盾。

---

① 数据来源于国家统计局。
② 国家统计局：《中华人民共和国 2019 年国民经济和社会发展统计公报》2020 年 2 月 28 日。

（二）公共品供给结构与需求之间的不协调

随着居民收入水平的提高，居民在原有对基本公共服务刚性需求的基础上，对高质量基本公共服务有了新的期待，并呈现出明显的需求结构性差异。一方面，人口结构的分层形成了差异化的群体，人口结构的多元化对公共品需求呈现出多样化。如不同年龄段人口具有差异性的消费结构，老年人口的增加会加大对医疗保健、养老、护理以及生活服务等基本需求，而青年人口比重的提升会导致住房、就业需求的提高。人口城乡结构变化的城镇化趋势，使城乡失衡的公共资源配置结构性矛盾更加突出。第七次全国人口普查公报显示，2020 年我国城镇人口比重相比 2010 年增加了 14.21%。[①] 另一方面，流动人口对公共产品需求呈现的多样化结构特征，加快了对公共品供给模式变革的进程。原有的以政府为主体自上而下的公共资源配置模式，受政府财政资金积累程度、需求多样化等的影响，社会公共资源配置长期面临着供需不平衡的矛盾。迫切需要建立由政府主导、社会参与、公办民办并举的公共品供给模式，推动公共品供给主体和供给方式多元化，以扭转政府在公共品供给上的错位、缺位、越位现象，以适应人口结构变动引发的多样化需求。

（三）公共品供给效率与需求之间的不均衡

受地方政府自身财政体制、社会保障制度等影响，特别是各地区地方政府财政能力和行政能力的差异，地方政府在公共品的供给效率上存在显著的差异。主要体现为地方政府对居民需求做出的回应上，包括地方政府对离散型公共品供给效率不高，特别是当地方政府间存在横向竞争的情况下，在基本公共服务支出上存在策略互动，进而影响了基本公共服务支出的效率。如

---

① 国家统计局：《第七次全国人口普查公报（第七号）》2021 年 5 月 11 日。

随着异地就医医疗保障的不断完善，城市可达性的提高，跨区域医疗服务的需求出现了大规模的空间转移，中心城市的医疗服务供给短期内无法实现有效供给，导致集体效用的降低。就地区而言，城市群一体化程度较高的地区，如长三角、珠三角、京津冀等地区城市的公共品供给效率高，而中西部地区城市公共品供给效率仍然较低。

二、我国地方公共品供给出现短版的原因

公共财政是基本公共服务供给的重要保障。财政支出规模体现了政府财政在资源配置、收入分配、经济稳定等方面发挥的作用规模和力度。影响财政支出规模的因素主要包括经济性因素、政治性因素和社会性因素，[①] 这些因素都对地方公共品供给产生明显影响。

在我国财政分权背景下，地方政府对公共品供给存在双重效应。一方面，地方政府具有信息优势，地方政府在选择和运用公共资源方面会积极参与，会在公共品供给与不同居民的需求和偏好之间进行更好的匹配，有利于提高公共资源配置的效率。另一方面，受多种因素的影响，地方分权并不必然导致地方政府行为的有效改善，[②] 会导致地方公共支出结构的偏差。[③] 一是公共品具有显著的外溢性特征。由于地区间经济社会发展差距的存在，地方政府基于行政辖区的公共品供给，会使受益人出现"搭便车"的情况，而地方政府不能获得公共品供给的成本分摊或难以获得外溢性收益。二是存在地方政府间的竞争。在财政分权的体制下，不管是出于政治晋升还是"不被淘汰"的考虑，地方政府为获得相对竞争优势地位，更偏向于具有显著经济增长效应的基础设施投资，以便获得更多的边际收益。三是中央政府考核目标的调整。中央政府考核目标的调整，也会对地方政府公共品支出偏向产生

---

① 贾康等：《财政学通论》，中国出版集团、东方出版中心2019年版，第273—274页。

② 陈诗一、张军：《中国地方政府财政支出效率研究：1978—2005》，《中国社会科学》2008年第4期。

③ 平新桥、白洁：《中国财政分权与地方公共品的供给》，《财贸经济》2006年第2期。

激励。如中央政府重视对经济增长、财政收入等硬性指标考核时，地方政府官员往往会形成明显的城市偏向支出结构和"经济性"公共品投资的激励，而挤占缺乏短期经济增长绩效的"社会性"公共品投资。①

（一）地区经济和社会发展不平衡

福利制度是发达国家在经历长期经济增长后普遍形成的一种制度安排，从长期经验来看，经济增长与社会的福利化存在着正向关联。② 根据瓦格纳法则，当国民收入增长时，财政支出会以更大比例增长。随着人均收入水平的提高，政府支出占 GNP 的比重将会提高。③

改革开放以来，我国区域战略经过多次调整，由坚持效率优先的发展思路逐渐调整为协调发展，各地区的经济社会发展差距也经历由不断扩大到逐渐走向协调。如表2-2所示，地区之间的差距也由东西部地区的发展差距逐渐演变为东西差距与南北差距并存，城乡收入差距和消费差距依然突出，既有重点地区的高质量发展，也有亟待振兴的老工业基地等。新发展阶段，我国进入区域高质量发展的新时期，亟待解决的重大现实问题是如何处理好国家统筹决策与区域发展内生激励的关系，实现区域经济发展中公平与效率的平衡。④

---

① 李永友、王超：《集权式财政改革能够缩小城乡差距吗？——基于"乡财县管"准自然实验的证据》，《管理世界》2020 年第 4 期。

② 吕炜、王伟同：《发展失衡、公共服务与政府责任——基于政府偏好和政府效率视角的分析》，《中国社会科学》2008 年第 4 期。

③ 贾康等：《财政学通论》，中国出版集团、东方出版中心 2019 年版，第 273—274 页。

④ 刘秉镰、朱俊丰、周玉龙：《中国区域经济理论演进与未来展望》，《管理世界》2020 年第 2 期。

表 2-2　1990—2019 年我国地区发展差距

	地区差距		城乡差距	
	东西差距	南北差距	城乡收入差距	城乡消费差距
1990	46.1%：20.3%	55.9%：44.1%	2.20	2.0
1995	51.9%：18.2%	58.6%：41.4%	2.71	2.29
2000	52.5%：17.1%	58.6%：41.4%	2.79	2.34
2005	55.5%：17.1%	57.4%：42.6%	3.22	2.23
2010	53.1%：18.6%	57.2%：42.8%	3.23	2.14
2015	51.6%：20.1%	58.9%：41.1%	2.73	2.32
2017	52.9%：19.9%	61.1%：39.0%	2.71	2.23
2018	52.6%：20.2%	61.5%：38.5%	2.69	2.15

注：（1）东西差距为东部和西部地区的地区生产总值占全国 GDP 的份额比较；南北差距为南方和北方的地区生产总值占全国 GDP 的份额比较；（2）2013 年之前城乡收入差距是指城镇居民人均可支配收入与农村居民人均纯收入的比值，2013 年之后随着统计口径变化调整为城镇居民人均可支配收入与农村居民人均可支配收入的比值；2013 年之前城乡消费差距是指城镇居民人均现金消费支出与农村居民人均现金消费支出比值，2013 年之后调整为城镇居民人均消费支出与农村居民人均消费支出的比值。

资料来源：李兰冰、刘秉镰：《"十四五"时期中国区域经济发展的重大问题展望》，《管理世界》2020 年第 5 期。

地区经济发展的失衡直接反应在社会发展的差距上。地方政府是公共品供给的主体，但地方政府往往面临财政失衡的困境。如何提高地方政府公共品供给的能力，已有文献和实践表明，地方政府面临软预算约束或硬预算约束，都具有负外部性。在我国基本公共服务供给体制和制度不断完善的情况下，地区间基本公共服务供给的差距，核心在于地区间发展水平的差距。加快地区经济的高质量发展，是促进地区间基本公共服务均等化最为本质的路径。

（二）中央对地方公共品供给激励机制不足

改革开放以来，我国中央与地方财政关系经历了从高度集中的统收统支到"分灶吃饭"、包干制，再到分税制财政体制的变化，财政事权和支出责任划分逐渐明确，特别是 1994 年实施的分税制改革，初步构建了中国特色社会主义制度下中央与地方财政事权和支出责任划分的体系框架。① 党的十八大以来，关于中央和地方政府的财权与事权的责任进一步明确。但省以下财政事权和支出责任划分不尽规范，县级政府公共品供给的财政支出压力较大。地方政府在决定其公共支出规模和结构上具有一定的自主权，公共财政支出存在选择性支出等问题，地方政府在教育、医疗和社会保障等基本公共服务的支出水平未必能够达到中央政府期待的合理水平，存在"重投资轻民生"的支出偏好，地方政府有动机通过诸如降低保障标准和缩小覆盖面等手段缩小民生支出，难以保障基本公共服务的提供。② 特别是省级以下地方政府间财权与事权还缺乏进一步的界定，影响了地方政府公共品供给的效率。③

地方政府事权与财权的不匹配，其对教育、医疗卫生等公共品供给奉行少分担多受益的原则，导致此类公共品供给存在结构失衡和效率损失的现象。近年来中央与地方财政事权和支出责任的划分，在一定程度上明确了中央和地方政府的支出责任，但调整的范围有限，中央与地方财政事权和支出责任划分不尽合理的事项依然存在。如图 2-11，1994 年分税制改革以来，中央政府财政收入占全国财政总收入中的比重有所提高，到 2011 年，地方财政收入所占比重超过中央财政收入比重。中央财政收入与地方财政收入之比，由 1994 年的 1.25 下降为 2016 年的 0.83，地方财政收入呈现不断上升的趋势，但所占比上升幅度不大，基本保持稳定。地方政府的财政支出占比也逐年提高，由 1994 年的 69.7% 上升到 2016 年的 85.4%，地方财政年均支出在国家财政中所占的比重为 77% 以上，导致最直接的问题就是地方政府财力不足。尽管地方财政为了执行自身职能，拥有多种方式筹措资金，但与地

---

① 国务院：《关于推进中央与地方财政事权和支出责任划分改革的指导意见（国发〔2016〕49 号）》2016 年 8 月 24 日。

② 贾晓俊、岳希明、王怡璞：《分类拨款、地方政府支出与基本公共服务均等化——兼谈我国转移支付制度改革》，《财贸经济》2015 年第 4 期。

③ 杨志勇、张馨：《公共经济学（第四版）》，清华大学出版社 2018 年版。

方政府承担的诸多事权相比，地方政府的财力明显不足，地方财政收不抵支的状况日益严重。地方政府的财力不足，以及地方政府间的财政竞争等因素，影响了地方政府公共品供给的偏好，加剧了地区间公共品供给的不平衡不充分。

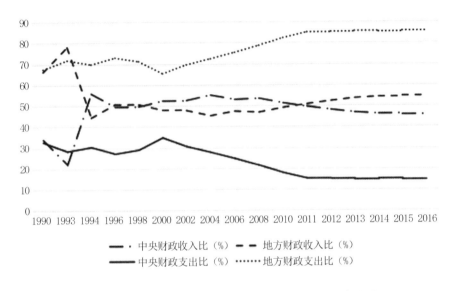

图 2-11　1990—2016 年中央和地方财政收入和支出比重

　　财权和事权的不匹配，导致地方政府财政收入和支出的失衡，地方政府的隐性债务越来越大，地方财政失衡成为一种普遍的现象。与此同时，地方政府之间普遍存在的"财政竞争""标尺竞争"，地方政府为争夺流动性税基，往往会实行税收优惠政策和针对性的支出政策，在一定程度上加剧了地方财政的失衡。在地方财政收入中，税收所占的比重逐年降低，从 1998 年的 88.38% 降至 2016 年的 74.15%。特别是近年来，我国实施了较大规模的减税政策，2019 年全年减税降费 2.36 万亿元，已超过 2003 年全国财政收入。在减税降费政策影响下，2019 年全国税务部门组织的税收收入同比增长仅为 1.8%，低于 2018 年 9.5% 的增速。① 但随着经济的发展，政府所要提供的公共品和服务也随之增多，不仅在量上政府需要增加对公共品的支出，在范围上也会随着经济的增长而适度扩大，② 使得地方政府公共品供给的主体压力明显增加。

（三）现有体制下地方政府公共品供给偏好

改革开放以来，我国财政事权和支出责任划分逐渐明确，特别是 1994 年实施的分税制改革，初步构建了中国特色社会主义制度下中央与地方财政事权和支出责任划分的体系框架，有效地激励了地方经济社会的发展，取得了显著的成效。在我国现有的财政分权体制下，地方政府是地方公共品供给的主体，中央政府通过转移支付的方式为地方政府提供资金支持。③ 受我国户籍制度等限制，各地区很难通过人口的"进入和退出机制"来表达公共品的需求偏好，还是要寄希望于"用手投票"，这就与地方的"经济人"特征和政府的偏好联系起来。④ 我国的财政分权制度给当前区域间市场化竞争态势提供了一个完美解释，财政权力下放对于公共管理业绩的优点长期以来也一直得到公共经济学者以及世界银行、联合国开发计划署等国际组织的赞同，财政分权给地方公共品供给与基础设施建设营造了更好的市场化环境与更开阔的想象空间。但经验表明，财政权力的下放也会导致公共服务效率低下以及由地方财政支出扭曲所引致的不平衡发展。⑤ 实践也证实，各地方政府间公共品供给存在明显的差异，即地方政府公共品支出明显侧重基本建设

① 吴秋余：《巩固拓展减税降费成效》，《人民日报》2020 年 1 月 20 日 5 版。
② 洪银兴、尚长风：《公共财政学》，南京大学出版社 2006 年版，第 417 页。
③ 贾晓俊、岳希明、王怡璞：《分类拨款、地方政府支出与基本公共服务均等化——兼谈我国转移支付制度改革》，《财贸经济》2015 年第 4 期。
④ 丁菊红、邓可斌：《政府偏好、公共品供给与转型中的财政分权》，《经济研究》2008 年第 7 期。
⑤ Smoke P., "Decentralisation in Africa: goals, dimensions, myths and challenges", Public Administration and Development, 2003, 23（1）: pp.7-16.

支出，而教育、医疗卫生、环境保护等公共品的支出权重却不尽人意①。是什么影响了政府的供给偏好呢？

一是领导干部的委任制和政绩考核机制。领导干部是地方政府行为多样性的直接主体，政府所表现出来的各种特征其实是领导干部动机的重要体现。② 地方领导干部自身的职务晋升激励和考核机制，影响了其对公共品的支出偏好。长期以来，"GDP增长"成为干部绩效考核和晋升的重要参考，各地方领导干部之间围绕这一目标展开了激烈的"晋升锦标赛"或"标尺竞争"，形成了领导干部"为增长而竞争"的格局。③④ 基于这一政治考量，地方政府官员在任期内追求较高的经济绩效，更偏好追求经济规模最大化，导致出现了扭曲的财政公共支出配置，即会扩张基本建设投资比重，重视基础设施建设等经济性公共品的投资，以刺激地方经济的发展，而忽视教育投资、医疗卫生等短期难以见效的公共品投资。

二是地方政府间存在明显的竞争机制。地方政府为推动本地经济的发展，会在要素配置和产业布局等方面展开激烈的竞争。一方面地方政府会在经济增长和环境保护之间进行权衡。环境规制被地方政府视为争夺流动性资源的博弈工具，导致地区间环境规制的策略互动，出现环境规制非完全执行的情况。⑤ 假如地方政府在环境管制和节能减排上存在策略互动，且市场要素对环境管制存在明显的反应，环境规制会出现"搭便车"倾向与政府干预的扭曲效应，在"政策租"的诱导下地方政府有可能为实现经济增长、扩大招商引资等目标，会采用降低环境管制标准的方式，致使环境保护，特别是

① 傅勇、张晏：《中国式分权与财政支出结构偏向：为增长而竞争的代价》，《管理世界》2007年第3期。

② 钱先航、曹廷求、李维安：《晋升压力、官员任期与城市商业银行的贷款行为》，《经济研究》2011年第12期。

③ 周黎安：《晋升博弈中政府官员的激励与合作——兼论我国地方保护主义和重复建设问题长期存在的原因》，《经济研究》2004年第6期。

④ 张军：《中国经济发展：为增长而竞争》，《世界经济文汇》2005年第4期。

⑤ 张华：《地区间环境规制的策略互动研究——对环境规制非完全执行普遍性的解释》，《中国工业经济》2016年第7期。

跨辖区联合治理污染的力度会减弱。① 另一方面在资本自由流动情况下，地方政府间的竞争会导致地方财政支出行为的扭曲，对生产性公共物品（如基础设施）投入过多，而对民生性公共品（如教育卫生）投入过少。② 地方政府不愿提供需要更多财力却政绩更少的软公共品（即民生性公共品），而却愿意提供更多的硬公共品（即生产性公共品）。③ 关于地方民生性公共品供给不足的解释主要可以被分为"政府无力说"和"政府无心说"，前者的主要观点是政府没有能力为民生性公共品投入，④ 后者的观点是由于中国多年存在的地方 GDP 锦标赛，导致地方政府更加偏向于生产性公共品投入。⑤ 此外，地方政府普遍依据辖区户籍人口，在其行政管辖区内进行教育、医疗卫生等公共服务资源配置，呈现出明显的空间维度和区域异质性，个体的理性行为往往会导致集体行动的困境，致使区域间公共品供给不足的问题更加严重。同时，相对空间范围之外的居民享有公共服务资源存在一定的"竞争性"和"排他性"，难以更好满足流动人口对基本公共服务的需求。⑥

三是地方政府公共部门资源的约束机制。由于各级地方政府间财政能力的差异，各地政府财政支出缺乏硬预算约束，存在不同程度的"越位"问题，造成资源浪费和低效率。特别是省级以下政府间财政支出责任比较模糊，经常发生交叉、错位，以及财力过度或不足的现象。政府内部不同支出项目之间的配置效率是供给部门资源配置效率的核心内容，由于公共资源的

---

① 黄滢、刘庆、王敏：《地方政府的环境治理决策：基于 SO_2 减排的面板数据分析》，《世界经济》2016 年第 12 期。

② 尹振东、汤玉刚：《专项转移支付与地方财政支出行为——以农村义务教育补助为例》，《经济研究》2016 年第 4 期。

③ 王永钦、张晏、章元、陈钊、陆铭：《中国的大国发展道路——论分权式改革的得失》，《经济研究》2007 年第 1 期。

④ Jia J., Guo Q., Zhang J., "Fiscal decentralization and local expenditure policy in China", China Economic Review, 2014, 28, pp. 107–122.

⑤ 尹恒、朱虹：《县级财政生产性支出偏向研究》，《中国社会科学》2011 年第 1 期。

⑥ 刘蓉、刘楠楠、黄策：《地区间外溢性公共品的供给承诺与匹配率研究》，《经济研究》2013 年第 10 期。

有限性，公共资源在不同支出项目之间的配置存在竞争关系，如配置到经济性公共品上的资源过多，则用于社会性公共品上的公共资源会受到影响，可能会导致政府内部供给资源配置的无效率状态。[①]

（四）地方政府公共品供给策略互动

区域公共品供给的非均衡性，不仅取决于各地方政府的内部特征差异，还受到地方政府间公共品供给特征空间关联的影响。地方政府公共品供给的空间集聚和非均衡发展，对区域公共服务资源的空间配置效应产生了显著的影响。

一是对具有显著正外部性的公共品供给，部分地方政府会出现"搭便车"行为。由于公共品供给的规模效应和知识与技术溢出效应的存在，公共品供给质量和效率较高的地区具有显著的正向外部性。基于行政辖区供给的公共品，相邻政府会表现出明显的竞争效应，部分辖区政府会出现"自愿供给"不足的情况，表现出明显的"搭便车"行为，致使整个区域的福利受损失。

二是地方政府间的不完全合作行为。地方政府间存在明显的标尺竞争，当公共品供给收益可能与竞争性相邻地区共享时，特别是当公共品需求出现"拥挤效应"时，公共品供给和经济集聚水平较高的地区会进一步促进人口的集聚和有效需求的增加，对地方福利具有显著的正向外部效应，地方政府更不愿意独自承担由此增加的公共品供给成本。特别是对于跨辖区的环境污染治理而言，只有各地方政府联防联治才能取得良好效果，而地方政府间的不完全合作行为是造成污染治理难的重要原因。环境污染具有显著的负外部性，相邻地区会逃避治理的分摊成本，而污染治理具有显著的正外部效应，相关收益会在相关区域间分享。环境污染的治理具有典型的流域、全局性和延续性特点，受经济增长、政治晋升等多重目标的约束，地方政府会出现放

---

① 龚锋、卢洪友：《公共支出结构、偏好匹配与财政分权》，《管理世界》2009 年第 1 期。

松环境管制、不愿承担污染治理成本的不合作现象。

（五）居民对公共品需求表达机制不完善

锦标赛式的公共服务投入扩张、以政府购买服务为主的公共服务市场化改革未能明显改善公共服务，而公众的参与能够提升公共服务绩效，提高公共服务与公众需求的契合度。[1] 需求表达是地方居民或群体将自身对公共品的需求信息，包括数量、种类、结构等，通过制度化或非制度化的渠道将此信息有效传递给公共品的供给主体。公共品需求表达是实现公共品有效供给的前提和基础，但居民对公共品的需求无法通过市场交易以货币的方式加以表达和显示，地方政府对公共品的供给往往会出现缺位和错位。[2] 当前，我国居民需求对地方政府公共品供给的约束机制还不完善。

一是居民真实需求偏好的隐藏。个体的偏好由自利偏好（风险偏好）与社会偏好共同组成，不同的偏好之间会相互作用，或者挤出，或者挤入，这种互动会导致人的偏好和行为的异质性及社会的复杂性。[3] 一方面，由于公共品本身的特征而不存在公共品市场，居民对公共品的需求难以通过价格机制表露出来。就医疗、卫生等准公共品供给而言，虽然存在市场机制，居民也有表露偏好的机会，但消费者出于自利考虑，会隐藏自己的偏好获得"免费搭车"的福利。另一方面，由于信息在政府与人们之间的不对称，每个人都会试图以最有利的方式利用这些隐藏信息，但却不会把真实的信息表露给政府，这样的结果便会造成地方政府提供公共品的非帕累托最优。[4]

二是居民意愿传导机制不健全。一方面，按照委托代理理论，地方公共

---

① 范柏乃、金洁：《公共服务供给对公共服务感知绩效的影响机理——政府形象的中介作用与公众参与的调节效应》，《管理世界》2016 年第 10 期。

② 刘书明：《多元合作公共服务供给理论与民族地区农民需求表达机制——基于甘肃省临夏回族自治州的实证研究》，《财政研究》2016 年第 9 期。

③ 周业安等：《社会偏好理论与社会合作机制研究》，中国人民大学出版社 2011 年版，第 26—37 页。

④ 阎坤、王进杰：《公共品偏好表露与税制设计研究》，《经济研究》2000 年第 10 期。

品供给的委托人包括两个层面，即上级政府和当地居民。① 地方政府往往存在多层委托代理关系，使得地方政府作为公共品供给者难以全面反映委托人的意愿，使政府在公共品供给的总量、结构等方面出现不平衡不充分的问题。同时，在多任务的委托条件下，地方政府更偏向吸引物质资本或显示政绩的公共品供给，而对具有显著外溢性的公共品供给不足。另一方面，居民对公共服务的满意度无法成为官员晋升考核的主要依据，由此形成一种负向激励效应，引导地方官员在财政资源总量有限的前提下，重视对政府运作和基础设施建设的投入，而忽视对辖区居民供给需求偏好的满足，导致某些基本公共服务供给水平低于居民实际需求。②

（六）影响地方公共品供给的其他因素

地方公共品供给的质量和效率除受以上因素影响外，还受到一系列其他因素的影响，是多种因素综合作用的结果。如我国高铁、航空等交通基础设施的快速发展，有效缩短地区间的时空距离，具有显著的"时空收敛"效应和"交通创造效应"。一方面增加了城市人口的流动性。加速了站点城市间人口的流动，可能会形成就业、居住和创新走廊，为居民跨界享受区域教育、医疗等基本公共服务资源提供了新的通道，③ 有效促进了居民基本公共服务需求的空间转移。另一方面城市公共支出面临约束差异。由于高铁开通对不同规模城市产生的外溢性存差异，对地方政府民生性支出形成异质性的刚性约束。对基本公共服务水平高、人口规模较大的城市，高铁的径向连接和转移效应会创造出更多的公共服务需求者，短期内城市公共服务资源会因需求过大而较易出现供不应求，并导致总体效用的降低。而对基本公共服务

① 管新帅、王思文：《地方公共品供给、网络集体行动与"反搭便车"效应》，《经济问题》2015 年第 11 期。

② 龚锋、卢洪友：《公共支出结构、偏好匹配与财政分权》，《管理世界》2009 年第 1 期。

③ 陶希东：《高铁时代中国大都市圈发展战略重建研究》，《现代城市研究》2010 年第 6 期。

水平低、人口规模较小的城市，会因高铁的转移效应使得公共服务资源难以发挥规模效应。

再如，近年来我国为加快推进供给侧结构性改革，实施了大规模的减税政策。2004 年以来，减税已成为我国税收体制改革的主要方式。2008 年中央经济工作会议首次明确提出了要"实行结构性减税，优化财政支出结构"。[①] 此后，我国有序提出了一系列减税政策。2016 年我国明确提出降低宏观税负的政策，营改增试点全面推开、简并和降低增值税税率、提高个税减除费用标准等，"一揽子减税降费改革方案"陆续落地成效，减税降费的力度不断加大。大规模减税既是我国稳增长宏观政策的重要组成部分，也是深化供给侧结构性改革的重要政策工具，已成为我国实现扩需求、降成本双维目标的重要抓手。2016—2020 年间，我国累计减税降费超过 7.6 万亿元，宏观税负（即一般公共预算收入中税收收入占 GDP 比重）由 2015 年的 18.13% 降至 2020 年的 15.2%。[②]

政府可以通过对劳动收入征收比例税来增加收入，还可以通过出售和购买无风险的一期债券在债券市场借贷。收入不仅可以用于资助公共品的提供，还可以用于资助特定地区的定向转移支付。罗伯特·巴罗（Robert Barro，1979 年）首创了著名财政政策税收平滑方法，该方法预测政府将利用预算盈余和赤字作为缓冲，以防止税率变化过快。因此，政府将在政府支出需求高的时候出现赤字，而在需求低的时候出现盈余。该方法的基本假设是政府是仁慈的，政府支出需求随时间波动，所得税的净成本是税率的凸函数。[③] 当前我国减税政策进入降低宏观税负和优化税制结构的新阶段，实质性减税的累积效应，对地方政府的财政预算约束进一步增强，财政收支矛盾

---

① 2008 年中央经济工作会议，新华网，http://www.xinhuanet.com/fortune/08zygzhy/。

② 数据来源于国家税务总局 2021 年 3 月税收统计《十组税收数据反映"十三五"时期中国经济社会发展取得新的历史性成就》报告。

③ Marco Battaglini and Stephen Coate，A Dynamic Theory of Public Spending，Taxation，and Debt，American Economic Review 2008，98：1，201-236。

较为突出，地方债务率大幅上升，对地方政府财政公共支出偏向产生明显影响。在财政分权体制下，地方政府存在财政竞争、政治晋升的激励和对中央政府政策纵向共同反应的选择性。竞争策略的工具主要有税收竞争和财政支出竞争，即在资源有限的前提下增强对资源的吸引。地方政府既可以通过降低资源的使用成本来竞争，也可以通过提供不同的公共品类别和规模展开竞争。在最大化自身利益的目标下，地方政府的决策具有"经济人"的特征。[1] 地方政府由于面临激励的差异，往往会选择性运用税收和支出竞争工具，减税政策引发的交互作用对地方政府公共支出行为的影响具有不确定性。一方面，在我国财政分权体制下，地方政府是公共品供给的主体，税收是其公共品供给的重要财力来源。实质性减税对地方政府造成的财政压力，会使其对非税收收入的依赖出现不同程度的上升，也会使其财政支出结构表现出不同程度的扭曲。另一方面，在地方政府间相对绩效考核的竞争机制下，减税会加剧地方政府为争夺流动税基而进行的税收竞争和支出竞争。而吸引流动性税基增加财政收入的方式往往具有一定时滞性，[2] 受平衡预算的约束，政府间财政竞争会降低地方政府社会性公共支出的激励。减税会进一步加剧地区间财政竞争，导致财政支出结构失衡，表现出不同程度的扭曲。[3] 对于财政压力大、自给率低的地区，以损失低税率对企业的吸引为代价获得收入，会使公共品数量不足、质量低下的问题更加突出，陷入"公共品短缺

---

① Weingast, Barry R., "Second Generation Fiscal Federalism: The Implications of Fiscal Incentives", Journal of Urban Economics, 2009, pp. 279-293.

② 王小龙、余龙：《财政转移支付的不确定性与企业实际税负》，《中国工业经济》2018年第9期，第155—173页。

③ 李永友、沈坤荣：《辖区间竞争、策略性财政政策与 FDI 增长绩效的区域特征》，《经济研究》2008年第5期。

-税基流失或税收减少-公共品再短缺"的恶性循环。[1][2][3] 同时,公共福利支出具有刚性特征,人民对教育、医疗等高质量公共品需求呈不断上升的长期趋势,财政支出面临福利刚性约束。

———————

① 袁飞、陶然、徐志刚、刘明兴:《财政集权过程中的转移支付和财政供养人口规模膨胀》,《经济研究》2008 年第 5 期。

② 付文林、耿强:《税收竞争、经济集聚与地区投资行为》,《经济学(季刊)》2011 年第 4 期。

③ 何炜、雷根强:《财政压力、税收转移与增值税分成机制探索》,《财贸经济》2018 年第 8 期。

第三章 劳动力流动与地方民生性公共品供给[①]

改革开放 40 多年来，我国经济迅猛增长，各项基础设施不断完善。城市面貌焕然一新，越来越多的人口流入城市，城市化率不断提高。1949 年我国城市化为 10.6%，1978 年增长至 17.9%，2020 年则达到 60.82%。[②] 然而，人口的流入，不仅代表作为生产要素的劳动力的增加，还代表着地方承载量的增加。新增劳动力需要新增的教育、医疗等公共服务的供给，而在现实中民生性公共品供给稍显不足。相反，以公路、隧道、桥梁为代表的基础设施等公共品则反复出现在地方政府的重点任务清单上。以 1994 年分税制改革为核心的财政分权，加强了地方政府之间的互动，地区之间对资本要素的横向竞争开始显现。因此，地方政府在安排本级预算时，将大部分资金都投资于有利于招商引资和经济贸易的道路交通等基础设施上，对教育医疗等民生性公共品的提供缺乏主动性。

另一方面，在基本公共服务的享有上，不同的劳动力也有"身份"上的差异。我国农业与非农户口、本地与外地户口的差异，影响人口获取公共服务的数量、质量和难度，不同劳动力对公共服务的需求也存在差异。而长期

---

① 本章部分内容取自文献 Gangqiang Y., Hong C., 等（2019）。
② 指常住人口城镇化率，2020 年我国户籍人口城镇化率为 45.4%。

的制度不畅使得普通农业转移人口流入城市后，难以享受和新落户人口同等的公共服务，有限的民生性公共投入也难以向他们倾斜，这突出表现为农业转移人口子女上学难、看病难等问题上。基恩和马尔坎德（1997）的研究表明：生产要素中的资本相较于劳动力具有更强的流动性，地方政府可以参与总量资本的竞争，而劳动力由于流动性的不足则往往被看作一个固定的数量。[①] 因此，这种对资本竞争的结果往往导致地方政府对资本要素提供方的需求回应性更强，进而优先满足他们对更好的基础设施的需求，导致财政支出结构偏向于"硬"公共品。随着我国经济由高速增长阶段转向高质量发展阶段，创新的重要性愈发凸显，地方政府越发重视企业的生产结构转型和技术突破。而企业需求高素质劳动力，高素质劳动力需求更高质量的教育、医疗等民生性公共品。在这样的情况下，地方政府对居民公共品需求的回应性更强，更加重视民生性公共品的供给，劳动力流动对地方公共品支出结构的影响正在发生明显变化。

第一节　劳动力流动与公共品支出理论逻辑

在劳动力流动的影响因素中，工资性收入等经济因素的影响毫无疑问具有重要的作用，劳动力的流动和集中造成了经济上的集聚和空间分布上的差异。[②] 而民生性公共品的供给状况对于劳动力的流动也有至关重要的影响，更为通畅和简便的人口流动管理，使得劳动力流动的选择更加自由。但由于我国户籍制度的限制，长期以来劳动力的流动性不足，在 20 世纪 90 年代后期，人口迁移限制才稍显松动，劳动力因为公共品的供给而流动的情况尚未普遍存在，地方政府为回应劳动力的需求而进行的财政支出策略互动更未形

---

① Keen M., Marchand M., "Fiscal Competition and the Pattern of Public Spending", Journal of Public Economics, 1997, 66 (1), pp. 33–53.

② Krugma P. Increasing Returns and Economic Geography, Journal of Political Economy, 1991. 99 (3)：483–499.

成，相关研究起步较晚。

随着我国经济的发展，对于地方政府财政支出结构偏向的研究也呈现阶段性的变化。我国经济发展的初期，由于劳动力供给充足且缺乏流动性，而资本投入极度缺乏，地区间对于资本要素的竞争十分激烈，大量剩余劳动力的存在使得地方政府对于这一要素的竞争并未显现。因此，地方政府进行大量的招商引资，以引入地方相对缺乏的资本要素来发展劳动力密集型产业，这是造成地方政府财政支出倾向于基础设施等"生产性"公共品的原因。在改革开放的大背景下，经济和贸易得以迅速发展，经济领域的迅速变化也促进了人口的流动，重新塑造了我国的人口分布特征。2020 年，全国流动人口总体规模达到 3.76 亿人。[①] 随着国民收入的逐渐增加和人民生活水平的不断提高，劳动力在流动决策中不再仅仅考虑收入水平等直接经济因素，而更加看重流入地教育、医疗等公共服务的供给情况，他们希望在当地获得更优质的民生性公共品。[②]

现有的针对劳动力流动与财政支出结构关系的研究集中在劳动力流动如何受到地方公共品支出的影响，然而当前劳动力缺乏流动的假设已经发生变化，他们将作为地方需求的生产要素加入地区竞争的框架中。同时，劳动力拥有不同的知识技能和公共品偏好，地方政府对于他们公共品需求的回应性也产生了差异，这样的差异也亟待进一步的研究和讨论。

一、模型设定

为识别出劳动力流动对地方政府财政支出结构的影响，设定基础假设如下[③]：

---

① 数据来自第七次全国人口普查公报。

② 杨刚强、孟霞、孙元元等：《家庭决策、公共服务差异与劳动力转移》，《宏观经济研究》2016 年第 6 期，第 105—117 页。

③ Yang G., Chen H., Meng X. Regional Competition, Labor Force Mobility, and the Fiscal Behaviour of Local Governments in China, Sustainability 2019, 11 (6), 1776.

1. 假设整个经济系统包含两个地区 i、$-i\{1、2\}$，生产要素中资本的总量为 $\bar{K}$，特别地，我们假设系统中存在两类不同的劳动力，两类劳动力的总量分别为 $\bar{L}$、$\bar{A}$。

地区 i 的资本、两类劳动力的数量分别为 K_i、L_i、A_i。如此则有 $\bar{K} = K_i + K_{-i}$；$\bar{L} = L_i + L_{-i}$；$\bar{A} = A_i + A_{-i}$。假设在初始情况下，两个地区同质，即三种生产要素的数量 K、L、A 相等，则有：$K_i = K_{-i} = \bar{K}/2$；$L_i = L_{-i} = \bar{L}/2$；$A_i = A_{-i} = \bar{A}/2$。

2. 假设地方政府提供公共品的支出包括生产性支出 P_i 和民生性公共品支出 E_i^1、E_i^2。为了刻画公共品支出和现实的供给水平之间的关系，借鉴 Borcherding（1972）、刘小鲁（2008）的模型设置：[1][2]

$$e_i^1 = E_i^1 * Z_i^1 \tag{1}$$

$$e_i^2 = E_i^2 * Z_i^2 \tag{2}$$

其中 Z_i^1、Z_i^2 分别为两类民生性公共品的供给效率，假定 Z_i^1、Z_i^2 为固定的常数；e_i^1、e_i^2 分别为当地政府提供的两类民生性公共品的供给水平。

3. 在对地区经济发展的刻画上，借鉴巴罗（1990）的公共支出内生增长模型，将生产性公共品对经济的促进作用引入生产函数。[3] 具体采用柯布-道格拉斯型生产函数：$Y_i = K_i^\alpha L_i^{\beta_1} A_i^{\beta_2} P_i^\gamma$，假设规模报酬不变，满足稻田条件。生产函数中各参数为正值，且 $\alpha + \beta_1 + \beta_2 + \gamma = 1$。

4. 为符合现有理论研究和现实情况，假定地方政府存在多项工作目标，包括发展地方经济和提供公共品。因此，地方政府目标为最大化其效用 U_i，$U_i = \ln Y_i + c_1 \ln e_i^1 + c_2 \ln e_i^2$。其中，$c_1$、$c_2$ 表示地方政府对满足不同民生性公共

---

[1] Borcherding T. E. , Deacon R. T. The Demand for Service of Non-Federal Governments, American Economic Review, 1972, 62 (5): 891-901。

[2] 刘小鲁：《区域性公共品的最优供给：应用中国省际面板数据的分析》，《世界经济》2008 年第 4 期，第 86—95 页。

[3] Barro R. J. Government Spending in a Simple Model of Endogenous Growth, Journal of Political Economy, 1990, 98 (5): 103-126.

品需求的相对重视程度，数值越大说明地方政府的重视程度越高。最大化 U_i 会将地方政府的工作目标转化为：

$$\text{Max} U_i = \ln Y_i + c_1 \ln e_1^1 + c_2 \ln e_1^2$$
$$= \alpha \ln K_i + \beta_1 \ln L_i + \beta_2 \ln A_i + \gamma \ln P_i + c_1 \ln e_i^1 + c_2 \ln e_i^2 \tag{3}$$

进一步地，假设地区 i 的政府收入为 T_i，地方政府在财政可承担的范围内进行支出决策，政府财政预算约束为：

$$P_i + E_i^1 + E_i^2 = T_i \tag{4}$$

二、模型分析

1. 考虑在封闭的经济条件下，生产要素中的资本和劳动力都不能流动。要素的配置与初始条件一致，即各地区资本和劳动力都为总量的一半：$K_i = K_{-i} = \bar{K}/2$；$L_i = L_{-i} = \bar{L}/2$；$A_i = A_{-i} = \bar{A}/2$。此时不存在地区竞争的影响，在财政预算约束（4）的条件下最大化政府工作目标函数（3），得到：

$$\frac{r}{P_i} = \frac{c_1}{E_i^1} = \frac{c_2}{E_i^2} \tag{5}$$

$$\frac{P_i}{T_i} = \frac{r}{r + c_1 + c_2} \tag{6}$$

$$\frac{E_i^2}{T_i} = \frac{c_1}{r + c_1 + c_2} \tag{7}$$

$$\frac{E_i^2}{T_i} = \frac{c_2}{r + c_1 + c_2} \tag{8}$$

2. 放松对资本流动的限制，使得资本可以在地区间自由配置，而劳动力限制在原地区。由于资本的逐利性，不同地区的资本量可能存在差距，要达到资本均衡的情况需要使得资本在不同地区的受益率相等，即 $aY_i/aK_i = aY_{-i}/aK_{-i}$。对其展开可得到资本均衡条件：

$$\ln \frac{K_i}{K_{-i}} = \frac{1}{1-\alpha} \left(\beta_1 \ln \frac{L_i}{L_{-i}} + \beta_2 \ln \frac{A_i}{A_{-i}} + \gamma \frac{P_i}{P_{-i}} \right) \tag{9}$$

由于劳动力受限在原地区，不能自由流通，仍有：$L_i = L_{-i} = \bar{L}/2$；$A_i = A_{-i} = \bar{A}/2$。将其代入等式（9）可知：

$$\ln \frac{K_i}{K_{-i}} = \frac{\gamma}{1-\alpha} ln \frac{P_i}{P_{-i}} \tag{10}$$

此时最大化政府目标函数（3）需要满足预算约束（4）及资本均衡条件（10），计算可得：

$$\frac{1}{P_i} \left(\frac{\gamma}{1-\alpha} - \frac{\frac{\alpha}{1-\alpha}}{1+ \left(P_{-i}/P_i \right)^{\frac{\gamma}{1-\alpha}}} \right) = \frac{c_1}{E_i^1} = \frac{c_2}{E_i^2} \tag{11}$$

式（11）证明了资本竞争产生的地方财政结构偏向，代入 $\gamma' = \frac{\gamma}{1-\alpha} - \frac{\frac{\alpha}{1-\alpha}}{1+ \left(P_{-i}/P_i \right)^{\frac{\gamma}{1-\alpha}}}$ 以简化等式，地方财政支出结构转化为：

$$\frac{P_i}{T_i} = \frac{\gamma'}{\gamma'+c_1+c_2} \tag{12}$$

$$\frac{E_i^1}{T_i} = \frac{c_1}{\gamma'+c_1+c_2} \tag{13}$$

$$\frac{E_i^2}{T_i} = \frac{c_2}{\gamma'+c_1+c_2} \tag{14}$$

3. 进一步地，继续放松对劳动力流动的限制，假设生产要素中资本能自由流动，劳动力能够部分地流动。在不同劳动力内部，$L_i = \bar{l}_i + l_i$，$A_i = \bar{a}_i + a_i$。$\bar{l}_i$、$\bar{a}_i$ 分别为限制流动的两种劳动力的数量，l_i、a_i 分别为可流动的两种劳动力的数量。通过引入 d_i^l、d_i^a 来分别表征两种劳动力 L 和 A 的流动性：$d_i^l = l_i/L_i$，$d_i^a = a_i/A_i$。假设经济系统中可流动的两种劳动力总数分别是 $\bar{l}$、$\bar{a}$，自然有：$\bar{l} = l_i + l_{-i}$；$\bar{a} = a_i + a_{-i}$。因此，可用劳动力的流动性表示当地可流动的劳动力数量：$l_i = \dfrac{d_i^l}{1-d_i^l}\bar{l}_l$；$a_i = \dfrac{d_i^a}{1-d_i^a}\bar{a}_l$。

此时，劳动力不仅作为生产要素对地区经济发展产生影响，其自身还会由于地区收入水平、公共品供给状况的影响而进行流动。为了表征劳动力流动的情况，假定不同劳动力的效用函数分别如下：$u_i^l = \ln w_i + \theta_1 \ln e_i^1 + \theta_2 \ln e_i^2$；$u_i^a = \ln m_i + \varphi_1 \ln e_i^1 + \varphi_2 \ln e_i^2$。

w_i、m_i 分别为两种劳动力获得的经济收入，$w_i = \dfrac{\partial Y_i}{\partial L_i}$，$m_i = \dfrac{\partial Y_i}{\partial A_i}$。$\ln w_i$、$\ln m_i$ 分别表示两类劳动力从收入中获得的效用，假定其系数为1。同 c_1、c_2 一样，θ_1、θ_1、φ_1、φ_2 的大小也表征了不同劳动力对于不同民生性公共品的重视（偏好）程度，θ_1 与 φ_1，θ_2 与 φ_2 大小的差异则体现出了两类劳动力的异质性。

当不同劳动力在地区间保持均衡时，需要使得劳动力在地区间的福利效用保持一致：$u_i^l = u_{-i}^l$、$u_i^a = u_{-i}^a$，则劳动力竞争均衡条件：

$$\alpha \ln \frac{K_i}{K_{-i}} + (\beta_1 - 1) \ln \frac{L_i}{L_{-i}} + \beta_2 \ln \frac{A_i}{A_{-i}} + \gamma \ln \frac{P_i}{P_{-i}} + \theta_1 \ln \frac{e_i^1}{e_{-i}^1} + \theta_2 \ln \frac{e_i^2}{e_{-i}^2} = 0 \qquad (15)$$

$$\alpha \ln \frac{K_i}{K_{-i}} + \beta_1 \ln \frac{L_i}{L_{-i}} + (\beta_2 - 1) \ln \frac{A_i}{A_{-i}} + \gamma \ln \frac{P_i}{P_{-i}} + \varphi_1 \ln \frac{e_i^1}{e_{-i}^1} + \varphi_2 \ln \frac{e_i^2}{e_{-i}^2} = 0 \qquad (16)$$

在各项生产要素均衡条件（9），（15）和（16）的基础上，变换可得要素均衡等式：

$$\ln \frac{K_i}{K_{-i}} = \ln \frac{P_i}{P_{-i}} + \frac{\beta_1 \theta_1 + \beta_2 \varphi_1}{\gamma} \ln \frac{e_i^1}{e_{-i}^1} + \frac{\beta_1 \theta_2 + \beta_2 \varphi_2}{\gamma} \ln \frac{e_i^2}{e_{-i}^2} \qquad (17)$$

$$\ln \frac{\bar{l}_l + l_i}{\bar{l}_{-l} + l_{-i}} = \ln \frac{L_i}{L_{-i}} = \ln \frac{P_i}{P_{-i}} + \frac{(1-\alpha-\beta_2)\,\theta_1 + \beta_2 \varphi_1}{\gamma} \ln \frac{e_i^1}{e_{-i}^1} + \frac{(1-\alpha-\beta_2)\,\theta_2 + \beta_2 \varphi_2}{\gamma} \ln \frac{e_i^2}{e_{-i}^2}$$

$$(18)$$

$$\ln \frac{\bar{a}_l + a_i}{\bar{a}_{-l} + a_{-i}} = \ln \frac{A_i}{A_{-i}} = \ln \frac{P_i}{P_{-i}} + \frac{(1-\alpha-\beta_1)\,\varphi_1 + \beta_1 \theta_1}{\gamma} \ln \frac{e_i^1}{e_{-i}^1} + \frac{(1-\alpha-\beta_1)\,\varphi_2 + \beta_1 \theta_2}{\gamma} \ln \frac{e_i^2}{e_{-i}^2}$$

$$(19)$$

因此，在资本和劳动力都可以流动的基础上最大化政府目标函数（3），需要满足预算约束（4）和两类生产要素的均衡等式（17）、（18）、（19），计算可得：

$$\frac{1}{P_i}\left(\frac{\alpha}{\frac{K_i}{K_{-i}}+1}+\frac{\beta_1}{\frac{L_i}{L_{-i}}+1}+\frac{\beta_2}{\frac{A_i}{A_{-i}}+1}+\gamma\right)=\frac{1}{E_i^1}\left(\frac{\alpha}{\frac{K_i}{K_{-i}}+1}\cdot\frac{\beta_1\theta_1+\beta_2\varphi_1}{\gamma}+\frac{\beta_1}{\frac{L_i}{L_{-i}}+1}\cdot\right.$$

$$\frac{(\beta_1+\gamma)\theta_1+\beta_2\varphi_1}{\gamma}+\frac{\beta_2}{\frac{A_i}{A_{-i}}+1}\cdot\frac{(\beta_2+\gamma)\varphi_1+\beta_1\theta_1}{\gamma}+c_1\Bigg)=\frac{1}{E_i^2}\left(\frac{\alpha}{\frac{K_i}{K_{-i}}+1}\cdot\frac{\beta_1\theta_2+\beta_2\varphi_2}{\gamma}+\right.$$

$$\frac{\beta_1}{\frac{L_i}{L_{-i}}+1}\cdot\frac{(\beta_1+\gamma)\theta_2+\beta_2\varphi_2}{\gamma}+\frac{\beta_2}{\frac{A_i}{A_{-i}}+1}\cdot\frac{(\beta_2+\gamma)\varphi_2+\beta_1\theta_2}{\gamma}+c_2\Bigg) \quad （20）$$

代入：$\gamma''=\dfrac{\alpha}{\frac{K_i}{K_{-i}}+1}+\dfrac{\beta_1}{\frac{L_i}{L_{-i}}+1}+\dfrac{\beta_2}{\frac{A_i}{A_{-i}}+1}+\gamma$；$c''_1=\dfrac{\alpha}{\frac{K_i}{K_{-i}}+1}\cdot\dfrac{\beta_1\theta_1+\beta_2\varphi_1}{\gamma}+\dfrac{\beta_1}{\frac{L_i}{L_{-i}}+1}$

$\cdot\dfrac{(\beta_2+\gamma)\theta_1+\beta_2\varphi_1}{\gamma}+\dfrac{\beta_2}{\frac{A_i}{A_{-i}}+1}\cdot\dfrac{(\beta_2+\gamma)\varphi_1+\beta_1\theta_1}{\gamma}+c_1$；$c''_2=\dfrac{\alpha}{\frac{K_i}{K_{-i}}+1}\cdot\dfrac{\beta_1\theta_2+\beta_2\varphi_2}{\gamma}$

$+\dfrac{\beta_1}{\frac{L_i}{L_{-i}}+1}\cdot\dfrac{(\beta_1+\gamma)\theta_2+\beta_2\varphi_2}{\gamma}+\dfrac{\beta_2}{\frac{A_i}{A_{-i}}+1}\cdot\dfrac{(\beta_2+\gamma)\varphi_2+\beta_1\theta_2}{\gamma}+c_2$ 简化式子，得到

财政支出结构：

$$\frac{P_i}{T_i}=\frac{\gamma''}{\gamma''+c''_1+c''_2} \quad （21）$$

$$\frac{e_i^1}{T_i}=\frac{c''_1}{\gamma''+c''_1+c''_2} \quad （22）$$

$$\frac{e_i^2}{T_i}=\frac{c''_2}{\gamma''+c''_1+c''_2} \quad （23）$$

三、模型结论

从等式（17）—（23）中可知，劳动力具有一定的流动性时，将会和资本要素一样引起地区竞争。地方政府财政支出决策的变化，会对地区间各项生产要素的竞争均衡产生影响，劳动力会因更高的收入水平和更优质的民生性公共品供给而流动。资本和劳动力的流动会导致资源的重新配置，进而对地方政府自身效用的最大化产生影响，财政支出也会发生相应变动，整个体系处于动态平衡中。

尝试刻画劳动力流动性对于地方政府支出结构的影响：$\dfrac{\partial\ (E_i^1/T_i)}{\partial\ d_i^l}=$

$$\frac{\partial\ (E_i^1/T_i)}{\partial\ (\frac{\beta_1}{1+L_i/L_{-i}})}\cdot\frac{\partial\ (\frac{\beta_1}{1+L_i/L_{-i}})}{\partial\ (L_i/L_{-i})}\cdot\frac{\partial\ (L_i/L_{-i})}{\partial\ d_i^l}。\text{其中，}\frac{\partial\ (\frac{\beta_1}{1+L_i/L_{-i}})}{\partial\ (L_i/L_{-i})}<0;$$

$$\frac{\partial\ (L_i/L_{-i})}{\partial\ d_i^l}>0。$$

$$\frac{\partial\ (E_i^1/T_i)}{\partial\ (\frac{\beta_1}{1+L_i/L_{-i}})}=\{\ [\ \theta_1+\frac{\beta_2}{\gamma}\cdot(\theta_1\varphi_2-\theta_2\varphi_1)\ ]\ \frac{\alpha}{\frac{K_i}{K_{-i}}+1}+$$

$$[\frac{(\theta_1\varphi_2-\theta_2\varphi_1)\cdot(1-\alpha)}{\gamma}+\theta_1-\varphi_1]\ \frac{\beta_2}{\frac{A_i}{A_{-i}}+1}+\beta_2\ (\varphi_1+\frac{c_2\varphi_1}{\gamma}-\frac{c_1\varphi_2}{\gamma})\ +\ (\beta_1+\gamma)$$

$$(\theta_1+\frac{c_2\theta_1}{\gamma}-\frac{c_1\theta_2}{\gamma})\ -c_1\}\ /\ (r''+c''_1+c''_2)^2 \tag{24}$$

暂不考虑劳动力的异质性，则有 $\theta_1=\varphi_1$、$\theta_2=\varphi_2$。当 $c_1=c_2=0$ 时，地方政府不关心居民公共品的供给情况。此时，$\dfrac{\partial\ (E_i^1/T_i)}{\partial\ (\frac{\beta_1}{1+L_i/L_{-i}})}>0$，$\dfrac{\partial\ (E_i^1/T_i)}{\partial\ d_i^l}$

<0。当 $c_1 = \theta_1$、$c_2 = \theta_2$ 时，政府对民生性公共品的支出偏好与流动劳动力一致，这表明地方政府对流动劳动力的需求有充足的回应性，此时有：

$$\frac{\partial\ (E_i^1/T_i)}{\partial\ \left(\dfrac{\beta_1}{1+L_i/L_{-i}}\right)} < 0,\quad \frac{\partial\ (E_i^1/T_i)}{\partial\ d_i^l} = \frac{\partial\ (E_i^1/T_i)}{\partial\ d_i^a} > 0。$$ 由于 ∂

$$\left(\frac{\partial\ (E_i^1/T_i)}{\partial\ \left(\dfrac{\beta_1}{1+L_i/L_{-i}}\right)}\right)/\partial\ c_1 = -\frac{\beta_1\theta_2+\beta_2\varphi_2+\theta_2\gamma}{\gamma}-1<0,$$ 在 $(0,\ \theta_1)$ 的取值范围

中，存在一点 $c_1 = \bar{c}_1$，使得 $\dfrac{\partial\ (E_i^2/T_i)}{\partial\ \left(\dfrac{\beta_1}{1+L_i/L_{-i}}\right)} = 0$，$\dfrac{\partial\ (E_i^1/T_i)}{\partial\ d_i^l} = 0$。当时 $c_1 > \bar{c}_1$

时，$\dfrac{\partial\ (E_i^1/T_i)}{\partial\ d_i^l}>0$。可得：

命题 1. 当地方政府对流动劳动力的需求回应性达到一定程度时，劳动力的流动性越大，地方政府财政支出中其需求的民生性公共品支出比例越高，财政支出结构得到改善。

在民生性公共品支出的内部，$\dfrac{(1-\alpha-\beta_2)\ \theta_1+\beta_2\varphi_1}{\gamma}-\dfrac{(1-\alpha-\beta_1)\ \varphi_1+\beta_1\theta_1}{\gamma} =$

$\theta_1-\varphi_1$；$\dfrac{(1-\alpha-\beta_2)\ \theta_2+\beta_2\varphi_2}{\gamma}-\dfrac{(1-\alpha-\beta_1)\ \varphi_2+\beta_1\theta_2}{\gamma}=\theta_2-\varphi_2$。$\theta_1$、$\theta_2$ 和 φ_1、φ_2 的不同，表明不同劳动力对于不同民生性公共品的偏好存在区别。由命题 1 可知，这将会进一步导致异质性劳动力的流动性对于政府财政支出结构的影响存在差异。特别地，当 $\theta_1>\varphi_1$，$\theta_2>\varphi_2$ 时，不同公共品支出的竞争对于劳动力 L 的影响都大于劳动力 A，进而使得劳动力 L 的流动性对政府财政支出结构的影响更大。可得：

命题 2. 不同的劳动力对于民生性公共品有不同的需求，而地方政府也对不同的劳动力有不同的需求。因此，现实情况下不同劳动力的流动性对于政府财政支出结构的影响存在差异。

第二节 劳动力流动对地方民生性支出影响

一、实证策略

（一）基准模型设定及主要变量

中国的户籍制度改革经历了从严格管控到逐渐放开的变化过程，长期以来地方政府以户籍作为区分管辖地区居民的重要标准，对非当地户籍人口的公共服务需求缺乏回应性。因此，考虑到数据的可得性和中国人口流动的现状，下文将以户籍为标准对人口进行划分。具体地，对于城市当年新增的流动劳动力，按其当年是否落户划分为当年新增落户劳动力和新增普通劳动力（即当年新增的未落户劳动力）。假定劳动力在总人口中的比例是一个常数，借鉴蔡昉和王美艳（2009）、吴伟平和刘乃全（2016），尝试用人口的流动性来衡量劳动力的流动性:[1][2]

当年新增落户劳动力流动率（xzlh）＝（当年年末户籍人口－上年年末户籍人口）÷上年年末户籍人口－人口自然增长率

当年新增普通劳动力流动率（xzpt）＝（当年新增常住人口－上年年末常住人口 * 人口自然增长率－新增落户人口）÷上年年末常住人口

进一步地，构建实证模型来验证异质性劳动力对地方财政支出结构的影响：

$$y_{it} = \eta_0 + \eta_1 xzlh_{it} + \eta_2 zxpt_{it} + \bar{\eta}X_{it} + \mu_i + \sigma_t + \varepsilon_{it} \tag{25}$$

其中，i 表示地区，t 表示时间，μ_i 和 σ_t 分别表示地区固定项和时间固

---

① 蔡昉、王美艳:《为什么劳动力流动没有缩小城乡收入差距》,《经济学动态》2009 年第 8 期，第 4—10 页。

② 吴伟平、刘乃全:《异质性公共支出对劳动力迁移的门槛效应：理论模型与经验分析》,《财贸经济》2016 年第 3 期，第 28—44 页。

定项，ε_{it} 为残差项。因变量 y_{it} 表示地方财政支出中某项民生性公共品支出的比重，文中分别为：教育（edu_ratio）、医疗（med_ratio）、环保（env_ratio）三项支出占财政总支出的比重。作为主要解释变量的 xzlh、xzpt 分别为当年新增落户劳动力和普通劳动力的流动性。

X_{it} 为控制变量集合，在参考了赵领娣、张磊（2013）和陈思霞、卢盛峰（2014）实证回归的基础上，控制了大量经济发展、社会文化和地方财政相关的变量。[1][2] 具体如下：

经济发展相关的变量包括了经济增长（人均 GDP、人均 FDI）、居民收入（人均存款、人均工资）、经济结构（第二产业产值占 GDP 比、第三产业产值占 GDP 比、单位从业人员占人口比）、就业状况（失业率、从业人员占人口比）四个类别。社会文化相关的变量包括了文化交流（百人图书馆藏书数、人均电话数）、人口状况（人口密度、中学生人数占总人口的比、小学生人数占总人口的比）两方面类别。地方财政相关的变量包括了政府规模（公共预算支出/GDP）、财政自给度（公共预算收入/公共预算支出）。为消除价格变动的影响，对经济增长和居民收入相关的变量先用当年各省份的 GDP 平减指数（以 2007 年为基期）进行平减后再取对数；对其他总量指标取对数处理。

（二）内生性问题的处理及影响机制分析

由于劳动力流动在引起地方政府支出结构变化的同时，还会受到当地民生性公共品供给水平的影响。基准模型可能缺少表征地方公共品供给水平的变量，变量缺失造成的内生性问题可能产生回归偏误。本节采用工具变量估计和添加缺失变量（地方公共品供给水平）的方法对其进行处理：

---

① 赵领娣、张磊：《财政分权、人口集聚与民生类公共品供给》，《中国人口·资源与环境》2013 年第 12 期，第 136—143 页。
② 陈思霞、卢盛峰：《分权增加了民生性财政支出吗？——来自中国"省直管县"的自然实验》，《经济学（季刊）》2014 年第 4 期，第 1261—1282 页。

首先，针对缺失变量导致的内生性问题，采用工具变量估计的方法。由于缺失变量（地方公共品供给水平）通过影响主要解释变量 xzlh、xzpt 两类劳动力流动性进而对因变量产生影响。分别采用两套工具变量：一是将省内所有城市劳动力流动性（xzlh、xzpt）的平均值 pxzlh、pxzpt 及省内其他城市（本城市除外）劳动力流动性 xzlh、xzpt）的平均值 ppxzlh、ppxzpt 选用为工具变量；二是在第一套工具变量的基础上再加入滞后一期的 xzlh、xzpt，考察估计的稳健性水平。此时，残差项中的地方公共品供给水平无法直接对 pxzlh、pxzpt、ppxzlh、ppxzpt 和 xzlh、xzpt 的滞后项产生影响。

其次，构建变量表征地方公共品供给水平。借鉴李永友和张子楠（2017）的处理，对教育、医疗和环保三项公共品，分别构建综合衡量指标 edu_ fw、med_ fw、env_ fw。[1] 具体地，教育服务综合衡量指标 edu_ fw 采用小学和中学的师生比；医疗服务综合衡量指标 med_ fw 采用人均的医生和床位数；环保服务综合衡量指标 env_ fw 采用生活污水处理率和生活垃圾无害化处理率。对 edu_ fw、med_ fw、env_ fw 分别采用三项权重指标（50%、50%），（75%、25%），（25%、75%）进行赋值，以保证结论的稳健。

同时，尝试构建劳动力流动性和地方公共品供给水平的交互项，对各项民生性公共品的供给水平如何通过影响劳动力的流动进而对地方财政支出结构产生影响进行分析。具体实证模型如下：

$$y_{it} = \eta_0 + \eta_1 xzlh_{it} + \eta_2 xzpt_{it} + \eta_3 fw_{it} + \eta_4 fw_{it} * zxlh_{it} + \eta_5 fw_{it} * xzpt_{it} + \bar{\eta} X_{it} + \mu_i + \sigma_t + \varepsilon_{it}$$

(26)

fw 代表教育、医疗和环保服务供给水平的综合衡量指标 edu_ fw、med_ fw、env_ fw。对连续变量之间的交互项都先进行中心化处理。

---

[1]　李永友、张子楠：《转移支付提高了政府社会性公共品供给激励吗?》，《经济研究》2017 年第 1 期，第 119—133 页。

（三）地区竞争存在性的检验及其影响

地区间对劳动力的竞争可能会促使劳动力的流动对地方政府支出结构产生影响。为验证这种影响是否存在，以及考察在不同的地区竞争强度下，xzlh、xzpt 对各项民生性支出占财政支出比重的影响，构建实证模型：

$$y_{it} = \eta_0 + \eta_1 xzlh_{it} + \eta_2 xzpt_{it} + \eta_6 xian_{it} + \eta_7 xian_{it} * xzlh_{it} + \eta_8 xian_{it} * xzpt_{it} + \bar{\eta} X_{it} + \mu_i +$$
$$\sigma_t + \varepsilon_{it} \tag{27}$$

变量 $xian_{it}$ 衡量地区的竞争程度，地级市内部拥有基本财政自主权的县级区域越多，其总体上的竞争程度越大。借鉴哈特菲尔德和科赛克（2013）的处理方法，分别用地级市内部县的数量（xian）和县级市的总数（xianji）来衡量地区竞争程度。① 为处理内生性问题，此处同样采用前文所述的工具变量，并将这些工具变量与 $xian_{it}$ 进行交互以作为回归（27）中交互项的工具变量。

（四）数据来源与主要变量描述性统计

主要数据集为 2010—2016 年中国地级市层面的宏观数据。各省及地级市行政区划的数据来自中国行政区划网，当年国务院批准的行政区划变更一般需要下一年才发生实际上的变化，在回归中对其滞后一期。借鉴张莉、皮嘉勇、宋光祥（2018）的研究，剔除了地级市层面 2010—2016 年间行政区划发生变化的样本，以消除行政管辖区域的变动对财政支出的影响。② 由于直辖市在行政级别和管辖面积上都远超一般地级市，对回归结果可能产生不利影响，将其从样本集里剔除。东北地区户籍人口和常住人口信息统计有部

---

① Hatfield J. W. , Kosec K. Federal competition and economic growth, Journal of Public Economics, 2013, 97 (2038): 144–159.

② 张莉、皮嘉勇、宋光祥：《地方政府竞争与生产性支出偏向——撤县设区的政治经济学分析》，《财贸经济》2018 年第 3 期，第 65—78 页。

分缺失，故对东北三省城市的样本进行剔除。

表 3-1　主要变量统计性描述

变量名	含义	样本值	平均值	最小值	最大值	标准差
edu_ratio	教育支出占财政支出比重	1616	0.1892	0.036	0.356	0.039
med_ratio	医疗支出占财政支出比重	1549	0.0902	0.018	0.205	0.024
env_ratio	环境支出占财政支出比重	1181	0.0298	0.002	0.143	0.015
xzlh	新增落户劳动力流动率	1578	-0.0014	-0.050	0.043	0.008
xzpt	新增普通劳动力流动率	1578	-0.0007	-0.136	0.387	0.024
pxzlh	省内所有城市的平均 xzlh	1616	-0.0014	-0.027	0.015	0.004
pxzpt	省内所有城市的平均 xzpt	1616	-0.0007	-0.075	0.121	0.013
ppxzlh	除本城市以外同省份其他城市的平均 xzlh	1570	-0.0015	-0.165	0.077	0.009
ppxzpt	除本城市以外同省份其他城市的平均 xzpt	1570	-0.0005	-0.081	0.166	0.014
xianji	县和县级市的总数	1616	5.3868	0	22	3.595
xian	县的数目	1616	4.3373	0	18	3.352
edu_fw1	教育服务综合衡量指标1	1616	0.0678	0.037	0.152	0.012
med_fw1	医疗服务综合衡量指标1	1616	30.8849	12.251	87.216	8.532
env_fw1	环保服务综合衡量指标1	1565	0.8586	0.181	2.128	0.136

由表 3-1 可知，教育、医疗等支出占比中最大值是最小值的 10 倍左右，而环境保护支出占比中这个比例甚至超过了 70 倍。这表明不同地区民生性支出在自身财政支出中的占比存在极大差异，而这种差异在不同的民生性公共品中还会体现出区别：教育、医疗这两类民生性公共品相对于环境保护更加具有"刚性"，它们是新流入的劳动力最关心的基本民生性公共品，各地区对于这两类公共品的供给都有一定的标准，它们在财政支出中所占的平均比例分别达到 18.9% 和 9%，具有极大的份额；环境保护类民生性公共品的供给相对更加具有弹性，因各地区发展规划和基本条件而有所不同，它在财政支出中所占的平均比例仅仅达到 3% 左右，各地区间该占比的巨大差异体

现出的是不同的地区偏好。

在劳动力的流动性方面：新增普通劳动力流动率（xzpt）的波动远远强于新增落户劳动力流动率（xzlh），新增普通劳动力流动率的最大值约是新增落户劳动力流动率最大值的9倍，二者最小值之差也约是2倍。造成这种现象的原因在于，由于户籍制度的限制，我国常见的流动模式仍然是"候鸟式"的流动方式，人们可能会因为更高的工资待遇而流入某地区，其自身的户籍却难以轻松转入。

我国幅员辽阔，内部各地区在经济、文化、自然条件等方面差异巨大，因此有必要考虑不同地区的变量差异。由表3-2可知，按照国家统计局网站上的标准划分东部、中部、西部地区后，主要变量存在较大的差异。各类民生性公共品财政支出中：东部地区教育支出占比的平均值、最小值和最大值都高于中、西部地区，表现出东部地区追求教育投入，提高个人知识技能的需要和偏好。在劳动力流动性方面，东部地区是明显的劳动力流入地，而中、西部地区则是劳动力的输出地。不论是新增落户劳动力流动率（xzlh）还是新增普通劳动力流动率（xzpt），东部地区的平均值都高于中、西部地区，且是唯一的平均值为正的地区。新增普通劳动力流动率（xzpt）方面，东部地区的最大值和最小值都高于中、西部地区，展现出强大的吸引力。然而在新增落户劳动力流动率（xzlh）方面，xzlh的极值差异（最大值-最小值）远小于xzpt，这在东部地区体现得最为明显，表明大部分来自中、西部地区的劳动力并未在东部地区取得户籍。

表3-2　不同地区主要变量差异

地区	统计指标	edu_ ratio	med_ ratio	env_ ratio	xzlh	xzpt
东部	平均值	0.2041	0.0859	0.029	0.0005	0.0005
	最小值	0.1099	0.0184	0.0017	−0.0334	−0.1
	最大值	0.3562	0.2046	0.143	0.0329	0.3873

续表

地区	统计指标	edu_ ratio	med_ ratio	env_ ratio	xzlh	xzpt
中部	平均值	0.1799	0.094	0.0276	−0.0024	−0.0005
	最小值	0.0844	0.0392	0.0057	−0.0393	−0.1257
	最大值	0.271	0.1653	0.0937	0.0352	0.1999
西部	平均值	0.1817	0.0915	0.0331	−0.0025	−0.0021
	最小值	0.0357	0.0311	0.0038	−0.0505	−0.1357
	最大值	0.2946	0.1627	0.119	0.0429	0.1805

二、劳动力流动对地方民生性支出的影响

表 3-3 中采用第一套工具变量进行估计，使用第二套工具变量估计结论基本不变。由于 rk Wald F 值>10 并通过了 5% 临界值检验，Hansen J test 未拒绝原假设，iv 估计依次通过了弱工具变量和过度识别的检验。控制了个体效应和时间效应的面板回归与工具变量 iv 估计存在较大的差距，原来不显著的新增普通劳动力流动性（xzpt）对教育占比的影响系数，新增落户劳动力流动性（xzlh）对环保支出的影响系数都变得显著起来，而原来医疗支出回归中新增普通劳动力流动性（xzpt）的影响系数也从 0.0265 增加至 0.0345。这表明内生性问题的存在，使得主要解释变量新增落户劳动力流动性（xzlh）和新增普通劳动力流动性（xzpt）的系数偏低，因此本节以处理了内生性问题的回归为准进行分析。

表 3-3 的结论初步证明了理论分析中的命题 1、2：地方政府对流动劳动力的需求已经表现出一定程度的回应性，这使得地方政府财政支出会受到劳动力流动性的影响，这种影响还会因为劳动力的不同而产生差异。当前地方政府对于流动劳动力的民生性公共品需求有足够的回应性，劳动力流动决策中民生性公共品的供给越来越重要。为了获得更好的教育、医疗和环保等公共服务而流动的情况越来越普遍，劳动力流动性的增强将会促进地方政府财

政支出结构的改善。

在教育、医疗两类支出中，新增普通劳动力流动性（xzpt）的系数为正且在5%的统计水平上显著。这表明新增普通劳动力流动性的增强，将会促使地方政府增加教育和医疗投入，为回应这类劳动力的民生性公共品需求而改善自身财政支出结构。这与李超、万海远和田志磊（2018）的研究结论基本一致，当前人口迁移模式更多地呈现出"家庭式迁移"的特征，流动劳动力虽然在流入地未能落户，但他们在流动决策中特别关心随迁子女的教育问题以及家庭的医疗服务保障。[①] 在环保支出中，新增落户劳动力流动性（xzlh）的系数显著为正，其数值达到0.3121，远超其他系数。这表明新增落户劳动力流动性的增强，将会促使地方政府极大地增加环保投入。新增落户劳动力流动性（xzlh）的系数约是新增普通劳动力流动性（xzpt）系数的50倍，新落户劳动力相对于普通劳动力对于当地环境更加关注。

表3-3　固定效应和工具变量估计结果

变量	固定效应面板估计			工具变量 iv 估计		
	教育	医疗	环保	教育	医疗	环保
新增落户劳动力流动性（xzlh）	-0.0088 (0.0627)	-0.0269 (0.0370)	0.0707 (0.0505)	0.1077 (0.1376)	0.0479 (0.1006)	0.3121** (0.1236)
新增普通劳动力流动性（xzpt）	0.0378 (0.0249)	0.0265** (0.0113)	-0.0028 (0.0137)	0.0602** (0.0279)	0.0345** (0.0152)	0.0059 (0.0166)
控制变量	控制	控制	控制	控制	控制	控制
个体效应	控制	控制	控制	控制	控制	控制
时间效应	控制	控制	控制	控制	控制	控制
rk Wald F 值				34.732	32.970	22.189
Hansen J test P 值				0.4198	0.0781	0.2419
样本数	1468	1414	1109	1455	1399	1096
R 方	0.3844	0.5392	0.1108	0.3839	0.5380	0.0888

注：括号内为校正后的稳健标准误；***、**和*分别表示系数在1%、5%和10%的统计水平上显著；表中的"控制"代表相关变量已经得到控制。

---

① 李超、万海远、田志磊：《为教育而流动——随迁子女教育政策改革对农民工流动的影响》，《财贸经济》2018年第1期，第132—146页。

三、劳动力流动对地方民生性支出的影响机制

通过对模型（26）进行回归得到以下结果（表3-4）：首先，控制公共品供给水平和添加交互项的模型中，新增落户劳动力流动性（xzlh）、新增普通劳动力流动性（xzpt）的估计系数与表3-3中的工具变量估计结果基本一致，变量的显著性也未发生改变。这表明前文分析的内生性问题得到了解决，其对结论的影响渠道也得到证实，即地方民生性公共品的供给水平会通过影响劳动力的流动进而对财政支出结构产生影响。

其次，通过表3-3中的iv估计和表3-4中的控制特定变量这两种方法对内生性问题进行处理后，可以进一步证实劳动力流动性对地方政府财政支出结构影响机制的存在。即可参与流动的劳动力的增加将会促使地方政府回应他们的需求，进而增加民生性公共品支出的比重，在其过程中，不同劳动力对公共品需求的异质性产生了财政支出结构上的差异。

最后，仅控制公共品供给水平与同时添加交互项的估计差异主要体现在教育支出占比方面。在添加了交互项之后，原来不显著的新增普通劳动力流动性（xzpt）的系数变得显著起来，这表明在平均的教育公共服务供给水平上，普通劳动力流动性的增强确实有助于地方政府增加教育支出比重，改善政府支出结构。值得一提的是，单独的医疗和环保服务供给水平对于它们各自的支出占比并不显著，这表明地方政府并没有对这两种公共品的供给情况有直接的反应，即这两种公共品支出呈现出一定的刚性特征。接下来通过图3-1进一步分析，在不同的民生性公共品供给水平上，异质性劳动力的流动性对各项民生性公共品支出占比的影响。

表 3-4 劳动力流动影响民生性公共品支出的机制检验

变量	未添加交互项			添加交互项		
	教育	医疗	环保	教育	医疗	环保
xzlh	−0.0014 (0.0626)	−0.0270 (0.0370)	0.0861* (0.0505)	0.0131 (0.0620)	−0.0204 (0.0363)	0.0865* (0.0519)
xzpt	0.0385 (0.0252)	0.0265** (0.0113)	−0.0011 (0.0129)	0.0491** (0.0242)	0.0257** (0.0124)	−0.0022 (0.0130)
edu_ fw1	0.4482*** (0.1433)			0.4549*** (0.1454)		
med_ fw1		0.0000 (0.0001)			0.0000 (0.0001)	
env_ fw1			−0.0039 (0.0034)			−0.0042 (0.0036)
c_ edu_ fw1_ xzlh				7.2381 (4.5670)		
c_ edu_ fw1_ xzpt				2.6214 (1.9483)		
c_ med_ fw1_ xzlh					0.0045 (0.0037)	
c_ med_ fw1_ xzpt					0.0000 (0.0012)	
c_ env_ fw1_ xzlh						−0.0007 (0.2374)
c_ env_ fw1_ xzpt						−0.0335 (0.1004)
控制变量	控制	控制	控制	控制	控制	控制
个体效应	控制	控制	控制	控制	控制	控制
时间效应	控制	控制	控制	控制	控制	控制
样本数	1468	1414	1078	1468	1414	1078
R 方	0.3927	0.5392	0.1028	0.3946	0.5397	0.1029

注：文中带 c_ 前缀的变量代表对要交互的两个变量事前进行中心化处理；回归中使用的是第一套指标权重（50%，50%），将各项综合衡量指标赋值为 edu_ fw1，med_ fw1，env_ fw1，使用其他两套权重的回归结论基本不变。

在海恩穆勒、穆莫罗和徐（2016）的研究基础上，[①] 考察模型添加交互项后是否满足线性假设，将样本五等分之后进行栅格估计，得到图3-1。图中分别测量了在不同的教育、医疗和环保服务的供给水平下（图中为第一种权重赋值而产生的各项综合衡量指标），两类劳动力的流动性对于各项财政支出占比的影响。

以当年是否落户划分流动劳动力之后，不同劳动力的流动性对于不同民生性公共品支出的影响明显不同。新增普通劳动力流动性的增强，将促使地方政府提高教育和医疗投入；而新增落户劳动力流动性的增强则将会促使地方政府提高环保投入。教育支出方面，由图3-1（a）可知，不同水平的教育服务供给下，新增落户劳动力的流动性对教育支出占比的影响呈现出极大的差异性。随着教育水平的逐渐上升，新增落户劳动力的流动性（xzlh）对教育支出占比（edu_ ratio）的影响由正转负，绝对值的大小也呈现出U型变化。这说明在地区教育水平较低的时候，新增落户劳动力对于改善教育水平的需求十分旺盛，地方政府能积极回应他们的需求；而当教育水平提高到某种程度时，地方政府对于大多数新增落户居民教育服务方面的需求已经得到满足，而在其他民生性公共品供给上展开地区竞争，以吸引劳动力的落户，随着劳动力流动性的增强反而降低了教育支出的比例。图3-1（b）中，由于五等分后样本数量的减少，估计结果系数较低且不显著。

医疗支出方面，新增落户劳动力的流动性（xzlh）对于医疗支出占比（med_ ratio）的影响在不同的医疗服务水平上区别很大，随着医疗服务水平的提高，新增落户劳动力的流动性（xzlh）对医疗支出占比（med_ ratio）的影响由负转正；样本数量的减少同样导致新增普通劳动力流动性（xzpt）的估计系数不显著。

环保支出方面，样本量的减少使得新增落户劳动力的流动性（xzlh）仍

① Hainmueller J. , Mummolo J. , Xu Y. How Much Should We Trust Estimates from Multiplicative Interaction Models? Simple Tools to Improve Empirical Practice. Social Science Electronic Publishing, 2016.

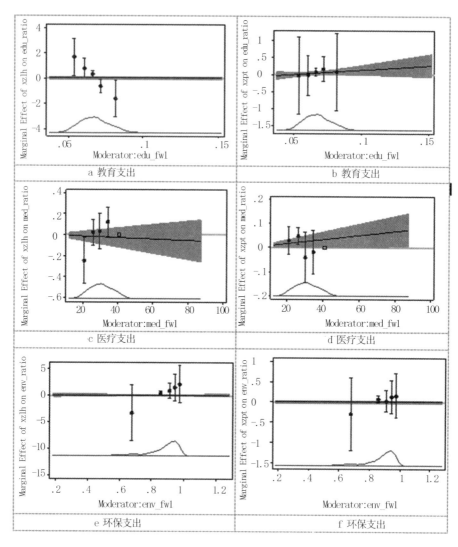

图 3-1　各项公共品供给情况对两种劳动力流动的影响

注：图中的黑色圆点表示栅格估计的结果，圆点上下的竖线代表其置信区间的范围。黑线
　　代表线性假定（LIE）下的估计。圆点基本上位于黑线上则表明交互项满足线性假设，
　　反之，则不满足。

然不显著，但可以明显看出：随着环保水平的上升，新增落户劳动力的流动
性（xzlh）对于环保支出占比（env_ ratio）的影响越来越大。

四、地区异质性影响

由表 3-2 可知，我国不同地区各变量存在较大差异，这可能会让劳动力流动性对各项民生性财政支出的影响在不同地区体现出差异。因此，按照东、中、西部地区将样本分成三组后，采用前文所述的使用工具变量和添加遗漏项的方法进行分组回归发现：不同劳动力的流动性对于不同民生性公共品支出的影响在地区间确实存在差异：西部地区普通劳动力流动性的增强对于教育、医疗两类支出都有促进作用；中部地区普通劳动力的迅速流入则会促进医疗支出的增长；东部地区劳动力的落户选择中，对于环境的看重会促使地方政府增加这类的支出。

五、地区竞争及其影响

表 3-5 报告了地区竞争机制存在性的检验及其影响的结果，以城市包含的县的数目（xian）作为地区竞争程度的衡量指标，使用另一指标，即县和县级市的总数（xianji）回归结论基本一致。回归采用第一套工具变量进行估计，分别通过了弱工具变量和过度识别检验，使用第二套工具变量进行估计后结论保持稳健。

地区竞争程度与劳动力流动性的交互项中，c_ xian _ xzlh、c_ xian _ xzpt 的系数显著性与前文各项回归一致。交互项的显著表明，在不同的地区竞争程度下，两类劳动力的流动性（xzlh、xzpt）对地方财政支出结构的影响不同。具体地，教育支出回归中显著的交互项 c_ xian _ xzpt 为正，而医疗、环保支出回归中显著的交互项 c_ xian _ xzpt、c_ xian _ xzlh 分别为负。因此，地区之间的竞争越激烈的地方，新增普通劳动力的流动性（xzpt）对教育支出占比（edu_ ratio）的正向刺激越强，对医疗支出占比（med_ ratio）的负向抑制越强；新增落户劳动力流动性（xzlh）对环保支出占比（env_ ratio）的正向影响也会随着竞争程度的加强而减弱。可能的解释是教育服务对劳动力流动决策影响太大，以至于地方政府在地区竞争中为回应其需求，为增加教育投入而削减了医疗及环保支出。

表 3-5　地区竞争机制的存在及其影响

变量	固定效应面板估计			工具变量 iv 估计		
	教育	医疗	环保	教育	医疗	环保
xzlh	0.0170 (0.0636)	−0.0453 (0.0382)	0.0917 * (0.0506)	0.1371 (0.1399)	0.0205 (0.0979)	0.3439 *** (0.1262)
xzpt	0.0584 ** (0.0244)	0.0164 (0.0129)	0.0055 (0.0147)	0.0778 *** (0.0272)	0.0164 (0.0134)	0.0073 (0.0150)
c_ xian _ xzlh	0.0052 (0.0194)	0.0121 (0.0119)	−0.0100 (0.0135)	0.0192 (0.0329)	0.0116 (0.0288)	−0.0513 * (0.0268)
c_ xian _ xzpt	0.0171 *** (0.0060)	−0.0086 * (0.0052)	0.0070 (0.0051)	0.0164 ** (0.0074)	−0.0130 ** (0.0054)	0.0054 (0.0055)
xian	−0.0087 *** (0.0020)	0.0009 (0.0016)	−0.0010 (0.0016)	−0.0085 *** (0.0018)	0.0009 (0.0013)	−0.0011 (0.0013)
控制变量	控制	控制	控制	控制	控制	控制
个体效应	控制	控制	控制	控制	控制	控制
时间效应	控制	控制	控制	控制	控制	控制
rk Wald F 值				16.665	15.691	10.751
Hansen J test P 值				0.4943	0.3208	0.2953
样本数	1468	1414	1109	1455	1399	1096
R 方	0.3962	0.5424	0.1144	0.3952	0.5408	0.0855

六、检验预算改革的影响

参考吴延兵（2017）对税制改革的处理，为检验 2015 年预算改革对结论的影响，构造虚拟变量 time。[1] 当年份大于 2015 时，设置 time = 1；否则，

---

[1]　吴延兵：《中国式分权下的偏向性投资》，《经济研究》2017 年第 6 期，第 137—152 页。

time＝0。进一步地，采用与检验地区竞争存在性相同的处理方法，将 time 与两类劳动力流动性变量（xzlh、xzpt）交乘来构建交互项（由于 time 为虚拟变量，此处不进行中心化处理）。运用工具变量估计的方法，结果如表 3-6 所示：

教育支出方面，新增落户劳动力流动性（xzlh）的系数大于 0，而新增落户劳动力流动性（xzlh）与 time_ xzlh 的系数之和小于 0（－0.9822＋0.4126<0）。这表明预算改革前后新增落户劳动力的流动性（xzlh）对教育支出占比的影响由正向促进转变为了反向抑制。同时，新增普通劳动力的流动性（xzpt）和 time_ xzpt 都显著为正，且 time_ xzpt 的系数 0.4385 远超新增普通劳动力的流动性（xzpt）的系数 0.0601，可以发现由于预算改革的影响，使得地方政府对于新增普通劳动力教育服务需求的回应性越来越强。而医疗支出和环保支出占比回归中交互项 time_ xzlh、time_ xzpt 的系数都不显著，可知预算改革对它们的影响并不明显。

表 3-6　检验预算改革的影响

变量	(1)	(2)	(3)
	教育	医疗	环保
xzlh	0.4126*** (0.1469)	－0.0216 (0.1087)	0.2607** (0.1278)
xzpt	0.0601** (0.0291)	0.0332** (0.0144)	0.0086 (0.0151)
time_ xzlh	－0.9822*** (0.3331)	0.2366 (0.2579)	0.0368 (0.2688)
time_ xzpt	0.4385* (0.2300)	－0.1490 (0.1217)	－0.0565 (0.1615)
控制变量	控制	控制	控制
个体效应	控制	控制	控制
时间效应	控制	控制	控制
rk Wald F 值	17.555	16.692	10.605

变量	（1）	（2）	（3）
	教育	医疗	环保
Hansen J test P 值	0.1046	0.1528	0.1599
样本数	1455	1399	1096
R 方	0.3497	0.5307	0.0973

第三节　矫正地方政府公共品支出偏向建议

　　长期以来地方政府为了在地区间资本竞争中获得优势，使得财政支出偏向于生产性投入，而对民生性公共品供给不足。随着生产结构的转型调整和户籍制度的逐步完善，地区间对生产要素竞争的内容和形式发生了改变，劳动力越来越成为稀缺的生产要素，地方政府不再仅仅关注于资本，对于劳动力的竞争也越发激烈。在地区竞争背景下，劳动力的流动性越大，地方政府对劳动力的竞争也就越激烈。这将会促使地方政府为回应他们的需求，进而增加相应民生性公共品支出的比重，促进财政支出结构的改善，提升城市的竞争力。

　　随着劳动力流动规模和流动方向的调整，劳动力对公共品需求结构，以及地方政府民生性财政支出偏好，都随之呈现明显的结构性特征。如在不同公共品供给水平上，异质性劳动力的流动性对财政支出结构的影响存在差异：随着教育水平的升高，新增落户劳动力的流动性对地方教育支出占比的影响由正转负，影响力绝对值的大小呈现 U 型特征；随着环保水平的升高，新增落户劳动力的流动性对地方环保支出占比的影响由负转正，影响力越来越强。各地区劳动力流动性对于财政支出结构的影响存在异质性：西部地区增强普通劳动力的流动性将会提高教育、医疗两类支出；中部地区普通劳动力流动性的增强则会刺激医疗支出的增长；东部地区新落户劳动力流动性的增强将会促使地方政府提高环保支出，以回应劳动力的落户需求。

地区竞争的影响在不同的民生性公共品支出上呈现出差异化的特征，体现出地区之间的财政支出策略互动。预算改革对于医疗、环保支出影响较小，而对教育支出影响极大：它减弱了新增落户劳动力的流动性对于地方教育支出的影响而大大加强了新增普通劳动力对于地方教育支出的影响。针对劳动力流动，需要矫正地方政府财政回应的结构性差异，优化地方政府基本公共服务供给的制度和政策体系，为优化资源要素配置、实现基本公共服务均等化提供决策参考。

一、深入推进户籍制度改革

一方面，严格按照中央精神，因地制宜，加快推进户籍制度改革。2020年第七次全国人口普查公报显示，全国人口中，人户分离人口①为 4.93 亿人，其中，市辖区内人户分离②人口为 1.17 亿人，流动人口为 3.76 亿人。流动人口中，跨省流动人口为 1.25 亿人，省内流动人口为 2.51 亿人。与2010 年第六次全国人口普查相比，人户分离人口增长 88.52%；市辖区内人户分离人口增长 192.66%；流动人口增长 69.73%。③ 因此，当前应加快降低落户门槛，加快实施经常居住地户口登记制度。坚决取消部分地方隐形的、不合理的落户限制，通过公开透明和执行有效的户籍政策降低流动人口的落户成本。对于超大、特大城市而言，要合理确定落户条件，严格执行积分落户政策；对于城区常住人口 300 万至 500 万的 I 型大城市，要全面放宽落户条件；对于城区常住人口 300 万以下的城市，要全面取消落户限制。④城市落户政策对租购房者同等对待，允许租房常住人口在公共户口落户。积

---

① 人户分离人口是指居住地与户口登记地所在的乡镇街道不一致且离开户口登记地半年以上的人口。

② 市辖区内人户分离人口是指一个直辖市或地级市所辖的区内和区与区之间，居住地和户口登记地不在同一乡镇街道的人口。

③ 数据来源于：第七次全国人口普查公报（第七号），国家统计局，2021 年 5 月 19 日。

④ 胡祖才：《推进以人为核心的新型城镇化》，《旗帜》2021 年第 1 期，第 25—27 页。

极探索实施农村集体经营性建设用地入市制度，推动深化农村宅基地制度改革试点地区率先健全宅基地分配、流转、抵押、退出、使用等制度，建立农村产权流转市场体系。

另一方面，扩大基本公共服务覆盖范围，健全以居住证为载体、与居住年限等条件相挂钩的基本公共服务提供机制，实现常住人口均等享有城镇基本公共服务。各城市应严格按照《国家基本公共服务标准（2021 年版）》，加快补齐基本公共服务领域的短板弱项，提高基本公共服务的可及性和便利性。完善财政转移支付与农业转移人口市民化挂钩相关政策，提高均衡性转移支付分配中常住人口折算比例。将常住人口纳入城市基本公共服务的覆盖范围，根据人口流动实际调整人口流入流出地区教师、医生等编制定额和其他基本公共服务设施布局，从教育、医疗等重点民生性基本公共服务入手，解决流动人口关注的"痛点"问题。完成养老保险全国统筹信息系统建设，推进普通门诊费用跨省直接结算。

二、提高地方政府社会治理能力

城市治理是国家治理体系和治理能力现代化的重要内容，基本公共服务有效供给是城市治理的核心内容。一是要进一步完善基本公共服务供给制度。地方政府是基本公共服务供给的主体，要进一步完善地方基本公共服务供给能力，强化民生性财政支出的考核力度，提升地方政府对流动人口基本公共服务需求的回应性。增强城市间的联动和合作，加强城市间基本公共服务的协同供给。二是进一步提升地方政府的行政能力。政府行政效能直接影响基本公共服务供给的效率和质量，要建立全周期管理的理念，及时补齐社会治理中存在的短板弱项。推动公共资源下沉和技术赋能，推广"街乡吹哨、部门报到、接诉即办"等基层管理机制经验，推动公共资源、管理、服务向街道社区下沉；运用数字技术推动城市管理手段、管理模式、管理理念创新，精准对接群众需求。进一步完善以基本公共服务为导向的政府绩效评估体系，将流动人口对当地公共服务的满意度也纳入考核指标，对公共品的支出决策和资金分配改变为以常住人口为计算基础。三是坚持房子是用来住的、不是用来炒的定位，稳定地价、房价和预期。住房是影响人力资本流动的重要因素，也是提现地方政府社会治理能力的重要方面。加快培育发展住房租赁市场，有效盘活存量住房资源，有力有序扩大租赁住房供给，完善长租房政策，合理调控租金水平。以人口流入多、房价高的城市为重点，扩大保障性租赁住房供给，调整城镇建设用地年度指标分配依据，建立同吸纳农业转移人口落户数量和提供保障性住房规模挂钩机制，着力解决困难群体和农业转移人口、新就业大学生等新市民住房问题。改革完善住房公积金制度，健全缴存、使用、管理和运行机制。四是加快完善公共应急管理机制。构建应急指挥信息和综合监测预警网络体系，优化应急管理能力体系建设，提高应急储备物资快速调配和紧急运输能力。完善公立医院传染病救治设施，改善公共卫生防控基础条件，加强业务用房建设和必要设备配置，补齐县城公共卫生防控救治短板。实施公共基础设施安全加固和自然灾害防治能力提升工程，提升洪涝干旱、森林草原火灾、地质灾害、气象灾害等自然灾害防御工程标准。

三、促进城乡融合和区域协调

各地区要严格落实国家乡村振兴和新型城镇化建设，加快推进城乡融合发展。一是要加快推进人口有序流动。建立有效的职业教育体系，通过面向农业转移人口，深化实施农民工"春潮行动"、"求学圆梦行动"、新生代农业转移人口职业技能提升行动，对农民工进行必要的知识和技能培训，扩大职业院校面向农业转移人口的招生规模。在巩固脱贫攻坚成果和推动乡村振兴的过程中，大量乡村人口的流动性将会得到激发。二是推进城乡基础设施融合。强化县城综合服务能力和乡镇服务农民功能，推动市政公用设施向郊区乡村和规模较大中心镇延伸。改善人居环境，提升县城和农村的生活品质,完善乡村水、电、路、气、邮政通信、广播电视、物流等基础设施,提升农房建设质量。三是推进城乡基本公共服务供给制度有效衔接。加快完善城乡在教育、医疗卫生、住房保障、公共文化体育等领域的设施配置和建设标准,推进县域内教师医生交流轮岗,鼓励社会力量兴办农村公益事业。统筹规划、一体化建设,提高农村基本公共服务统筹层级,提升农村基本公共服务保障能力。

区域协调发展是有效实现区域基本公共服务均等化的基础。一是要推进大中小城市协调发展。中心城市已经成为集聚资源要素的主要空间形式,要增强中心城市的辐射带动作用,以不同规模城市间基本公共服务的有效供给和产业培育为先导,推动人口合理流动和优化配置。二是要促进城市群高质量一体化发展。合理调整区域产业政策和分工,在"大区域"的基础上进行经济发展和管理体系的建设,加大城市间管理和社保福利体系融合,建设一体化综合客运枢纽和衔接高效的综合货运枢纽,推广交通"一卡通"、二维码"一码畅行",推进城市群内城市同城化,降低城市间的流动成本。三是加大重点地区基本公共服务的投入。中西部地区民生性公共服务的短缺,一是体现在"人"上,二是体现在"物"上。一方面,针对基层教师和医生的缺少,中央和省级政府需要加大对基层教师、医生编制的倾斜,深入实施高校毕业生基层成长计划,扩大基层项目招募规模,稳步提高其收入,促使其能长期稳定地做好工作。推进义务教育优质均衡发展和城乡一体化,促进义务教育教师"县管校聘"管理改革。另一方面,中央政府应该实施和完善对中、西部地区的新一轮扶持政策,加快补齐县城公共服务设施、环境基础设施、市政公用设施短板弱项,加强对财政困难地区提供民生性公共品的资金帮扶。加大转移支付的力度以作为公共开支的保障,在债务风险可控前提下,加大中央预算内投资和地方政府专项债券等财政性资金统筹支持力度。

第四章　高铁效应与地方医疗卫生服务供给[①]

　　基本公共服务均等化是公共财政的目标之一。地方政府肩负着为社会公众提供公共品的责任，并在供给中按照与时俱进的标准保证基本线、实现社会公众大致均等地享有公共服务。我国国土幅员辽阔，各地区资源禀赋等发展条件存在差异，经济社会发展呈现出不平衡的特点，[②] 城乡、区域间在教育、医疗卫生和社会保障等领域的资源配置依然存在结构性失衡，呈现出明显的空间差异。城镇化进程的加快使人口地理集聚程度日益提高，户籍制度的优化和逐渐灵活的异地落户政策，也在一定程度上通过公共服务差异产生人口迁移的推拉力，使人口更多地流向公共服务较为完善的地区，而这一过程的加速离不开区域间交通运输效率的改善。

　　长期以来，我国区域间中长距离客运主要依靠铁路和航空来完成，而高速铁路以其速度快、安全性能高、运营时间几乎零误差等优点逐渐成为客运出行的优先选择。2008 年，我国《中长期铁路网规划（2008 年调整）》明确指出："为适应全面建设小康社会的目标要求，铁路网要扩大规模、完善结构，提高质量，快速扩充运输能力，迅速提高装备水平"，并提出加快建设"四纵"客运专线、"四横"客运专线以及城际客运系统，形成点线协调

---

　　① 本章部分内容取自文献 Gangqiang Y., Yuxi M., 等（2019）。

　　② 王欢明、陈司：《民生类公共服务支出的横向均等化测度及影响因素研究》，《大连理工大学学报（社会科学版）》2019 年第 40 期。

的客运网络。① 如今，经过十余年的砥砺奋进，以"四纵四横"客运专线为基本骨架的全国高速铁路网现已基本成型，中国现代化高速客运系统建设事业已经成为现代化中国的一张靓丽名片。

图4-1显示了中国"四纵四横"高速客运网重点建设期间（2016年沪昆高铁的全面通车标志着"四纵四横"高速铁路线的基本成型）取得的成就。2008—2016年间，我国高速铁路总里程占铁路总里程的比例年均增长11%，高速铁路客运量占铁路总客运量的比例年均增长24%，高速铁路客运周转量占铁路总客运周转量的比例年均增长20%。截至2020年，我国铁路营业里程达到14.63万公里。其中，高速铁路营业里程3.8万公里，占比26%；高速铁路客运量比重达到70.7%，客运周转量比重达到58.6%。②

党的十八大以来，我国区域协调发展进入新时代，都市圈、城市群开始成为实现区域协调与高质量发展的主体形式；培育以区域联通的交通设施为重要依托的都市圈，实现通勤有效、经济一体化发展的区域协同增长格局也是新型城镇化建设的基本要求。③ 因此，在区域协调发展和新型城镇化加快建设的新时代，高速铁路网也被赋予了新的功能与期望，即在沟通大区域联系的基础上，构建起服务经济圈间及内部客运需求的高速铁路网，满足区域空间化发展的需求。2016年，国务院审议通过的《中长期铁路网规划（2016年调整）》（以下简称《规划》）提出：我国将打造以沿海、京沪等"八纵"通道和陆桥、沿江等"八横"通道为主干、城际铁路为补充的高速铁路网，实现相邻大中城市间1至4小时交通圈，城市群内0.5至2小时交通圈，进一步推进重点地区和重点方向铁路建设……预计到2025年，高速铁路网络覆盖进一步扩大，路网结构更加优化，骨干作用更加显著，更好发

---

① 中华人民共和国国家发展和改革委员会：《中长期铁路网规划（2008年调整）》2008年10月8日。

② 数据来源于《中国统计年鉴2021》。

③ 中华人民共和国中央人民政府：《国家新型城镇化规划（2014—2020年）》2016年5月5日。

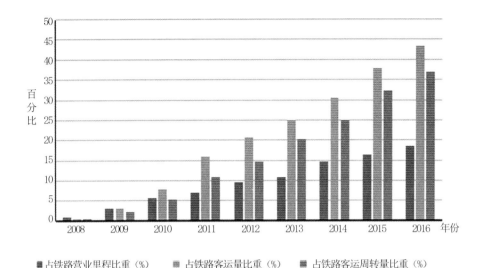

图 4-1　中国高速铁路发展情况（2008—2016 年）

数据来源：《中国交通运输统计年鉴》。

挥铁路对经济社会发展的保障作用。[1]

　　高速铁路有着相对于普通铁路客运更短的旅行时间、更安全的性能、更准时的运营时间、更舒适的乘车环境，相对于航空客运更经济、站点更多的优点。高速铁路所具有的客运优势加快人口迁移与流动，改变着传统户籍制度下公共服务供给与享有秩序。伴随着我国高速铁路网的完善，城市发展的独立性会进一步降低，冲击着居民享有基本公共服务的区域边界和空间维度，公共服务的外溢性增强。居民基于追求更高质量公共服务的动机，更倾向于选择公共卫生服务更成熟、更完善的大城市就医，原有的以户籍人口为标准提供公共服务的机制可能变得不再适合。

　　进入新时代，我国加快推进供给侧结构性改革，持续推进医疗卫生体制、户籍制度等改革创新，有效释放了社会性流动，增强了居民寻求高质量

---

　　① 中华人民共和国国家发展和改革委员会：《中长期铁路网规划》2016 年 7 月 20 日。

基本公共服务的激励动机，提高了居民对福利水平改善的预期。特别是近年来我国高铁的迅速发展，极大改变了城市间相对的区位格局，[1][2] 有效缩短了旅行的时空距离，产生了显著的"交通创造效应"，[3] 提高了站点城市间人口流动效率，[4] 进一步释放了居民对跨区域基本公共服务的需求，打破人们享有基本公共服务的区域边界和空间维度，有效提高了居民享有基本公共服务的可及性。因此，地方政府基本公共服务的供给，必须应对流动性的基本公共服务需求，并在区域一体化的进程中优化空间配置；社会治理政策也应在开放边界和社会，以及满足居民基本公共服务需求的能力之间找到平衡点。

在我国异地就医报销政策逐渐完善、政策覆盖面逐渐扩大的背景下，流动和迁移人口在非户籍所在地诊疗逐渐顺畅方便。异地就医结算能够有效缓解医疗保险制度统筹层次低的弊端，极大方便了参保地与居住地不一致的流动和迁移人员跨区域享受医疗卫生公共服务，异地就医无法报销已不再是外出务工人员的迁移阻碍，拥有更高财政能力的区域以其更优化的医疗资源将会有更强的跨区医疗引力。但这也可能造成可达性更高、医疗卫生公共服务更加完善的城市出现公共品需求拥挤效应，基于常住人口核算的人均所享有的医疗卫生资源就会相应减少。满足人民日益增长的美好生活的需要，加快推进社会事业的快速发展是重要的途径。其中，医疗卫生服务以其关乎亿万人民福祉、维护社会公平正义、提高人民生活质量的重要作用成为社会事业发展的重中之重。全面建立优质高效的医疗卫生服务体系也是《"健康中国

---

① 王姣娥、焦敬娟、金凤君：《高速铁路对中国城市空间相互作用强度的影响》，《地理学报》，2014 年第 12 期。

② 王雨飞、倪鹏飞：《高速铁路影响下的经济增长溢出与区域空间优化》，《中国工业经济》2016 年第 2 期。

③ Vickrey, William S. 1969. "Congestion Theory and Transport Investment", American Economic Review, 59（2）. pp. 251–260.

④ Mohring, Herbert. 1972, "Optimization and Scale Economies in Urban Bus Transportation", American Economic review, 62（4）. pp. 591–604.

2030"规划纲要》中的具体要求。①

　　基于此，本章通过引入城市发展要素，探究新时代以高铁为代表的区域高速交通基础设施改善，对城市医疗卫生服务水平的影响以及作用机理，提出完善地方政府医疗卫生服务供给方式和供给体系的政策建议。

第一节　高铁开通与医疗卫生资源配置关联性

　　交通基础设施作为人类生产、生活的基本要素之一，是联结社会经济活动与地理空间的纽带。交通技术与手段的革新，在决定空间相互作用深度与强度的同时，也对经济活动的区位选择造成深刻影响。② 高铁开通有利于改善资源跨区域配置效率，统筹实现国家效率目标与区域平等目标，③ 具有显著的网络效应和结构效应。一方面高铁具有网络效应。高铁发展提高了城市的可达性，加强了交通枢纽城市之间的联系，加速了区域市场整合，使处于同一网络上的基本公共服务资源得以共享和扩散，产生正的溢出效应，促进整体福利的增进。另一方面高铁具有结构效应。它会打破区域行政区划隔断和市场分割，④ 降低交易成本和时间成本，⑤ 改变区域间要素流动的方向和居民对基本公共服务选择的区位偏好。高速铁路的发展对城市基本医疗卫生服务资源的供给和需求产生了较大的影响，成为城市社会治理的重要议题。

　　① 中华人民共和国中央人民政府：《"健康中国 2030"规划纲要》2016 年 10 月 25 日。
　　② 姚兆钊、曹卫东、岳洋、张大鹏、任亚文：《高铁对泛长三角地区可达性格局影响》，《长江流域资源与环境》2018 年第 27 期。
　　③ 李兰冰、阎丽、黄玖立：《交通基础设施通达性与非中心城市制造业成长：市场势力、生产率及其配置效率》，《经济研究》2019 年第 12 期。
　　④ 宋冬林、范欣、赵新宇：《区域发展战略、市场分割与经济增长——基于相对价格指数法的实证分析》，《财贸经济》2014 年第 8 期。
　　⑤ 李兰冰、阎丽、黄玖立：《交通基础设施通达性与非中心城市制造业成长：市场势力、生产率及其配置效率》，《经济研究》2019 年第 12 期。

一、高铁开通促进区域经济和人口布局调整

高铁的开通有效缩短了旅行的时空距离，会对站点城市间的资源要素配置、人口流动格局等产生显著的影响，极大改变了城市间相对的区位格局，产生了显著的"交通创造效应"，提高了站点城市间人口流动效率，进一步释放了居民对跨区域基本公共服务的需求，打破人们享有基本公共服务的区域边界和空间维度，有效提高了居民享有基本公共服务的可及性。

一方面，高铁发展会促进区域增长格局的变化。高铁产生时空压缩效应，提高区域间可达性。可达性不仅是评价地理上是否可达的指标，也是评述一个区域相对于其他区域是否具有区位优势的指标，是衡量一个区域内社会和经济综合发展水平的指标。高铁对区域中心和边缘城市的可达性影响不同，区域中人口密集的中心城市成为高铁建设的首选区位[1]，因为中心区域有铁路运输的巨大需求。[2] 高铁会通过增加站点城市的可达性而引起"极化效应"，形成"孤岛"和"隧道效应"；起初区位要素较差的城市因为高速铁路的建设其可达性提升更为显著，而原本就处于铁路网上的大城市，可达性提高值相对有限。[3] 高速铁路在增加区域可达性的同时也增加了区域中心城市"极化效应"，并会带来高铁沿线城市和非高速铁路线连接城市之间的经济增长差异，影响着区域增长格局。高铁的建设以其线路的畅通性和更高的联通性使得生产要素流动的空间范围逐渐扩大，由于沿线各节点城市本身经济发展程度不同，对区域外生产要素的需求也不同，生产要素的流动方向也会受到影响。在高速铁路改变区域增长格局方面，存在"经济集聚效应"、

---

① Vickerman R. W. , "Spiekermann K. , Wegener M. Accessibility and economic development in Europe", Regional Studies, Vol. 33, No. 11, 999, pp. 1–15.

② Givoni M. "Development and impact of the modern high-speed train: a review", Transport Reviews, Vol. 26, No. 5 2007, pp. 593–611.

③ Monzon A. , Ortega E. , Lopez E. , "Efficiency and spatial equity impacts of high-speed rail extensions in urban areas", Cities, Vol. 30, 2013, pp. 18–30.

"经济扩散效应"和"经济均衡效应",并在区域经济社会发展过程中呈现出不同的演进趋势。在"经济集聚效应"方面,新的经济增长极可能聚集在铁路线终端和主要节点周围,导致商业活动的显著增加。① 而与人口(人口密度和人口总数)相关的空间结构显示出向核心城市及其边缘持续集中的趋势,而与就业相关的空间结构显示出时间效应的分散趋势。② 高速铁路联通大幅解构区域壁垒,可能会带动资源由区域核心区沿铁路线流向其腹地甚至更广的地区,带来"经济扩散效应"。而区域内市场一体化的提升能够让经济活动由高度集中到适度分散变化,区域内市场范围的扩大和一体化程度的提升能够让更多的资源、商品和服务由核心城市流向更多沿线城市。③ 最终,高铁会通过提高区域间可达性有效促进人口、资本等生产要素在区域间的流动,平衡生产要素需求,进而促进区域经济社会发展,改善民生福祉。

另一方面,高铁发展会促进区域人口分布格局的重塑。居民跨界享受基本公共服务首先建立在高速铁路对人口分布重塑效应之上。高铁会加速人口的自由流动和迁移,加速实现人口的最优配置,并成为劳动力市场活力的重要保障。④ 在高铁开通影响区域人口分布方面,分为人口集聚观点与人口疏解观点。一种情况是人口会向高铁沿线城市集聚,使整个区域和国家的人口分布变得均衡;⑤ 另一种情况是使高铁沿线区域中心城市人口增加,外围城

---

① Taniguchi M., Nakagawa D., Toda T., "The changing urban hierarchy of Japan: the impact of the high-speed rail", Cities in competition: productive and sustainable cities for the 21st Century, Melbourne: Longman, 1995, pp. 191-199.

② Kim K. S., "High-speed rail developments and spatial restructuring: A case study of the Capital region in South Korea", Cities, Vol. 74, No. 4, 2000, pp. 251-262.

③ 张克中、陶东杰:《交通基础设施的经济分布效应——来自高铁开通的证据》,《经济学动态》2016年第6期。

④ 马伟、王亚华、刘生龙:《交通基础设施与中国人口迁移:基于引力模型分析》,《中国软科学》2012年第3期。

⑤ Sasaki K., Ohashi T., Ando A., "High-speed rail transit impact on regional systems: Does the Shinkansen contribute to dispersion?", The Annals of Regional Science, Vol. 31, No. 1, 1997, pp. 77-98.

市人口相应减少，其中以劳龄人口所受影响最为显著。① 学术界对于高速铁路对人口分布格局重塑效应的研究，多集中于人口因地区间经济发展水平差异和产业结构调整而导致的中长期迁移方面，或因可达性的提高而带来的旅游产业发展、跨区域消费等方面的短期流动，而对于因高速铁路开通下加权平均旅行时间的缩短所带来跨地区享受公共服务的现象鲜有研究。实际上，高铁开通后带来的人口分布与重塑效应在一定程度上影响着城市人均医疗卫生服务水平，在挤占公共资源带来拥挤效应的同时也发挥着较大的公共财政成本的分摊效应。因此，高铁开通对于城市基本医疗卫生服务供给水平的影响，与城市人口规模密切相关，是拥挤效应和成本分摊效应合力作用的结果。

二、高铁开通影响城市医疗资源供需格局

高铁发展能有效加速资源要素的流动，区域发展进一步趋向开放与协同，进而使得公共服务外溢性显著增强。区域间公共服务水平与劳动力流动具有显著的相关性，地区间、城乡间公共医疗卫生服务差异是导致人口加速流动的重要因素。②③ 蒂布特（1956）提出的"用脚投票"理论认为，在人口流动不受限制、存在大量辖区政府、各辖区政府税收体制相同、辖区间无利益外溢、信息完备等假设条件下，各地居民可以根据各地方政府提供的公共产品和税负的组合，来自由选择那些最能满足自己偏好的地方定居，来实现自身效用最大化和社会福利最大化。④ 高铁的建设使得跨区流动在通勤时

---

① 赵文、陈云峰：《高速铁路的区域分配效应：基于理论与实证的研究》，《经济社会体制比较》2018 年第 3 期。

② 李拓、李斌：《中国跨地区人口流动的影响因素——基于 286 个城市面板数据的空间计量检验》，《中国人口科学》2015 年第 2 期。

③ 侯慧丽：《城市公共服务的供给差异及其对人口流动的影响》，《中国人口科学》2016 年第 1 期。

④ Tiebout, C., 1956, "A Pure Theory of Local Expenditures", Journal of Political Economy , 64（5），pp. 416-424.

间、交通安全上得到成本优化，区域协调发展带来的资源共享也使得跨区享受公共服务的收益增加，跨区享受公共服务的动力增强，引发居民对基本公共服务需求的聚集效应、选择效应和分选效应，[①] 使得基于刚性行政区划基础上配置的基本公共服务资源出现了供需失配的现象。

在我国，医疗卫生公共服务作为准公共品，主要由各级地方政府担任供给主体，而因各省市地区社会经济发展水平等方面的不同，医疗卫生资源配置均存在明显的区域差异。高速铁路的发展，使得特定地域的居民享受医疗卫生资源不再局限于该区域。高铁的径向连接和转移效应会创造出更多的医疗卫生服务需求者，短期内一些拥有高质量医疗资源的城市会因需求过大而较易出现供不应求，进而引发医疗卫生服务的"拥塞"并导致效用的降低。而对一些医疗卫生服务水平较低、人口规模较小的城市，会因高铁的"转移效应"使得医疗卫生服务资源难以发挥规模效应。此外，地方政府往往根据户籍人口确定财政预算总额，非户籍常住人口的增加，会明显降低本地医疗卫生支出的相对水平，产生拥挤效应。[②] 多种现实原因和制度背景，使得一些城市的医疗卫生服务难以惠及所有常住人口，产生需求方的"享受不均"，[③] 带来医疗卫生服务享有水平的差异。因此，高铁开通，在短期内会显著降低城市医疗卫生服务的人均享有水平，会对超大城市与特大城市的医疗卫生服务造成显著的拥挤效应，其供给水平相对于过快增长的需求来说有所滞后；长期而言，高速铁路可能会给城市医疗卫生服务的供给和需求产生正向影响，区域之间医疗服务资源配置趋于协同，人均所享有的医疗资源将会大大提高。

---

① Gilles Duranton and Diego Puga. 2020, "The Economics of Urban Density", Journal of Economic Perspectives, 34, pp. 3−26.

② 赵农、刘小鲁：《区位性因素与公共品的最优供给》，《经济研究》2008 年第 10 期，第 93—143 页。

③ 江依妮：《外来人口聚集地区公共服务支出研究——以广东省为例》，《人口与经济》2013 年第 5 期。

三、地方政府能力影响高铁对医疗资源配置效应

高铁开通对不同经济发展水平、财力水平和社会治理能力的地方政府产生的影响是存在差异的，即一些地方政府会对高铁的公共服务需求空间转移做出积极的回应，而一些地方政府财政支出结构依然存在失衡，表现出不同程度的扭曲。①② 地方政府间社会治理能力的差异，特别是地方政府财政能力和行政能力的差异，使得地方政府对高铁效应的回应产生明显异质性，出现基本公共服务资源供给结构失衡和效率损失。可能是因为在提供本地基本公共服务时，地方政府往往面临"纵向财政失衡"的问题。为有效解决这一问题，地方政府可以通过中央政府提供转移支付来弥补，也可以通过获得税收权力来规避，③④ 实践中这两种途径都会产生不同的负外部性。

我国是一个政府主导型治理模式国家，地方政府的治理行为直接决定了所辖地区经济社会发展，⑤ 地方政府的能力差异对民生性公共品供给形成了新的约束。当前我国不同城市在财政分权度、财政失衡程度等方面存在明显的差异，⑥ 也存在政府责任的缺失和对中央政策纵向共同反应的选择性等社会治理能力的差异，⑦ 尽管存在我国经济转轨及其客观体制条件等影响，但地方政府主客观因素差异是基本公共服务供给的质量和水平产生异质性的重

---

① 李永友、沈坤荣：《辖区间竞争、策略性财政政策与 FDI 增长绩效的区域特征》，《经济研究》2008 年第 5 期。

② 吕伟、郑尚植：《财政竞争扭曲了地方政府支出结构吗？——基于中国省级面板数据的实证检验》，《财政研究》2012 年第 5 期。

③ Boadway，R. and Shah，A.，2007，"Intergovernmental Fiscal Transfers：Principles and Practice"，The World Bank.

④ Bellofatto，A. A. and Besfamille M.，2018，"Regional state capacity and the optimal degree of fiscal decentralization"，Journal of Public Economics，Vol. 159，pp. 225–243.

⑤ 李永友：《省以下多样化放权策略与经济增长》，《经济研究》2021 年第 2 期。

⑥ 詹新宇、刘文彬：《中国式财政分权与地方经济增长目标管理——来自省、市政府工作报告的经验证据》，《管理世界》2020 年第 3 期。

⑦ 王美今、林建浩、余壮雄：《中国地方政府财政竞争行为特性识别："兄弟竞争"与"父子争议"是否并存？》，《管理世界》2010 年第 3 期。

要因素。

我国医疗资源供给具有"双轨制"的特征，医疗卫生资源供给既有地方政府的财政支持，也有市场主体的投资。但总体而言，我国现有的医疗资源不仅稀缺，而且在其广大的地理区域内分布不均，医疗卫生资源主要集中于各省的中心城市。但由于各城市人口规模、经济结构、财政收支等方面存在明显的差异，地方政府对由高铁引发的医疗资源需求转移的回应性存在明显差异，地方政府财政能力成为高铁影响医疗卫生资源配置的重要调节变量。高铁开通对地方政府医疗卫生支出的贡献度随着地方政府能力的下降而逐级递减，在行政能力与财政能力较弱的地区，即便高铁开通具有吸引资本、人力资本的效应，但地方政府难以配备与需求对等的医疗卫生支出，高铁所引致的地方政府医疗卫生支出回应性下降。而对于能力较强的政府而言，行政能力和财政能力关系到政府获取资源并且有效使用资源的效率，体现为城市较强的社会治理能力，可以放大高铁对于地方政府医疗卫生资源配置的激励效应，往往会集聚更高质量的医疗卫生资源，进而增加地方政府医疗卫生服务的总供给，具有更强的跨区医疗服务需求吸引力。

第二节　高铁开通对医疗卫生服务供给水平影响

一、实证策略

（一）实证模型构建

根据现有文献经验，本书使用双向固定效应模型下的双重差分方法作为实证模型，此模型可以有效识别出政策净效应，并能够控制高铁开通与城市医疗卫生服务享有水平之间的内生关联。

$$Medi_{it} = \beta_0 + \beta_1 HSR_{it} + \alpha X_{it} + \gamma_t + \mu_i + \varepsilon_{it} \tag{4-1}$$

其中，$Medit_{it}$是城市医疗卫生服务享有水平，HSR_{it}为高铁开通的虚拟变量，若 t 年为 i 城市首次开通高铁当年及以后，则 HSR_{it} 取值为 1，若 t 年为开通高铁之前，则 HSR_{it} 取值为 0，为避免反向因果带来的内生性问题，本研究对高铁开通时间设定如下：若高铁在月初或月中正式开通运营，则以开通月份所在年作为开通当年；若在月底开通，则将顺延一月的所在年份为开通时间，若顺延到了下一年，则将下一年作为开通当年；γ_t、μ_i 分别代表时间固定效应与个体固定效应；X_{it} 为 i 城市 t 时期的其他控制变量。在这个模型中，系数 β_2 度量了高铁开通的直接效应。

$$Medi_{it} = \beta_0 + \beta_1 Time_{it} + \alpha X_{it} + \gamma_t + \mu_i + \varepsilon_{it} \qquad (4-2)$$

为了探究长期高铁发展是否对医疗卫生服务享有水平有改善作用，本书设定公式 4-2，研究城市医疗卫生服务享有水平总体变化趋势。其中，$Time_{it}$ 为城市高铁开通年限，开通当年取值为 0，开通后首年取值为 1，次年取值为 2，以此类推；该式中的 β_1 代表高铁发展是否对医疗卫生服务享有水平有改善作用。

为检验高铁开通对城市医疗卫生服务享有水平的影响是否具有时间动态效应，设定双向固定效应模型如下：

$$Medi_{it} = \beta_0 + \beta_1 after_0 + \beta_2 after_1 + \beta_3 after_2 + \beta_4 after_3 + \beta_5 after_4 + \beta_6 after_5 + \beta_7 after_6 +$$
$$\beta_8 after_7 + \beta_9 after_8 + \beta_{10} after_9 + \alpha X_{it} + \gamma_t + \mu_i + \varepsilon_{it} \qquad (4-3)$$

其中，为高铁时间效应的虚拟变量，如果回归结果显著，说明高铁开通在当年即对城市医疗卫生服务享有水平就产生了立竿见影的影响；若随着 j 增加，回归系数也在统计上显著，表明高铁开通效应具有长效性。本节拟通过观察该式中 $\beta_{j(j=0\sim10)}$ 的正负与显著性来研究高铁的动态效应。其他参数含义与 4-1 式相同。

（二）实证数据说明

本章选取 2007—2018 年作为研究样本期，选取全国 67 个城市作为面板数据的横截面。城市选取来源自国家统计局公布的中国 70 个大中城市，① 这些城市无论是人口规模、城市经济发展水平、地理空间分布等均具有一定的层次性，能够较大程度的代表各级城市的平均水平；由于海南省的高铁网络呈环形状，与大陆高铁网络无直接连接，所以本研究将海南省城市剔除，并剔除数据缺失严重的城市，最终选取 70 个大中城市中的 67 个城市进行研究，覆盖除西藏自治区、台湾省、海南省外全国所有省份与直辖市。本书将样本城市划分为处理组与对照组，处理组城市为在 2007 年至 2018 年的样本期间内开通高铁的城市，对照组在 2007 年至 2018 年的样本期间从未开通高铁的城市。

根据国家发展和改革委颁布的《中长期铁路网规划（2016）》中的定义，本书中所涉及"高速铁路"（文中简称"高铁"）的定义涵盖有时速 200km/h、250km/h、300km/h 及 350km/h 的"G"字头——高速动车组旅客列车、"D"字头——快速动车组旅客列车与"C"字头——城际动车组旅客列车这三种旅客列车运行的客运专线、高速铁路、城际铁路、由现行普速铁路改造并提速至 200km/h 以上的电气化轨道以及速度达到 200km/h 以上的快速铁路。

高铁开通数据来源于"中国高铁网"和"铁路 12306"专业查询平台并经手工整理得来。其他统计数据主要来源于《中国区域经济统计年鉴》，缺失数据中部分用各省统计年鉴、各城市统计年鉴和城市统计公报补齐，并将数据换算为与《中国区域经济统计年鉴》统一的口径。

（三）变量设置

被解释变量：医疗卫生服务享有水平指标（Medi）。本书将基于产出角度构建医疗卫生公共服务享有水平指标体系，以表示区域内人口对于医疗卫

---

① 国家统计局根据城市人口、建城区面积与规划面积、城市设施、城区经济等综合指标选出。

生服务的享有水平，本书选取每千人医疗卫生技术人员数、① 每千人医疗卫生机构床位数②两个指标作为衡量医疗卫生服务享有水平的原始指标，并采用改进熵值法将两个指数合成城市医疗卫生服务享有水平的综合得分（计算过程略），以此作为衡量医疗卫生公共服务水平的最终指标。

解释变量：（1）高铁开通虚拟变量（HSR）。估计高铁开通对城市医疗卫生服务享有水平的影响时，设置政策虚拟变量，对各城市分别进行赋值，如果 i 城市在 t 年当年及以后开通高铁，则 = 1，否则 = 0。（2）高铁开通年限（Time）。探究高铁开通年限对于城市医疗卫生服务享有水平影响的显著性程度及总体趋势。（3）高铁开通动态效应虚拟变量（After）。估计高铁开通对城市医疗卫生服务享有水平的影响在时间上的变化趋势，即动态效应，设置 10 个虚拟变量，分别是 after0、after1、after2、after3、after4、after5、after6、after7、after8、after9。如果某城市是高铁开通当年则 after0 = 1，否则为 0。例如，某城市于 2008 年开通高铁，则在 2008 年 after0 取值为 1，在 2009 年将 after1 赋为 1，以此类推。

其他控制变量：第一类是城市综合发展水平，包括（1）经济能力，使用人均地区生产总值（Rgdp）来表示；（2）医疗卫生服务投资水平（Rinves），由地方财政一般预算支出中的医疗卫生财政支出和社会资本参与或经营医疗卫生事业的投入水平组成。由于各城市医疗卫生领域实际投资数据难以获得，故基于产出角度，使用医疗机构建设程度来用作投资水平的代理变量③，采用剔除城市面积因素的每百平方公里医疗机构数来衡量；（3）

---

① 此处所指的"医疗卫生技术人员"采用《中国卫生统计年鉴》的数据口径，包括执业医师和执业助理医师、注册护士等，不包括医疗机构管理人员。

② 此处所指的"医疗卫生机构床位"采用《中国卫生统计年鉴》的数据口径，包括各级医院、卫生院，基层医疗卫生服务机构，疫病预防控制中心，专科疾病防治院等机构的总床位数。

③ 此处所指的"医疗机构"采用《中国区域经济统计年鉴》的数据口径，包括公立医院、民营医院、社区卫生服务中心、乡镇卫生院、诊所、村卫生室、疫病预防控制中心、妇幼保健机构、专科疾病防治院（所、站）等。

城乡发展差距（Gap），用城镇居民人均可支配收入与农村居民人均可支配收入的比值来衡量。

第二类是地方政府财政水平。（1）地方财政一般预算支出中医疗卫生支出的绝对数指标（Lnexp），并对其进行自然对数化处理；（2）地方财政分权程度（Stru），代表着地方政府在税收管理和预算执行等方面的自主权，以地方财政净收入与地方财政总支出的比值来衡量；（3）公共服务偏好（Exper），该指标反映了地方政府对本地区公共服务的重视程度，以地方财政一般预算支出中医疗卫生支出与地方财政一般预算支出的比值来衡量。

第三类是城市吸引力与拥挤程度。选取人口流入速度来表征城市吸引力指标（Migr），以及用人口密度的对数值（Lnpop）来表征人口变动对于城市拥挤程度的影响。人口流入速度的计算公式为：人口流入速度＝（年末常住人口数−上年末常住人口数−上年末常住人口数×人口自然增长率）÷年末常住人口数，若某城市人口流入速度为正，说明该城市为人口净流入城市，反之则为人口净流出城市。

第四类是城市交通通达性，与道路模式和航空运输有关，选取城市通车等级公路里程（Road）和是否有机场的虚拟变量（Airport）作为控制变量。表4-1和表4-2是各变量的描述性统计。

表4-1　各变量统计性描述

变量代码	单位	预处理	均值	标准差
Medi	—	—	5.670	2.063
HSR	—	—	0.544	0.498
Time	—	—	2.616	3.246
Rgdp	万元	对数化	10.810	0.593
Exp	万元	对数化	12.550	0.972
Rexp	元	对数化	6.156	0.694
Exper	%	—	0.075	0.025

续表

变量代码	单位	预处理	均值	标准差
Stru	%	—	0.637	0.217
Inves	个/百平方公里	—	27.520	35.269
Gap	—	—	2.448	0.429
Migr	%	—	0.006	0.071
Pop	人/平方公里	对数化	6.160	0.899
Road	公里	对数化	9.351	0.682
Airport	—	—	0.887	0.317

表4-2　分组统计性描述

	开通高铁的城市		未开通高铁的城市		均值差异
	均值	标准差	均值	标准差	
Medi	5.401	1.698	4.893	1.736	0.508 ***
HSR	0.590	0.492	0.000	0.000	0.590 ***
Time	2.000	2.515	0.000	0.000	2.000 ***
lnrgdp	10.800	0.505	10.294	1.062	0.506 ***
lnexp	12.512	0.965	12.032	0.771	0.480 ***
lnrexp	6.051	0.693	5.989	0.928	0.062 **
Expper	0.075	0.052	0.081	0.028	-0.006 **
Stru	0.696	0.203	0.464	0.160	0.232 ***
Inves	26.010	18.874	15.610	18.427	10.400 ***
Gap	2.438	0.418	2.687	0.495	-0.249 ***
Migr	0.006	0.031	-0.003	0.035	0.009 ***
lnpop	6.288	0.671	5.305	1.062	0.983 ***
lnroad	9.284	0.692	9.481	0.620	-0.197 ***
Airport	0.720	0.307	0.156	0.394	0.564 **

注：*** 、** 分别表示在1%和5%的显著性水平。

二、高铁开通与医疗卫生服务供给

利用双重差分的方法检验高铁开通带来的效应，并经过豪斯曼检验选取固定效应。表4-3报告了高铁开通带来的直接效应检验结果。

表4-3　高铁直接效应检验

	Medi（1）	**Medi（2）**	**Medi（3）**	**Medi（4）**	**Medi（5）**
HSR	−0.602*** [0.1306]	−0.623*** [0.1284]	−0.557*** [0.1235]	−0.509*** [0.1171]	−0.495*** [0.1165]
常数项	4.276*** [0.1259]	−8.080* [3.3811]	−3.422 [4.0179]	−2.407 [3.9801]	−5.772 [4.3340]
时间效应	控制	控制	控制	控制	控制
个体效应	控制	控制	控制	控制	控制
控制变量	不控制	控制	控制	控制	控制
样本量	804	790	780	773	769
调整 R^2	0.5061	0.5372	0.5527	0.5604	0.5611

注：因篇幅所限只截取核心解释变量高铁开通（HSR）的回归结果。括号内为标准误差； ***、 **、 * 分别表示在1%、5%、10%的显著性水平。

Medi（1）列显示的是没有加入控制变量的回归结果，可以看出，在未加入控制变量前，高铁直接效应虚拟变量HSR的回归系数显著为负，而且在1%的置信水平上显著，Medi（2）—（5）列反映的是依次加入城市综合发展水平、地方政府财政水平、城市规模与集聚程度、城市通达性四类控制变量后的回归结果。高铁直接效应的回归系数在−0.623—−0.495之间趋于稳定。回归结果说明，高铁开通降低了城市医疗卫生服务的人均水平，使其供给水平相对于过快增长的需求来说有所滞后。

接下来对高铁开通时间动态效应进行检验，为了更清晰的反映高铁效应在长期中给城市医疗服务带来的影响及变化，根据样本城市高速铁路发展实际，本研究将动态效应的检验尺度扩大到九年期。结果报告在表4-4中。

表4-4　高铁发展的动态效应检验

变量	Medi	Medi
after0	−0. 236 [0. 1597]	−0. 298 * [0. 1339]
after1	−0. 546 *** [0. 1647]	−0. 457 ** [0. 1463]
after2	−0. 627 *** [0. 1661]	−0. 352 * [0. 1642]
after3	−0. 667 *** [0. 1732]	−0. 186 [0. 1822]
after4	−0. 538 ** [0. 1941]	0. 0265 [0. 2019]
after5	−0. 472 * [0. 2188]	0. 170 [0. 2163]
after6	−0. 359 [0. 2282]	0. 262 [0. 2277]
after7	−0. 0963 [0. 2416]	0. 552 * [0. 2665]
after8	0. 165 [0. 2495]	1. 163 *** [0. 3119]
after9	0. 121 [0. 2929]	1. 614 *** [0. 4070]
常数项	4. 295 *** [0. 1251]	1. 760 [6. 2348]
时间效应	控制	控制
个体效应	控制	控制
控制变量	不控制	控制
样本量	803	688
调整 R2	0. 5147	0. 5864

注：括号内为标准误差；*** 、** 、* 分别表示在1%、5%、10%的显著性水平。

从回归结果可以看出，在固定了时间地点双效应和控制了其他影响因素干扰之后，高铁开通当年及之后对城市医疗卫生公共服务的享有水平的负效应在开通后第四年转负为正，并在开通后第七年开始显现显著的正向效应。

具体来看，高铁开通当年就对城市医疗卫生服务的享有水平产生了冲击并通过了显著性检验，说明高铁开通带来的城市医疗卫生服务的拥挤效应是立竿见影的；开通后第一年负效应达到-0.457，并通过了5%的显著性检验；开通后第三年负效应减弱且只通过10%的显著性检验；到高铁开通第四年及之后，高铁开通对城市医疗卫生服务享有水平产生了正向影响并预期逐渐增强；在开通后第七年至第九年期间，高铁开通对于城市基本医疗卫生服务的正向效应呈现强劲驱动趋势，并在第九年达到1.614且通过了1%的显著性检验。此回归结果说明城市应重点关注高铁开通后当年及短期内的医疗卫生公共服务需求的快速增长，并在长期要提高城市医疗卫生公共服务供给水平。

综合以上分析，本书认为，在高铁开通以后，城市医疗卫生服务享有水平面临如下过程：（1）高铁开通之初，作为交通设施的重要改善，交通成本的优化促进产业布局的优化，产业布局的改变对城市人口布局产生了剧烈的影响，加上地区间通勤效率得到提高使人口流动和迁移加快，对城市基本医疗服务供给的稳定性产生一定的冲击，（2）在交通设施改善对城市基本医疗卫生服务的冲击之下，在高铁开通后短期时间内（样本城市的平均周期为第三年至第六年），城市财政可能会加大医疗卫生投入力度，通过引导社会资本支持医疗卫生事业发展、完善城市基础设施建设、城市新区建设和城市分区功能来引导人口合理布局等形式，来对冲高铁开通所产生的负效应，逐渐使人口规模发挥公共财政的成本分摊效应，形成公共服务供给的规模效应。（3）在高铁开通后的更长时间中（样本城市的平均周期为第八年及之后），高速铁路可能会给城市医疗卫生服务的供给和需求产生深远的正向影响，经过较长时间的发展，高速铁路节点城市趋向空间连片发展，资源和服务共享，集聚与扩散带来的经济活动、社会发展各方面的交流加快，教育医疗公共服务跨城共享逐渐加深，区域之间公共服务的供给趋向于交流与合作，区域间医疗事业发展逐步趋向于互补，各种功能性医疗机构蓬勃发展，人均所享有的医疗资源将会大大提高。

三、地区发展与医疗卫生服务供给差异

上文实证分析表明了高铁开通对城市的医疗卫生服务享有水平有较强的冲击效应，本部分试图探究异质性城市特征样本下的高铁效应，本部分的实证检验采用分样本检验法。

（一）城市规模异质性

首先，本书将样本城市划分为三类，进行城市规模异质性下分组检验，分析高铁开通对不同人口规模城市医疗卫生服务享有水平的影响。为了与研究期间相对应，城市分级标准主要遵循 2014 年《国务院关于调整城市规模划分标准的通知》中的标准，以各城市在样本期间平均人口规模为标准进行划分，将城区人口在 1000 万以上设定为超大城市，城区人口在 500—1000 万设定为特大城市，城区人口在 100—500 万设定为大城市，城区人口在 50—100 万设定为中型城市，20—50 万设定为小城市。因为本研究样本中小城市数量较少，所以将其与中型城市归为一类，分类为中小城市。最终，本研究中有超大城市 13 个，特大城市 18 个，大城市 15 个，中小城市 21 个，数量分布较为均衡。根据样本数整合后，本书发现，中小城市只有一个城市开通了高铁服务，数据不具有代表性，故本研究不对中小城市的异质性进行检验。表 4-5 汇报了高铁开通的直接效应回归结果。

表 4-5　分城市规模的高铁直接效应检验　（单位：千人）

变量	超大城市	特大城市	大城市
HSR	−0.618** ［0.2115］	−0.645** ［0.2088］	−0.156 ［0.1960］
常数项	3.993 ［13.4127］	13.22 ［10.2874］	13.29 ［10.4801］

续表

变量	超大城市	特大城市	大城市
控制变量	控制	控制	控制
时间效应	控制	控制	控制
个体效应	控制	控制	控制
样本量	143	217	170
调整 R^2	0.7582	0.6017	0.7230

注：括号内为标准误差；***、**、*分别表示在1%、5%、10%的显著性水平下拒绝原假设。

从回归结果可以看出，不同人口规模的城市高铁开通效应有比较明显的差异，对于超大城市与特大城市而言，高铁开通的直接效应显著为负，而大城市高铁开通的直接效应为正但不显著。

具体来看，对于超大城市而言，高速铁路对其基本医疗服务人均水平的冲击较为强烈，系数为-0.618，并通过了5%的显著性水平检验。本研究认为出现此研究结果的可能原因是，样本中超大城市包括全部直辖市城市、部分省会城市，直辖市与省会城市特有的高区域经济首位度①和高行政等级使其对人口保持着持续的吸引力，因此人口密度对于超大城市的医疗卫生服务享有水平产生了强烈的负向影响，即高铁开通带来的人口流入会通过增加需求明显降低本地区的医疗卫生公共服务水平。

对于特大城市而言，高铁开通的直接效应对医疗卫生服务享有水平有显著的负影响，影响系数绝对值超过超大城市。出现此研究结果的原因可能

---

① 参考2018年度省会城市经济首位度排名，样本中位列超大城市的省会城市大部分为经济首位度排名前50%的城市，如吉林省长春市以47.6%的首位度排名第2位，黑龙江省哈尔滨市以38.51%的首位度排名第4位，四川省成都市与湖北省武汉市均以37.72%的首位度列为第5位，辽宁省沈阳市以24.86%的首位度位列第16位等。

是，研究样本中的特大城市为部分经济首位度较弱的省会城市①或区域性经济实力较强、高铁通达性较强的城市。② 特大城市因其成熟的运转体系和城市布局，医疗卫生公共服务相对充足，外来人口流入会带来一定的拥挤效应，但是首位度较弱的省会城市吸引生产要素流入的能力要比首位度较强的省会城市弱，医疗卫生服务资源受到的外来冲击较小。高铁通达性较强的城市更容易促进区域内生产要素的流动和交换，在高速铁路网建设的过程中，省会城市往往承担着区域交通网络枢纽的角色，对外联结其他区域核心城市，对内通过城际高铁串联省内主要城市，更容易发挥省内医疗资源配置的联动作用；同时，在城市群建设中，多数城市群的首位城市均为省会城市，城市群内交通一体化建设支撑起城市功能的合理布局，引导人口合理分布，更容易疏解因为人口涌入带来的公共品拥挤效应。

（二）经济区域与行政层级异质性

一般认为，城市经济发展水平能够提升整体的综合发展能力，能够迅速提升区域内公共设施水平，有更高的人口容纳程度，进而推进区域高质量发展；城市的高行政层级会形成对人口长期迁移或短期流动产生持续的吸引力，其政府财政分权体制下事权财权匹配度较高，财政行为也会更有力，人口流入对医疗卫生公共服务所产生的拥挤效应与政府提供医疗卫生公共服务的改善效应的合力会更强。本书试图探究城市位于不同的经济区域对高铁开通效应的敏感程度是否有所区别，同时考虑到城市特殊的行政等级可能会对回归结果产生影响，在经济区域内部划分核心城市与非核心城市进行分组检

---

① 参考 2018 年度省会城市经济首位度排名，样本中位列特大城市的省会城市大部分为经济首位度排名后 50% 的城市，如山东省济南市以 10.27% 的首位度排名最末，河北省石家庄市以 16.89% 的首位度排名末数第 4 位，河南省郑州市以 21.11% 的首位度列为末数第 6 位，排在福建省福州市 21.9% 的首位度之后等。

② 参考 2018 年度统计数据和铁路总公司 12306 网站数据显示，如山东省各地级市 GDP 排名第 1 的青岛市内蒙古自治区各盟市 GDP 排名第 2 的包头市，又如江苏省徐州市，高速铁路线通达近 200 个城市，连通城市数量位列全国第 4。

验。本书所指核心城市为中国各省、自治区省会城市与四个直辖市，非核心城市为各省、自治区其他省辖地级市。[①]

为了直观地看出各经济区域内部不同行政等级城市的医疗卫生服务水平，本研究整理了样本期间内分经济区域分行政等级城市基本医疗卫生服务年均享有水平，同时还整理了四个区域不同行政等级城市的人口流速、人口密度、医疗卫生财政支出偏好三个方面的信息，为下面的分析提供参考。统计性描述数据报告在表4-6中。

表4-6　分区域、分政治等级城市重要指标均值描述

		核心城市	非核心城市
Medi	东部地区	6.261	4.912
	中部地区	7.479	4.584
	西部地区	7.054	4.565
	东北地区	5.927	5.560
Migr	东部地区	0.014	0.007
	中部地区	0.051	−0.021
	西部地区	0.011	−0.003
	东北地区	0.003	0.002
Lnpop	东部地区	6.980	6.566
	中部地区	6.623	5.913
	西部地区	5.623	5.551
	东北地区	5.856	5.304

---

① 本书东部地区城市包括：北京、福州、广州、杭州、惠州、济南、金华、济宁、南京、宁波、青岛、秦皇岛、泉州、上海、韶关、深圳、石家庄、唐山、天津、温州、无锡、厦门、徐州、扬州、烟台、湛江，其中核心城市为北京、福州、广州、杭州、济南、南京、上海、石家庄、天津；中部地区城市包括：安庆、蚌埠、常德、长沙、赣州、合肥、九江、洛阳、南昌、平顶山、太原、武汉、襄阳、宜昌、岳阳、郑州，其中核心城市为长沙、合肥、南昌、太原、武汉、郑州；西部地区城市包括：包头、北海、成都、重庆、桂林、贵阳、呼和浩特、昆明、兰州、泸州、南充、南宁、乌鲁木齐、西安、西宁、银川、遵义。文中所指核心城市为成都、重庆、贵阳、呼和浩特、昆明、兰州、南宁、乌鲁木齐、西安、西宁、银川；东北地区城市包括：长春、大连、丹东、哈尔滨、吉林、锦州、牡丹江、沈阳，其中核心城市为长春、大连、哈尔滨、沈阳。

续表

		核心城市	非核心城市
Expper	东部地区	0.068	0.075
	中部地区	0.067	0.094
	西部地区	0.064	0.092
	东北地区	0.067	0.065

为了更加清晰的判断高铁效应对不同经济区域城市的异质性影响，本书首先单独考察分区域高铁直接效应与动态效应，其次将经济区域异质性与是否为核心城市一起进行异质性分析，在研究区域间高铁效应异质性的同时也能够对区域内部不同行政等级城市的高铁效应异质性进行研究，实证结果报告在表4-7和表4-8中。

表4-7　分经济区域城市高铁直接效应与动态效应检验

变量	东部地区	中部地区	西部地区	东北地区
HSR	-0.373 [0.2100]	0.104 [0.2186]	-0.744^{**} [0.2635]	-0.821^{**} [0.2403]
rinves	0.0451^{***} [0.0049]	0.00158 [0.0013]	0.0305^{**} [0.0106]	-0.0380^{*} [0.0165]
lnpop	-3.362^{*} [1.3447]	-0.875^{**} [0.3237]	-0.401 [1.1419]	9.021^{**} [3.0271]
常数项	35.10^{*} [15.6982]	-9.564 [7.4140]	4.603 [11.9184]	-36.41 [20.3281]
时间效应	控制	控制	控制	控制
地区效应	控制	控制	控制	控制
控制变量	控制	控制	控制	控制
样本量	287	191	199	92
调整 R^2	0.5816	0.7478	0.5468	0.6663

注：括号内为标准误差；***、**、*分别表示在1%、5%、10%的显著性水平。

表 4-8 经济区域内分政治等级城市高铁直接效应检验

变量	东部地区		中部地区		西部地区		东北地区	
	核心城市	非核心城市	核心城市	非核心城市	核心城市	非核心城市	核心城市	非核心城市
HSR	0.342 [0.2712]	-0.619* [0.2968]	0.462 [0.3885]	0.0425 [0.2579]	-0.726* [0.2923]	-1.357* [0.5796]	-0.516 [0.3706]	-0.740* [0.2942]
常数项	97.90*** [15.3596]	-21.72 [24.4818]	-53.70*** [15.0053]	-0.695 [9.5565]	11.72 [16.7383]	-84.56* [41.5282]	-84.22 [45.1588]	-39.11 [28.7083]
时间效应	控制	控制	控制	控制	控制	控制	控制	控制
地区效应	控制	控制	控制	控制	控制	控制	控制	控制
控制变量	控制	控制	控制	控制	控制	控制	控制	控制
样本量	107	180	71	120	129	70	36	56
调整 R^2	0.8430	0.5336	0.8895	0.7521	0.6411	0.6592	0.8985	0.7895

注：括号内为标准误差；***、**、*分别表示在1%、5%、10%的显著性水平。

从回归结果可以看出，东部地区的高铁效应总体并不明显；分行政等级来看，非核心城市的医疗卫生服务享有水平对高铁开通的反应要比核心城市敏感，通过了10%的显著性检验。结合表4-7和表4-8，可以看出，样本里东部地区所有城市均呈人口流入态势，且核心城市的人口流速两倍于非核心城市，但核心城市的人口密度却没有显著高于非核心城市。综合回归结果和数据描述，本研究认为，东部地区的核心城市发展水平较高，高铁开通对于核心城市的人口密度有疏解作用，城镇化建设已开始由边缘向中心集聚过渡到中心向边缘扩散，随着高铁开通，城市沿铁路线进行扩张，人口就业分布与产业布局也发生变化，通勤时间的缩短使得城市边缘区与核心区空间距离被时间距离替代，这一过程对合理优化配置医疗卫生公共资源的作用明显，医疗卫生公共品的人均增长速度超过了拥挤度；而东部地区非核心城市有着相对中西部区域非核心城市较高的医疗卫生公共服务水平和较之东部核心城市较小的生活成本，人口也呈现净流入趋势（0.007），人口密度较大（6.566），医疗卫生公共品的拥挤程度超过了供给速度。本研究样本中东部非核心城市拥有不同的城市规模，有着不同的城市发展水平和财政规模，地理分布较均匀，能在很高程度上代表东部地区城市整体水平。总体而言，高铁开通后东部地区人均所享有的医疗卫生资源虽有下降但不显著。

中部地区城市的高铁效应也不显著，结合表4-8中所示，中部地区核心城市人口呈现净流入（0.051），人口密度较高（6.623），非核心城市人口为净流出（-0.021）。研究样本期间既是"四纵四横"高速铁路网建设关键时期，也是"中部崛起"战略实施初期，同样也是中部城市高速发展时期，高速铁路网的接入对劳动力的配置起到了调节作用，承担了在省内为中心城市输送劳动力、省际辅助东部发达城市对劳动力进行虹吸的双重作用，加之"四纵四横"建设在中西部地区路网规划较少，地形复杂，多数铁路线为分段施工分段通车运营，高速铁路速率较低，对普通铁路客运的替代性可能较弱，铁路线的联动效应相应减弱。因此，虽然人口规模相似，中西部城市比东部城市有更加弹性的空间满足增加的医疗卫生服务需求。

西部地区城市面临着比较显著的高铁效应，结合表4-8中对于西部核心城市和非核心城市相关指标的测算和样本城市特征可知，样本中西部地区城市多数为大中小城市，非核心城市人口规模本来就相对较小（5.551），人口密度也与核心城市大致相当，人口净迁移率为-0.03，总体呈现外流趋势；而核心城市常住人口呈现净流入的态势（0.011），在高铁开通后成为虹吸非核心城市主要劳动力的地区，常住人口的增加速度超越了医疗卫生服务供给增加速度，带来人均医疗卫生服务水平的降低。

东北部地区城市对高铁开通反应比较敏感，高铁效应达到-0.821，并通过了5%的显著性检验。东北地区面临着高铁发展对城市基本医疗卫生服务带来的持续性冲击的影响。但研究发现，人口密度的增加将会对东北地区的医疗卫生服务享有水平产生显著的正向影响。在产业转型的关键期，样本中东北地区城市在人口流动上表现为人口净流入（0.002—0.003），说明其可能正为其产业转型与可持续发展集聚人力资本，医疗卫生资源的压力较大；在工业化时代发展起来的城市城镇化水平较高，核心城市和非核心城市发展较为均衡，在高铁开通后通过建设高铁新城更容易发挥对人口密度的疏解作用，人口分布分散化也提高了对单位区域内医疗卫生机构数量及质量的要求。

（三）财政能力异质性

政府公共财政行为决定区域公共品的供给水平，显著影响居民福利水平。本部分检验不同城市的财政能力情形下，城市医疗卫生公共服务对高铁开通的敏感程度是否有差异。采用城市人均医疗卫生财政支出的增长率与城市人均 GDP 增长率的比值来衡量地方政府的财政能力，主要目的是检验财政因素是否与经济发展同步，对于城市医疗卫生公共服务有何影响。如果人均医疗卫生财政支出的增长率快于或等于城市人均 GDP 增长率，则定义为高财政能力，反之则为低财政能力。本书采用这一衡量指标的原因是，人均医疗卫生财政支出以常住人口来衡量，充分考虑了人口流动这一因素，若人均医疗卫生财政支出的增长率快于或等于城市人均 GDP 增长率，财政支出增长快于经济增长，表现出地方政府对医疗卫生公共服务的重视程度较高，其供给水平也较高。高铁效应的回归结果报告在表4-9中。

表4-9　分财政能力城市高铁直接效应检验

变量	高财政能力	低财政能力
HSR	−0.317** [0.1221]	−1.033*** [0.3059]
常数项	−1.126 [6.1514]	21.79 [13.7318]
时间效应	控制	控制
个体效应	控制	控制
控制变量	控制	控制
样本量	555	214
调整 R^2	0.6198	0.3459

注：括号内为标准误差；*** 、 ** 、 * 分别表示在 1%、5%、10%的显著性水平下拒绝原假设。

从回归结果可以看出，无论是有着低财政能力政府还是高财政能力政府的城市，高铁开通对其医疗卫生服务享有水平均表现出了负效应。不同的是，有着高财政能力政府的城市医疗卫生公共服务对高铁开通的反应系数为-0.317，且通过了5%的显著性检验；有着低财政能力政府的城市的医疗卫生公共服务对高铁开通的反应相对较为敏感，系数绝对值突破1，并通过了1%的显著性检验。这说明城市医疗财政支出增长越快于经济增长，其医疗卫生公共服务资源数量越充足，质量更高，更易消化人口跨区享受医疗卫生服务带来的医疗资源紧张，所以因高铁开通所带来的医疗卫生公共服务拥挤效应会相对减弱，在长期内有望对城市的医疗卫生供给水平产生正向影响。

四、公共服务供给的优化机制

基于前文的实证检验，高铁开通能够显著降低城市人均享有的医疗卫生公共资源，相对降低其供给水平。但长期而言，高速铁路的发展能够显著促进城市基本医疗卫生服务的供给水平。本节将依据理论分析中可能作用于医疗卫生服务享有水平的变量进行实证分析，检验高铁发展对医疗卫生服务享有水平的作用机制，试图找到能够更为准确和有效的方式，改善和提高城市医疗卫生服务享有水平。式4-4为高铁直接效应优化机制检验。

$$Medi_{it} = \beta_0 + \beta_1 HSR_{it} + \varphi D_{it} \times HSR_{it} + \alpha X_{it} + \gamma_t + \mu_i + \varepsilon_{it} \tag{4-4}$$

其中D_{it}表示i城市t年份的特征变量，在本研究中指人均医疗卫生财政支出水平（Lnrexp）、人口密度（Lnpop）与医疗卫生投资水平（Rinves）三个变量。φ为优化机制的变化系数，若系数β_1仍然显著且φ显著且为正，则优化机制成立。公式内其他参数含义同式4-1，其中，X_{it}为i城市t时期的其他控制变量，包括D_{it}所标识的城市特征变量。

$$Medi_{it} = \beta_0 + \beta_j after_j + \varphi_1 D_{it} \times after_0 + \varphi_2 D_{it} \times after_1 + \varphi_3 D_{it} \times after_2 + \varphi_4 D_{it} \times after_3 +$$
$$\varphi_5 D_{it} \times after_4 + \varphi_6 D_{it} \times after_5 + \varphi_7 D_{it} \times after_6 + \varphi_8 D_{it} \times after_7 + \varphi_9 D_{it} \times after_8 +$$
$$\varphi_{10} D_{it} \times after_9 + \alpha X_{it} + \gamma_t + \mu_i + \varepsilon_{it} \tag{4-5}$$

式 4-5 为高铁动态效应优化机制检验，其中，$after_{j(j=0\sim10)}$ 为高铁时间效应的虚拟变量，与 4-2 式中的含义相同。$\varphi_{j(1\sim10)}$ 为高铁动态效应优化机制系数，φ_j 若显著为正，则说明该城市特征变量在 j 这一年份产生了促进医疗卫生服务享有水平的优化作用。其他参数含义 4-1 式相同。接下来，利用样本数据对影响机制进行实证检验。直接效应的回归结果汇报在表 4-10 中，动态效应的回归结果报告在表 4-11 中。

表 4-10 高铁效应优化机制检验

变量	Medi	Medi	Medi
HSR	-2.785^{**} [0.9078]	-0.510^{***} [0.1202]	-1.074^{***} [0.2745]
HSR×lnpop	0.389^{**} [0.1459]		
HSR×rinves		0.00659^{***} [0.0013]	
HSR×lnrexp			1.074^{**} [0.3808]
常数项	3.626 [6.4567]	0.754 [6.3771]	1.646 [6.3617]
时间效应	控制	控制	控制
地区效应	控制	控制	控制
控制变量	控制	控制	控制
样本量	689	689	689
调整 R^2	0.5672	0.5633	0.5692

注：括号内为标准误差；$***$、$**$、$*$ 分别表示在 1%、5%、10% 的显著性水平。

表4-11 高铁效应优化机制检验

变量	Medi	变量	Medi	变量	Medi
lnpop×after0	−0.0269 [0.0219]	rinves×after0	0.0495** [0.0183]	lnrexp×after0	0.0325 [0.0909]
lnpop×after1	−0.0506* [0.0233]	rinves×after1	0.0434* [0.0179]	lnrexp×after1	−0.0248 [0.0938]
lnpop×after2	−0.0324 [0.0254]	rinves×after2	0.0587*** [0.0175]	lnrexp×after2	0.0310 [0.1032]
lnpop×after3	−0.00447 [0.0279]	rinves×after3	0.0666*** [0.0172]	lnrexp×after3	0.0792 [0.1136]
lnpop×after4	0.0271 [0.0305]	rinves×after4	0.0747*** [0.0169]	lnrexp×after4	0.122 [0.1226]
lnpop×after5	0.0305 [0.0327]	rinves×after5	0.0743*** [0.0165]	lnrexp×after5	0.219 [0.1296]
lnpop×after6	0.0457 [0.0344]	rinves×after6	0.0788*** [0.0163]	lnrexp×after6	0.274* [0.1333]
lnpop×after7	0.0902* [0.0404]	rinves×after7	0.0307*** [0.0068]	lnrexp×after7	0.348* [0.1547]
lnpop×after8	0.174*** [0.0470]	rinves×after8	0.0352*** [0.0073]	lnrexp×after8	0.647*** [0.1775]
lnpop×after9	0.237*** [0.0623]	rinves×after9	0.199*** [0.0266]	lnrexp×after9	0.899*** [16.3098]
常数项	2.257 [6.2479]		9.509 [25.4547]		−24.42 [16.3098]
时间效应	控制		控制		控制
地区效应	控制		控制		控制
控制效应	控制		控制		控制
样本量	688		688		688
调整 R^2	0.5838		0.4501		0.4713

注：括号内为标准误差；***、**、*分别表示在1%、5%、10%的显著性水平。

　　人口集聚度与高铁开通倍差项的交叉回归系数为正，并通过了5%的显著性检验。在高速铁路开通之初，人口流动和迁移加快导致地区人口结构发生改变，经济发展较快、交通通达性较好的城市吸引着劳动力大量涌入，对城市医疗卫生服务享有水平产生一定的冲击。在我国高铁建设的实践中，最初的高铁建设以联通省际大城市为主，在"四纵四横"建设的后期以及"八纵八横"的规划中，通过不断的技术攻坚，高铁建设逐渐向实现现有线路互联互通、省内城际交通网络与省际铁路主干线相连通、未通高铁地区零铁路线突破等实践转变，站点城市的增加使得更多的区域纳入生产要素交流配置的过程，各种高铁新城的建设以及较不发达地区因为高铁而逐渐发展起现代服务业和新兴制造业，改变着劳动力的配置方向，人口分布逐渐呈现均衡趋势。人口密度较大的城市，能够通过高速铁路线对产业的布局效应消解更多的劳动力就业需求，为了保障劳动者的民生进行更充分的医疗卫生服务供给，使劳动力创造更大的价值，反过来促进城市经济发展，形成更多税收来源，使政府在未来期间能以更多的一般预算收入、更大比例的民生支出投入到民生建设中，形成良性循环；人口密度较小的城市，高速铁路线的开通能够承接产业转移和劳动力就业，特别是资本和技术的流入能够给城市发展增添新的活力，减少本地人才外流。同时，人口规模的上升能够加快地方政府形成医疗卫生服务供给的最优财政规模，从而对地方政府的医疗卫生服务供给水平产生正向影响。

投资水平与高铁开通倍差项的交叉回归系数为正，且通过了1%的显著性检验。一方面，在城市医疗卫生服务的供给过程中，地方财政承担着对基本医疗卫生服务的供给职责。随着现代服务业的发展和公共服务精细化管理的要求，越来越多的社会资本涌入公共服务供给领域，兴办各种专业性的非营利性、营利性医疗服务机构，比如，私立妇产医院，私立眼科医院，口腔医院，各种专业体检机构，老年人医疗康养中心等等，形成对基本医疗服务强有力的补充。在高速铁路开通对城市基本医疗卫生服务人均水平产生负向影响、形成对于医疗服务的强大需求缺口的情况下，伴随着生产要素流动，资本和技术也会在市场竞争的力量下，流向最靠近市场需求的区域，形成对需求的有效满足。另一方面，每百平方公里的医疗卫生机构的增加通过提高居民医疗卫生服务的可及性，相应地提高了人均医疗卫生资源。

医疗卫生支出人均水平与高铁开通倍差项的交叉回归系数为正，且通过了5%的显著性检验。一般预算支出中的医疗卫生财政支出在医疗卫生公共服务供给中承担着主体地位，也是财政支出中民生性支出的重要组成部分，在一定程度上反映着地方政府的行政能力。在剔除了人口规模因素后，地方政府财政支出水平越高，就越能满足财政管辖范围内居民的医疗卫生需求，具有较高的财政效率与灵活度，从而能够缓解高铁开通对城市医疗卫生公共服务水平的冲击。

第三节　优化地方医疗卫生服务供给建议

高质量发展的新阶段，高铁发展更为迅速，地方政府既要重视高铁开通对医疗卫生服务需求的空间转移，也要重视高铁开通对城市医疗卫生公共服务水平的冲击，进一步增强医疗卫生资源的供给能力。地方政府在医疗卫生资源的供给模式上，应基于多中心城市的格局，从区域属地供给转向区域联动协同供给的模式，实现跨区域共享与融合。

一、完善财政分税体制，促进区域协同治理

城市间高铁建设加快了资源的空间流动和有效配置，带来信息流通、资源共享和服务共享，"同城化效应"带来居住就业的异地化、产业布局的同城化、交通的一体化、教育医疗公共服务的跨城共享等，为居民跨界享受基本公共服务提供了新通道。[①] 同时，也为城市间基本公共服务共享"网络化"提出了更高的要求。但在制度差异明显存在的情况下，传统的分权理论在我国财政分权体制的实践中催生出了如地方财政支出结构扭曲、公共服务财政支出不足等问题。中国的财政分权从属于行政集权，经济分权与垂直的

---

① 陶希东：《高铁时代中国大都市圈发展战略重建研究》，《现代城市研究》2010 年第 25 期。

政治治理体制并行，形成了独特的中国式分权。① 在这种情况下，一方面，中国的财政分权体制实质为一种特殊的政策激励，即在财政资源总体不足的现实下，为了达到以 GDP 为衡量指标的政绩考核目标，地方政府倾向于将有限的财政资源优先用于建设性支出而非民生性支出，导致地方医疗卫生等民生性公共品供给不足；② 另一方面，行政管辖权的分割也使得公共服务的供给出现地域分割的特点，形成"政策孤岛"效应。因此，在高铁快速发展的新发展阶段，应加快完善与之相匹配的制度，实现区域协同治理，优化医疗卫生等公共资源的配置格局。

第一，加快完善财权事权相匹配的财政机制，充分发挥地方政府财政自主性。构建与地方职能相匹配的地方税制，强化地方政府的激励机制，明确其提供医疗卫生等公共服务的社会责任，保证地方政府的财政权力与其医疗卫生等公共服务的事权相匹配，特别是要进一步明确省以下地方政府间的财政事权，有效提高城市医疗卫生服务供给水平。第二，设定"标准人"模式来完善人均财力均衡和公共服务享有均等化的转移支付制度。构建以常住人口规模为基准的转移支付标准。充分考虑流动人口的动态变化，调整财政资金支出结构和规模，提高资金使用效率。第三，加强区域协同治理，创新政府管理模式。充分发挥中心城市的带动作用，加快推进城市群同城化和基本公共服务一体化，实现医疗卫生资源的协同供给，从区域属地供给转向区域联动协同供给的模式，加快各城市之间医疗制度的相互衔接和重构，优化各城市间医疗卫生资源的配置格局。对于大规模和中等规模城市，应增强对流动医疗卫生服务需求的回应性；对于小规模城市，应在城市群一体化的进程中实现医疗卫生服务共建共享，提高城市医疗卫生资源供给的韧性。各城市要紧抓国家推进区域医疗中心建设的机遇，有效整合区域内现有资源，加快

---

① 周业安、章泉：《财政分权、经济增长和波动》，《管理世界》2008 年第 3 期。
② 付文林：《人口流动、增量预算与地方公共品的拥挤效应》，《中国经济问题》2012 年第 1 期。

形成区域医疗服务的"高地"。积极引导社会力量参与社会治理，提高人口流入城市医疗卫生等基本公共服务供给质量和水平，加快补齐人口流出城市医疗卫生服务短板弱项，提升规模效应。

二、发挥人才引流作用，带动区域高质量发展

要在城市竞争力、可持续发展与医疗卫生供给方面实现政策的平衡。医疗卫生等基本公共服务既是人口集聚的重要影响因素，也是城市竞争力的重要体现。高铁开通加速了中心城市和非中心城市之间的人口、资本等要素的自由流动，为促进城市间企业竞争和满足多元市场需求创造了重要条件。[①]当前我国已进入高质量发展的新阶段，各城市加快医疗卫生等公共服务的供给，既是满足人民日益增长的美好生活需要的本质要求，也是充分发挥各城市市场优势和内需潜力，构建国内国际双循环相互促进的新发展格局的必然要求。

第一，在区域铁路可达性总体提高的情况下，提高城市医疗卫生服务的供给能力，增强对高技能劳动力的吸引能力。随着社会经济环境的变化，民生性公共品供给不足产生的社会成本不断提高，资本和高技能劳动力结合正在改变政府支出的竞争模式，即从有利于物资资本的低税和公共投入，调整为兼顾物资资本和人力资本投入的低税和民生性公共品供给。[②] 因此，对于中小城市来说，城镇化发展必然要经历产业与人口向中心集聚的过程，在增加财政支出支持产业发展的同时，增加医疗卫生等民生性公共服务的财政支出，提升资本、人力资本等流动要素的集聚能力；对于大城市及以上规模的城市来说，要合理引导人口空间布局，均衡配置医疗卫生资源，加快高铁新城建设，疏解城市人口密度。

---

① 李兰冰、阎丽、黄玖立：《交通基础设施通达性与非中心城市制造业成长：市场势力、生产率及其配置效率》，《经济研究》2019 年第 12 期。
② 李永友：《转移支付与地方政府间财政竞争》，《中国社会科学》2015 年第 10 期。

第二，公共服务供给要动态适应人口空间流动趋势，提高城市医疗卫生服务供给的韧性。地方政府应高度重视医疗卫生服务在资源要素配置中的作用，完善公共卫生体系。加快变革引致地方政府财政支出偏向的体制性障碍，服务于地方政府对资本、人力资本等要素的竞争。要充分考虑到外来流动人口的需求，进一步提高城市的人口承载能力，增强流动人口，特别是高素质人才的居留意愿，以人才促进产业发展，进一步增强对高素质劳动力要素的市场需求，充分发挥高铁对人才引流的促进作用。

三、面向人民生命健康，加快医疗科技创新

科技自立自强是我国国家发展的战略支撑，其中"面向人民生命健康"，是我国坚持"科技为民"做出的新部署，也是我国医疗科技创新的重要方向。第一，要加快医疗领域技术创新。政府要充分发挥高铁开通引发的竞争激励机制，整合创新资源要素，增加科技创新投入，加强统筹协调、信息共享和创新合作，全面激发高校、科研院所在医疗领域的技术创新能力，统筹建设医学大数据中心、诊疗数据共享平台、医疗服务监管系统等新型基础设施，吸引社会资本积极投身重新发展，激活存量医疗资源，培育医疗健康服务新模式新业态，[①] 不断满足居民高质量医疗需求。同时，地方政府营造良好的营商环境，充分激活市场活力，合理引导社会资本参与医疗卫生健康领域的创新投入，引导资本合理配置，促进医疗企业科技创新。第二，提升医疗卫生资源的服务效能。要充分利用新一代信息技术，加快数字技术与医疗健康服务融合，推进"互联网+医疗"产品、服务和保障体系创新和建设，加快完善远程医疗服务，全国所有医疗联合体和县级医院全覆盖，并逐步向社区卫生服务机构、乡镇卫生院和村卫生室延伸，[②] 实现医疗卫生资源城乡、

---

① 马源、高太山等：《互联网医疗仍需包容审慎监管》，《经济要参》2020 年第 47 期，2020 年 11 月 25 日。

② 《国务院办公厅关于促进"互联网+医疗健康"发展的意见》（国办发（2018）26号），2018 年 4 月 28 日，中国政府网。

区域共享，以减少因高铁开通引发的"结构效应"。第三，加快完善"互联网+医保"政策。医保作为医疗支出风险平滑的财务机制，可以有效避免因接受必要的医疗卫生服务而面临的财务困难，保障全体人民都能获得医疗服务。加快推进互联网医院发展，实现互联网医保跨地域直接结算，有效提升"互联网+医疗"利用效率，有效对冲高铁开通对城市居民享有医疗服务水平产生的影响。

第五章　环境信息披露与地方环境公共品供给[①]

　　生态环境是重要的公共品。习近平总书记指出，大自然孕育抚养了人类，人类应该以自然为根，尊重自然、顺应自然、保护自然。我们要像保护眼睛一样保护自然和生态环境，推动形成人与自然和谐共生新格局。[②]"建设生态文明是关系人民福祉、关系民族未来的大计"。"良好生态环境是最公平的公共产品，是最普惠的民生福祉"。[③] 保护和改善生态环境，增强生态产品生产能力，有效增加环境公共品供给，是我国推进生态文明建设的重要任务。

　　我国历来重视生态环境的保护，特别是党的十八大以来，我国明确把生态环境保护摆在更加突出的位置，全面加强生态环境保护工作，将生态保护补偿制度、环境规制制度等作为推进生态文明建设的重要制度保障，在促进绿色、低碳、可持续发展方面做出了巨大的努力，对于推进生态环境公共品有效供给发挥了重要作用。"十四五"时期，我国生态环境保护步入以减污

[①]　本章部分内容取自文献 Haisen W., Gangqiang Y., 等（2022）。

[②]　2021 年 4 月 22 日，国家主席习近平在北京以视频方式出席领导人气候峰会并发表重要讲话，此为讲话内容节选。

[③]　中共中央文献研究室：《习近平关于社会主义生态文明建设论述摘编》，中央文献出版社 2020 年版。

143

降碳协同治理为重点的新阶段，向着实现高质量发展和生态环境质量持续改善协同共进的目标迈进。当前我国依然面临多领域、多类型、多层面生态问题，一些地方生态环境还在恶化，提供优质生态产品的能力在减弱，① 我国仍然面临由于经济增长所引致的环境质量改善压力的窘境，生态环保任重道远②。因此，激励地方政府增加环境公共品供给，完善环境治理体系，是我国绿色转型发展、建设生态文明、实现可持续发展迫切需要解决的重大现实问题。

第一节　信息披露影响环境公共品供给机理

"波特假说"认为，环境监管短期内可能会增加企业的负担，但从长远来看，环境规制将倒逼企业进行生产技术的创新和研发，以降低污染治理的成本，③ 有利于生态环境的改善。我国环境规制政策理念经历了从"污染防治观"到"生态文明观"的演变，政策类别则经历了从政府干预到市场激励，再到公众参与和全社会共同监督的演进。④ 即继使用命令控制型和市场监管型环境规制以尝试解决经济发展与环境保护之间的协调问题后，⑤ 我国

---

① 《十八大以来重要文献选编》（中），中央文献出版社 2016 年版，第 831 页。

② 《中华人民共和国国民经济和社会发展第十四个五年规划和 2035 年远景目标纲要》，人民出版社 2021 年版。

③ Yan Song, XiaoZhang, MingZhang. The influence of environmental regulation on industrial structure upgrading: Based on the strategic interaction behavior of environmental regulation among local governments, Technological Forecasting and Social Change, Volume 170, September 2021, pp. 1 - 12.

④ 张小筠、刘戒骄：《新中国 70 年环境规制政策变迁与取向观察》，《改革》2019 年第 10 期。

⑤ Xiqian, Cai, Yi, et al., Does environmental regulation drive away inbound foreign direct investment? Evidence from a quasi-natural experiment in China, Journal of Development Economics, 2016, 123, pp. 73-85.

已逐步进入以环境信息披露（EID）政策来解决环境污染的第三阶段。① 这种政策对于缓解信息不对称、提高环境治理与决策效率、引导民众监督以弥补政府执法不力等具有重要作用，标志着环境治理模式从信奉政府自上而下的法律规制向公开透明的多主体参与的里程碑式转变。

　　1986 年美国所建立的关于对不同污染物的公示制度，在十年间极大地降低了化学污染物的排放，成为 EID 政策的有效示范。EID 制度作为政府环境管理的一种新工具，有效解决了企业 EID 制度的短板，发挥了补充作用，标志着从传统的集中和自上而下的环境管理向透明、分散和参与性环境治理的重大改变。自《中华人民共和国环境保护法》② 推出以来，我国从法律层面首次明确了 EID 的概念；而直到 2002 年政府首个 EID 立法《广州市政府信息公开规定》③ 才开始试行，明确了政府应当依法履行信息主动披露的义务；随后又施行了《关于企业环境信息公开的通知》，这是中国首个企业层面的 EID 通知，要求各层级政府开展企业 EID 工作；2007 年《政府信息公开条例》也极大地推进了政府信息披露制度，扩大了主动公开的范围与深度，明确了政府信息披露与否的界限；自 2008 年 5 月 1 日中华人民共和国生态环境部公布《环境信息公开办法（试行）》以来，全国先后共有 120 个城市开展了长期的 EID 制度，随后 2014 年《国家重点监控企业自行监测及信息公开办法》开始试行后，要求重点监控企业必须开展自行监测，并主动发布环境信息，在这一文件中国家环境保护总局明确将环境信息划分为政府环境信息与企业环境信息，清晰定义了环境信息的概念、范围和程序，并且初次提出公民拥有向环境保护机构申请获取环境信息的权力。因此 EID 主要可以分为企业 EID 与政府 EID，前者主要通过披露企业有关环境的信息，

---

　　① 方颖、郭俊杰：《中国环境信息披露政策是否有效：基于资本市场反应的研究》，《经济研究》2018 年第 10 期。

　　② 1989 年 12 月 26 日，第七届全国人民代表大会常务委员会第十一次会议通过；2014 年 4 月 24 日，第十二届全国人民代表大会常务委员会第八次会议修订；自 2015 年 1 月 1 日起施行。

　　③ 2002 年 11 月 6 日第 11 届 108 次广州市政府常务会议讨论通过，自 2003 年 1 月 1 日起施行。

为投资者提供除去财务数据之外的其他投资依据，建立了除环境立法之外的对企业的无形股价惩罚机制；投资者会依据企业公布的环境信息适时的调整自身的投资决策以影响企业的股价，而违法企业依据投资者的投资行为来调整企业的环境治理投资，最终利用市场化机制达到改善环境的效果。后者指披露地方政府有关环境执法的监督力度，在逐渐将环境权重纳入地方官员的政绩考核趋势下，地方政府有动机做好环境污染治理监督管理。随后我国又依次颁布了多个类别有关 EID 的文件，逐步推进了 EID 的深度与广度，极大地保障和维护了在环境治理过程中公众的环保知情权、参与权、表达权和监督权。表 5-1 报告了我国 EID 方案的演变情况。

表 5-1　EID 政策演变

时间	方案名称	简要内容
1989 年	《中华人民共和国环境保护法（试行）》	从法律层面明确 EID 的概念
2003 年	《广州市政府信息公开规定》《关于企业环境信息公开的通知》	政府首个信息公开立法；首个企业 EID 通知，要求在全国范围内落实企业 EID 工作
2007 年	《政府信息公开条例》	极大推进了信息公开制度，拓展了披露的广度与深度
2008 年	《环境信息公开办法（试行）》	明确将 EID 划分为政府 EID 与企业 EID，清晰定义了环境信息的概念、范围和程序，并规定公民的环保知情权
2010 年	《上市公司环境信息披露指引》《环境保护公共机构信息披露实施办法（试行）》	进一步深化企业和环保机构积极环保观念
2014 年	《国家重点监控企业污染源监督性监测及信息公开办法》	规范环保监管机构，推动污染源监测信息披露
2015 年	《企事业单位环境信息公开办法》《环境保护公众参与办法》	保障民众和环保机构依法申请环境信息权
2018 年	《排污许可管理办法（试行）》	提出公民应当增强大气污染治理责任感，自觉履行环保义务，提高民众环保监督
2019 年	《环境影响评价公众参与办法》	极大保障了环境治理过程中公众的环保知情权、参与权、表达权和监督权

相比于传统的环境立法与环境规制手段而言，EID 具有低成本、高效率和全透明的比较优势。从物力的视角来看，传统环境规制一般由政府对企业的生产行为进行一定程度的干预，进而达到减少区域内的环境污染，但同时也会带来一定程度的经济损失。[1]　其次，EID 所引致的效率更高，其主要采取市场化的手段，将对污染企业和污染地区的筛选权交给投资者和民众，避免了可能出现的政府相关部门不作为或低效率。从以往的环境规制政策来看，即使中央下达了明确的违法处置措施，但地方官员出于对当地经济发展与自身政绩考虑，地方政府常常对一些重污染但产值较高的企业采取容忍处理，甚至引起一些在环境执法过程中的寻租腐败行为。

一、环境信息披露与环境公共品供给

国家治理的目的是将公共利益最大化，这必然离不开资源的有效配置，信息披露借助于政府和市场，影响着不同类型的资源流向合理的部门，进而影响着国家治理效果和地方政府的决策。我国的 EID 在立法与实践方面取得了长足的进步，其方式和渠道逐步多样化，但同时还存在发展不充分、不平衡的问题。现阶段关于 EID 的研究主要集中在基于企业视角的经验研究，[2][3][4] 很少涵盖对于地方经济行为的影响。分析地方环境公共品的供给问题不能仅仅考虑中央政府与地方政府之间的互动，其有效性在很大程度上还取决于环境供给方与环境受益方的有效互动，只有充分将居民的效应最大化问题放在首位，才能解决当前环境公共品供给的困境，而 EID 可以为此提供一个较好的信息交流平台。我国的 EID 政策由政府担任发起人与执行人，

①　涂正革、谌仁俊：《排污权交易机制在中国能否实现波特效应?》，《经济研究》2015年第 7 期。

②　吴红军、刘啟仁、吴世农：《公司环保信息披露与融资约束》，《世界经济》2017 年第5 期。

③　叶陈刚、王孜、武剑锋、李惠：《外部治理、环境信息披露与股权融资成本》，《南开管理评论》2015 年第 5 期。

④　史贝贝、冯晨、康蓉：《环境信息披露与外商直接投资结构优化》，《中国工业经济》2019 年第 4 期。

难免会波及政府自身利益，因此 EID 的真实性、充分性和及时性是否会受到任意操纵与垄断这个问题也被广泛质疑，①② 我国民众常常认为所接收到的环境信息是滞后的、不完整的，甚至是虚假的，这种理解可能会导致对于政府信任的缺失。

EID 可以促进对环境公共品供给。EID 不仅仅包括自上而下的单向信息输送渠道，如官方的年度报告与新闻报刊，民众不只是作为静态与被动的信息接收者，还被赋予了更多的互动机会，允许与信息提供者增加互动。例如参加涉及环保问题的公开研讨会，并与相关环境部门负责人面对面交流意见，这种双向互动使有关公民与环境当局能够同时发挥激励环境治理的积极作用，这些过程均必须以披露的环境信息作为判断依据，反过来也增加了公民的环境责任感与环境治理参与度，变相地向政府施加了环境治理的压力。公众参与是推动环境信息公开的重要因素，发达地区的公众一般而言也有更高的环境需求，这种需求将会增强地方政府供给环境公共品的积极性。而政府主动披露环境信息的行为在无形中向民众树立了良好的环境履责形象，由于棘轮效应的存在，政府在来年会继续增加环保投资以保持这种形象的可持续性。同时，由于示范效应，其他地方政府也会受那些主动进行 EID 政府的影响，从而披露自身的环境信息。然而环境信息的高质量披露并非凭空捏造，需要政府合理的公共服务支出倾斜，以足够的环保投资为基础。

二、环境信息披露、 外商资本与环境公共品供给

EID 通过降低外商资本进而促进对环境公共品供给。外国直接投资不但是促进各国之间更密切的经济相互依存的力量之一，还曾一度被认为是我国

---

① Mol A P. J. , "The Lost Innocence of Transparency in Environmental Politics" Transparency in Global Governance, Critical Perspectives. 2014.

② Zhang L., Mo A., He G., "Transparency and information disclosure in China's environmental governance", Current Opinion in Environmental Sustainability, 2016, 18, pp. 17-24.

创造的经济增长奇迹背后的关键驱动因素,① 但外国直接投资流量的迅速增加在东道国引起了关于其环境和社会影响的大量辩论。先验研究表明,在 20 世纪 90 年代的西方国家,跨境摩擦会增加母公司及其子公司之间进行监管的成本,例如地理和文化差异等跨境摩擦使得母公司领导者很难激励子公司经理评估他们的行为,② 针对这一信息不对称与代理问题所产生的摩擦成本,研究者提出了利用外部信息机制的治理框架。③ 外部信息指的是在子公司运营的环境中,相关公司以及信息中介机构所披露的信息质量和数量,很大程度上是对内部治理系统的额外补充,外国母公司虽然在直接参与子公司领导层决策上存在难处,然而可以借助外部信息系统来监控和评估子公司的决策,达到间接参与其子公司决策过程的目的,这一结果也将直接影响到东道国子公司的效率提升与地区的整体产业结构升级。对于从依赖政府资源分配过渡到市场化分配的发达经济体而言,环保战略的信息披露对于 FDI 的吸引力相比于发展中国家而言更为有用。经验证明,FDI 更加倾向于入驻环境管理体系认证(ISO14001)更多的国家。

　　然而在我国,这一机制的作用或会呈现出另一种变化。我国的上市企业倾向于披露诸如战略性环境规划和难以验证的描述性信息,而非减少消耗和污染的披露;④ 每当中央政府颁布来年或下一个战略时期内环境污染治理的目标任务,地方政府都会竞相公布更加严格的治理要求,但实际上地方政府往往更倾向于披露正面的环境治理成功案例,而非环境污染的负面信息,其

---

　　① 朱平芳、张征宇、姜国麟:《FDI 与环境规制:基于地方分权视角的实证研究》,《经济研究》2011 年第 6 期。

　　② Roth, K., and O'Donnell S., "Foreign subsidiary compensation strategy: An agency theory perspective", Academy of Management Journal, 1996, 39 (3), pp. 678-703.

　　③ Shroff N., Verdi RS, and Yu G., "Information Environment and the Investment Decisions of Multinational Corporations", Accounting Review, 2014, 89 (2), pp. 759-790.

　　④ Campbell D., "A longitudinal and cross-sectional analysis of environmental disclosure in UK companies—a research note", British Accounting Review, 2004, 36 (1), pp. 107-117.

目的是避免提升引资风险，公开的环境战略与其实际环境行为却难以匹配。①

　　从企业层面来看，主动地进行 EID 会额外增加企业运行过程中的治理成本与合规成本，更甚之，企业被动披露正向环境信息与有偏的环境信息，导致市场投资者的投资决策出现偏误，并使得证券分析师的经济预测失效，进而引起低效率的资源配置。从地方政府的层面来看，主动地公布环境信息会向外资市场发送高成本的投资信号。经验证据表明，外国投资者的决策会直接受环境规制水平和环境披露信息的影响，对于地方政府为达到招商引资的目的而竞相降低环境标准的行为并不少见，尤其是在经济落后地区的官员更加倾向于以较低的环境规制力度来进行招商引资，反之则会降低外商资本的入驻意愿。对于地方政府支出的公共品而言，主要可以分为经济性公共品与非经济性公共品，前者包括直接服务于经济发展的生产性公共品，以基础设施建设为主，如地铁、港口、机场和城市道路等。在不发达地区进行大规模招商引资的背景和追求 GDP 增长的战略目标驱使下，我国除了对外资企业给予大规模的税收减免与政策扶持之外，另一种做法就是通过完善基础设施配置以改善区域整体的投资环境。因此，以经济性公共品支出为主的财政支出模式逐步形成，但同时也不可避免地造成社会性或非经济性的公共服务支出缺位，地方政府关于招商引资的策略性竞争，将使得地方官员在任期内更加倾向于将财政支出用于可以直接带来经济效益的生产性基础设施建设。其次，对于外资企业的过分税收减免与政策扶持将间接的影响政策财政预算，间接地挤出社会性公共品的投入，尤其是环境公共品。

三、环境信息披露、腐败程度与环境公共品支出

　　腐败被定义为滥用公职谋取私利，是发展中国家政治经济的突出特征。据联合国统计，每年腐败、贿赂和逃税等行为给发展中国家造成的损失至少

---

　　①　李哲：《"多言寡行"的环境披露模式是否会被信息使用者摒弃》，《世界经济》2018年第12期。

为 1.26 万亿美元，然而这些资金原本可以被更好地分配给公共服务领域和反贫困计划。腐败具有负面的社会影响，使得民主和法治受到威胁，破坏了市场协调，加剧了人们对政府官员的不信任。腐败通常与不良治理有关，但政府信息透明度被视为腐败的反面，以往研究考虑了政府信息披露对于腐败的抑制作用，认为只有充分了解政府行为，才能对政府进行有效监督。但两者之间的内生性因果关系却受到质疑，① 这一逻辑成立的前提是政府信息披露的准确性，如果腐败行为本就存在于 EID 的前期，那么政府所公开的信息将无法为公众监督腐败提供参考依据。

对于企业或者地区 EID 制度的有效执行始终广受诟病，当企业试图使其组织实践（譬如环境披露）与特定组织领域中的制度化规范保持一致时，会表现出同构性。② 迪马吉奥和鲍威尔（1983）基于新制度理论确定了同构压力的三种特定类型——强制性、规范性和模仿性。③ 当企业被迫遵守强大的外部利益相关者强加的某些组织惯例时，就会产生强制性同构；当企业的组织实践与集体社会规范所倡导的行为保持一致，则会产生规范性同构；出于一种比较性的行为压力，企业要遵循竞争对手的做法，尤其是组织领域内的领导者，此时便会产生模仿性同构。现有关于腐败与信息披露的文献鲜有直接对政府的研究，本节从企业的相关文献为这一视角提供借鉴。官峰等（2018）曾以 24 位官员落马作为一次准自然实验，研究了当腐败的政商关系不复存在之后企业的股价同步性和分析师预测准确度均有明显改善。④ 政商企业在主观上有隐藏企业信息、降低企业信息披露质量的强烈动机，导致分

---

① Peisakhin L., Pinto P., "Is transparency an effective anti-corruption strategy? Evidence from a field experiment in India", *Regulation & Governance*, 2010, 4 (3), pp. 261–280.

② Castelló I., Lozano J. M. "Searching for New Forms of Legitimacy Through Corporate Responsibility Rhetoric", *Journal of Business Ethics*, 2011, 100 (1), pp. 11–29.

③ DiMaggio, P., & Powell, W. W., "The iron cage revisited: Col-lective rationality and institutional isomorphism in organisational fields", *American Sociological Review*, 1983, 48 (2), pp. 147–160.

④ 官峰、王俊杰、章贵桥：《政商关系、分析师预测与股价同步性——基于腐败官员落马的准自然实验》，《财经研究》2018 年第 7 期。

析师获取信息难度加大，进而引起预测准确度的下降。此外，存在腐败政商关系的企业中还会有选择性地进行信息披露，并且政府高层也会主动地将企业信息有筛选性地分发给能够迎合企业需求的分析师，这种主观选择加剧了企业在交易市场中的信息不对称性。①②

依据前面有关企业政商关系与会计信息质量相关研究的论述，腐败的存在降低了信息披露的质量，在强制性同构与模仿性同构的产生过程中，中国公司的经理倾向于操纵会计披露信息，以掩盖其与剥夺某些利益相关者的机会主义行为，而这种行为与腐败程度高度相关，从而导致信息透明度和问责力度的下降。③ 从地方政府的视角来看，当中央颁布的 EID 政策与地方的长短期经济目标相符合，那么地方政府倾向于公布真实可靠的环境信息；如果政策限制地区当前发展导向，那么地方政府有动机采取逃避、遮掩和腐败手段以公布虚假或者不完全的信息披露。经验证据表明，在腐败程度较低的地区有可能提供更高水平的 EID。④ 换言之，在腐败现象较为严重的地区，企业或者政府更有动力和可能性去公布符合利益相关者（一般是中央政府）目的的环境信息，导致低效率和无参考依据的信息公开，此时 EID 对于环境公共品供给的激励机制往往是失效的。总体而言，腐败程度越高的地方，EID对于环境公共品供给的促进作用越弱。

---

① 赵良玉、李增泉、刘军霞：《管理层偏好、投资评级乐观性与私有信息获取》，《管理世界》2013 年第 4 期。

② 白晓宇：《上市公司信息披露政策对分析师预测的多重影响研究》，《金融研究》2009年第 4 期。

③ Lourenco I C., "Rathke A., Santana V., et al., Corruption and earnings management in developed and emerging countries", *Corporate Governance International Journal of Business in Society*, 2018, 18 (1), *pp.* 35–51.

④ Beltratti A., Stulz R. M., "The Credit Crisis around the Globe: Why Did Some Banks Perform Better", *Journal of Financial Economics*, 2012, 105 (1), *pp.* 1–17.

第二节 环境信息披露影响实证结果和机制

一、实证策略[①]

(一) 主要变量与指标体系构建

被解释变量:现有研究常用城市的环境污染治理投资来表示环境公共品支出,环境污染治理投资包括城市环境基础设施建设投资、"三同时"环保投资和工业污染源治理投资。由于"三同时"环保投资数据多用于省份层面的研究,从城市层面来看较为稀缺,因此本书主要从城市环境基础设施建设投资与工业污染治理投资两个维度来考虑城市环境公共品投资。其中前者主要包括燃气、集中供热、排水、园林绿化、市容环境卫生,本书借鉴韩峰和李玉双 (2019) 计算公共服务支出中关于环境基础设施建设投资的指标体系并加以调整,[②] 选用绿化、水电煤气和环保环卫共三个三级指标来综合衡量城市环境基础设施建设投资。具体来看,绿化采用人均园林绿地面积和建成区绿化覆盖率来表示;借鉴徐超等 (2020) 的研究,[③] 水电煤气采用人均供水量、人均用电量、人均煤气用量和人均液化石油气用量来表示;环保环卫采用人均生活垃圾处理量和人均生活废水处理量来表示。其次,相比于账面上的财政投入金额,当地的污染治理状况更能真实地反映政府在环境污染投

---

① Haisen Wang, Gangqiang Yang, Xiao Ouyang, Ziyi Tan, Does environmental information disclosure promote the supply of environmental public goods? Evidence based on a dynamic spatial panel Durbin model, Environmental Impact Assessment Review, 2022, Volume 93, pp1–14。

② 韩峰、李玉双:《产业集聚、公共服务供给与城市规模扩张》,《经济研究》2019 年第 11 期。

③ 徐超、庞雨蒙、刘迪:《地方财政压力与政府支出效率——基于所得税分享改革的准自然实验分析》,《经济研究》2020 年第 6 期。

入上的实际效果,① 因此本书更多地从环境治理的产出端来考虑工业污染源治理投资，主要采用工业二氧化硫去除量、工业烟尘去除量和工业固体废物综合利用率来表示。本书基于表 5-2 中的指标体系并使用主成分分析（PCA）对被解释变量环境公共品供给进行测算。

表 5-2 环境公共品供给指标体系

一级指标	二级指标	三级指标	四级指标	单位
环境公共品供给	城市环境基础设施建设	绿化	人均园林绿地面积	公顷/万人
			建成区绿化覆盖率	-
		水电煤气	人均供水量	吨/人
			人均用电量	千瓦时/人
			人均煤气用量	立方米/人
			人均液化石油气用量	吨/万人
		环保环卫	生活垃圾无害化处理率	-
			城镇生活污水集中处理率	-
	工业污染源治理	污染治理状况	工业二氧化硫去除量	吨
			工业烟尘去除量	吨
			工业固体废物综合利用率	-

核心解释变量：由于城市环境信息指数披露起始于 2008 年，共涉及 120 个城市，且大多为省会或经济发达城市，因此所得出的 EID 程度难以反映全国整体水平，涵盖城市数量较少，所得结论不具有普适性；此外，地方政府所公布的 EID 指数与环境公共品支出皆属于政府行为，探究同一个体的一种行为对另一种行为的激励作用是无意义的。故本研究使用我国 2008—2018 年上市公司环境披露数据，在计算得出各个公司 EID 水平后，依据上市公司

① 毛捷、赵金冉：《政府公共卫生投入的经济效应——基于农村居民消费的检验》，《中国社会科学》2017 年第 10 期。

所在城市匹配计算获得共 202 个城市上市公司 EID 水平的均值,以此来表征各城市的整体 EID 水平。用于计算企业 EID 的指标体系如表 5-3 所示,本书将公司披露的环境信息分为环境负债披露、环境管理披露、环境监管与认证披露、环境信息披露载体、环境业绩与治理披露共 5 个维度,共 30 个三级指标,其中每个指标分别赋值 0—1 分或者 0—2 分,赋值 0—1 分代表披露为 1,未披露为 0,赋值 0—2 分代表无描述为 0,一般定性描述为 1,定量描述为 2,分值越高,代表披露程度越大。随后借鉴毕茜等(2012)的做法,[①]将各企业三级指标的得分加总并除以最大得分,并求得各个城市中所有上市公司的 EID 水平均值,用以表示城市 EID 水平。

表 5-3　EID 指标体系

一级指标	二级指标	三级指标	最大得分
EID 水平	环境负债披露	废水排放量	2
		COD 排放量	2
		SO_2 排放量	2
		CO_2 排放量	2
		烟尘和粉尘排放量	2
		工业固废物产生量	2
	环境管理披露	环保理念	1
		环保目标	1
		环保管理制度体系	1
		环保教育与培训	1
		环保专项行动	1
		环境事件应急机制	1
		环保荣誉或奖励	1
		"三同时"制度	1

---

① 毕茜、彭珏、左永彦:《环境信息披露制度、公司治理和环境信息披露》,《会计研究》2012 年第 7 期。

一级指标	二级指标	三级指标	最大得分
EID 水平	环境监管与认证披露	重点污染监控单位	1
		污染物排放达标	1
		突发环境事故	1
		环境违法事件	1
		环境信访案件	1
		是否通过 ISO14001 认证	1
		是否通过 ISO9001 认证	1
	环境信息披露载体	上市公司年报	1
		社会责任报告	1
		环境报告	1
	环境业绩与治理披露	废气减排治理情况	2
		废水减排治理情况	2
		粉尘、烟尘治理情况	2
		固废利用与处置情况	2
		噪声、光污染、辐射等治理	2
		清洁生产实施情况	2

中介变量：外资利用水平（FDI）。以往学者曾用城市使用外资金额来衡量外资利用水平，[1] 但本书所讨论的外资利用更大程度上是一种对外资依赖程度，依靠外资过多的地区往往才会挤压对于环境公共品的供给，对外资的依赖程度不等同于外资的绝对利用水平，东部地区虽然对于外资利用的依赖度不高，然而东部的外资利用绝对水平却整体高于中西部地区，且对于环境公共品的投资程度却不一定弱于中西部地区。因此，使用外资利用的绝对水平来衡量 FDI 有失偏颇。本书选用城市当年实际使用外资金额占 GDP 的比

---

① 朱平芳、张征宇、姜国麟：《FDI 与环境规制：基于地方分权视角的实证研究》，《经济研究》2011 年第 6 期。

重来定义，中国城市统计年鉴中公布的外资单位为万美元，与 GDP 公布单位不一致，故使用每年的实际汇率进行换算。

调节变量：地区腐败程度（cor）。由哈佛大学肯尼迪政府学院阿什民主治理与创新中心发布的《理解中国共产党韧性：中国民意长期调查》，对于来自中国城市和农村的 3 万多人进行了面对面访谈，其中就涵盖了民众对于中国政府控制腐败的认可程度这一问答的披露，理论上该数据可为本书的研究提供较好的数据支持。然而该中心公布的相关数据截至 2016 年，而本书的数据跨度为 2008—2018 年，因此并不适用。本书参考张军等的研究，[①] 使用每万公职人员贪污贿赂案件立案数，作为地区腐败程度的代理变量，其值越大，表示腐败程度越高。

控制变量：（1）财政集中度（fin），财政预算内支出很大程度上反映了政府供给公共品的能力，而绝对支出水平不能反映出对于地方政府的公共品支出结构偏向的影响，[②] 因此使用财政预算内支出占地区生产总值的比重来衡量财政集中度。（2）人口规模（pop），地区人口越多的地方，对于环境公共品支出的需求越旺盛，因此采用地区年末总人口来衡量。（3）人口密度（den），人口集中区相对于郊区而言，政府提供同等环境公共品的单位机会成本与消耗成本更高，人口密集区对于公共服务的需求也越大（张征宇和朱平芳，2010），[③] 故采用城市人口数与城市面积的比值来衡量人口密度。（4）城市化率（urb），城市化率高的区域往往也是人口越密集的地区，该区域的基础设施相对而言较为完善，但往往存在环境公共品支出不均衡的现象，故采用非农业人口与年末总人口的比值来衡量城市化率。

根据前文的论述可知，在公共服务领域，除环境公共品支出外，还有教

---

① 张军、高远、傅勇、张弘：《中国为什么拥有了良好的基础设施?》，《经济研究》2007年第 3 期。

② 张琦、郑瑶、孔东民：《地区环境治理压力、高管经历与企业环保投资——一项基于〈环境空气质量标准（2012）〉的准自然实验》，《经济研究》2019 年第 6 期。

③ 张征宇、朱平芳：《地方环境支出的实证研究》，《经济研究》2010 年第 5 期。

育、医疗、文化、邮电通信和城市交通等支出,对于这五种公共服务支出的比例,将会直接影响到政府支出环境公共品的决策,故还选用了以下五种公共品支出作为控制变量。(5)教育支出(edu),以往研究大多使用城市教育支出费用来衡量教育公共品的支出力度,然而这种做法难以有效反映地级市的教育均等化水平,鉴于我国地级市政府主要负责中小学的教育支出,[1] 因此采用教育支出费用与中小学在校学生数来衡量人均教育支出水平。(6)医疗支出(med),为更综合考量医疗支出水平,本书借鉴夏怡然和陆铭(2015)的研究,使用人均病床数、人均医生数和人均医院数的主成分分析测得的综合得分来衡量城市医疗支出。[2] (7)文化支出(cul),采用人均公共图书馆藏书量来衡量。[3] (8)邮电通信支出(tel),采用每万人移动电话数来衡量。[4] (9)城市交通支出(tra),采用人均城市道路面积来表示。[5] (10)产业结构(str),产业结构较为合理的地区,当地政府公共品支出的压力就越大,优质有效的公共服务与区域制造业转型升级相辅相成,[6] 故采用第三产业占地区生产总值的比重来衡量。(11)人均收入(wag),在人均收入较高的地区,人们追求生活满足感的愿望就越强,对于生活环境的质量要求就越高,因此采用职工平均工资来衡量。为排除随时间变化而变化的遗漏变量对结果可能产生的干扰,控制了年份固定效应;为排除随城市变化而变化的遗漏变量对结果的干扰,还控制了个体固定效应。综上所述,表5-4

---

① 周亚虹、宗庆庆、陈曦明:《财政分权体制下地市级政府教育支出的标尺竞争》,《经济研究》2013年第11期。

② 夏怡然、陆铭:《城市间的"孟母三迁"——公共服务影响劳动力流向的经验研究》,《管理世界》2015年第10期。

③ 陈诗一、张军:《中国地方政府财政支出效率研究:1978—2005》,《中国社会科学》2008年第4期。

④ 唐齐鸣、王彪:《中国地方政府财政支出效率及影响因素的实证研究》,《金融研究》2012年第2期。

⑤ 梁若冰、汤韵:《地方公共品供给中的Tiebout模型:基于中国城市房价的经验研究》,《世界经济》2008年第10期。

⑥ 郭庆旺、贾俊雪:《政府公共资本投资的长期经济增长效应》,《经济研究》2006年第7期。

报告了研究所需指标体系。

表 5-4　指标体系

变量	变量含义	表示方法	变量名称	单位
被解释变量	环境公共品支出	主成分分析综合指数	env	—
核心解释变量	环境信息披露	城市所有上市公司环境披露均值	eid	—
		污染信息透明度指数	gov	—
		政府重视度	imp	次
中介变量	外资利用水平	实际使用外资金额/GDP	fdi	—
调节变量	腐败程度	每万公职人员贪污贿赂案件立案数	cor	件/万人
工具变量	客观媒体关注度	其他城市对于某城市上市公司的负面媒体关注度总数	iv1	百万条
	网络媒体关注度	各城市上市公司媒体关注度	iv2	条
控制变量	财政集中度	地方财政预算内支出/GDP	fin	—
	人口	年末总人口数	pop	ln（万人）
	人口密度	人口/面积	den	万人/平方公里
	城市化率	非农业人口/总人口	urb	%
	人均教育支出	教育支出费用/中小学在校学生数	edu	万元/人
	医疗支出	人均病床数、人均医生数和人均医院数的主成分分析得分	med	—
	文化支出	每人公共图书馆藏书量	cul	百本/人
	邮电通信支出	每万人移动电话	tel	部/万人
	城市交通支出	人均城市道路面积	tra	百平方米/人
	产业结构	第三产业占 GDP 比重	str	%
	人均收入	职工平均工资	wag	万元

（二）基准模型

使用传统计量模型可能会忽视模型中的空间相关性，而空间杜宾模型包含了因变量和自变量的空间滞后项，是最适合捕捉不同类型空间溢出效应的通用起点，[1] 曾被称为是空间计量发展史上的里程碑式突破，[2] 可以很好地解决此类问题。其次，考虑到环境公共品供给可能存在路径依赖的特征，地方政府会将往年公共品支出水平作为当年的公共品支出参考依据，因此本书将环境公共品支出的滞后一期引入，同时考虑到空间计量模型关于内生性问题的解决常常不尽人意，因此最终选用动态空间面板杜宾模型进行分析，该模型不仅用于检验因变量对本地和周边城市的影响，还用于检验时间依赖性和空间依赖性。具体模型设定如下：

$$env_{it} = \beta_0 + \beta_1 env_{it-1} + \delta_1 \sum_{i=1}^{n} w_{ij} env_{it} + \beta_2 eid_{it} + \delta_2 \sum_{i=1}^{n} w_{ij} eid_{it} + \beta_3 fdi_{it} + \delta_3 \sum_{i=1}^{n} w_{ij} fdi_{it} +$$

$$\beta_4 x_{it} + \delta_4 \sum_{i=1}^{n} w_{ij} x_{it} + \mu_t + \mu_i + \varepsilon_{it} \qquad (5-1)$$

其中，i 代表城市，t 代表年份，env 代表被解释变量，env_{it-1} 代表滞后一期的环境信息披露，eid 代表解释变量，fdi 代表中介变量，x 代表其他控制变量，β_0 代表常数项，β_1—β_4 分别为溢出项的回归系数，μ_i 代表个体固定效应，μ_t 代表时间固定效应，w 代表空间权重矩阵，借鉴严雅雪和齐绍洲（2017）的研究，[3] 本书定义的空间权重矩阵为 w，即两城市地区生产总值差值加 1 的倒数。

$$w = \begin{cases} 1/(gdp_i - gdp_j + 1), & i \neq j \\ 0, & i = j \end{cases} \qquad (5-2)$$

本书采用中介效应模型来检验外商资本利用在环境信息披露促进环境公共品供给这一环节中的中介作用，构建模型如下：

$$env_{it} = \varphi_0 + \varphi_1 env_{it-1} + \theta_1 \sum_{i=1}^{n} w_{ij} env_{it} + \varphi_2 eid_{it} + \theta_2 \sum_{i=1}^{n} w_{ij} eid_{it} + \varphi_3 x_{it} + \theta_3 \sum_{i=1}^{n} w_{ij} x_{it} +$$

$$\mu_t + \mu_i + \varepsilon_{it} \qquad (5-3)$$

① 田相辉、张秀生：《空间外部性的识别问题》，《统计研究》2013 年第 9 期。

② Elhorst J. P.，"Applied Spatial Econometrics：Raising the Bar. Spatial Economic Analysis"，2010，5（1），pp. 9-28.

③ 严雅雪、齐绍洲：《外商直接投资与中国雾霾污染》，《统计研究》2017 年第 5 期。

$$fdi_{it} = \chi_0 + \chi_1 env_{it-1} + \pi_1 \sum_{i=1}^{n} w_{ij} env_{it} + \chi_2 eid_{it} + \pi_2 \sum_{i=1}^{n} w_{ij} eid_{it} + \chi_3 x_{it} + \pi_3 \sum_{i=1}^{n} w_{ij} x_{it} +$$
$$\mu_t + \mu_i + \varepsilon_{it} \tag{5-4}$$

公式（5-3）和公式（5-4）需结合公式（5-1）方能证明中介效应，第一步，首先检验方程（5-3）和公式（5-4），若公式（5-3）中 φ_2 和公式（5-4）中 χ_2 均显著，才能以公式（5-1）中的回归系数作为判断依据；公式（5-1）中，若 β_4 显著，而 β_2 不显著，则证明不存在直接效应，而存在完全中介效应；若 β_4 和 β_2 均显著，则直接效应与中介效应均存在，为部分中介效应。

本书采用调节效应模型以识别腐败程度对于环境信息披露促进环境公共品支出这一环节中的调节作用，模型构建如下：

$$env_{it} = \eta_0 + \eta_1 env_{it-1} + \rho_1 \sum_{i=1}^{n} w_{ij} env_{it} + \eta_2 eid_{it} + \eta_3 cor_{it} + \eta_4 eid\_cor_{it} + \rho_2 \sum_{i=1}^{n} w_{ij} eid_{it} +$$
$$\eta_5 fdi_{it} + \rho_3 \sum_{i=1}^{n} w_{ij} fdi_{it} + \eta_6 x_{it} + \rho_4 \sum_{i=1}^{n} w_{ij} x_{it} + \mu_t + \mu_i + \varepsilon_{it} \tag{5-5}$$

公式（5-5）中，cor 代表腐败程度，eid_cor 代表 EID 指数与腐败程度的交互项，本书主要关注 η_2 和 η_4 的大小，η_2 代表主效应，η_4 代表调节效应。一般而言，调节变量的回归系数 η_3 不作为参考依据。具体来看，当主效应为正，表明核心解释变量会促进被解释变量，此时若调节效应为负，则调节变量会抑制主效应中的促进作用；当主效应为正，调节效应为正，则调节变量会促进主效应中的促进作用；当主效应为负，调节效应为负，则调节变量会促进主效应中的抑制作用；当主效应为负，调节效应为正，则调节变量会抑制主效应中的抑制作用。故在公式（5-5）中，若 η_2 的回归系数为正，而 η_4 的回归系数为负，则腐败程度的调节效应得到验证。

（三）数据来源

本书的数据主要来源于：第一，2008—2018 年的城市环境公共品供给、外资利用水平和城市层面的控制变量数据，均来自《中国城市统计年鉴》。第二，用于计算城市各企业 EID 均值的上市公司数据来源于国泰安数据库、上市公司年报、可持续发展报告，在计算之前，本章对所有企业数据做如下处理：（1）考虑到部分财务状况或其他状况出现异常的公司数据会导致结果产生偏差，比如上市连续 2 年净利润为负值的公司财务数据可能会受到质疑。因此，剔除 ST、PT 等特殊公司；（2）剔除样本中的金融业公司；（3）剔除关键变量存在缺失的公司；（4）剔除当年新上市、已经退市或者被暂停上市的公司。（5）为排除异常值与极端值影响，对所有连续变量进行缩尾处理；此外，本章尽可能地剔除了不满足会计准则和存在异常值与极端值的公司数据。第三，污染信息透明度指数由公共和环境事务研究所和自然资源保护委员会联合发布，2008 年公布了第一份 PITI 报告，其中包含 113 个地级以上城市的综合评分，而该报告的标准自 2013 年以来也进行了调整，研究样本总数从 113 个城市扩大到 120 个城市，为了统一标准并做无量纲处理，本章使用 PITI 指数除以当年的最大值。第四，地区腐败程度的数据中，贪污贿赂案件立案数来自《中国检察年鉴》及各省市人民检察院工作报告，公职人员数来自《中国统计年鉴》。第五，工具变量数据中，客观媒体关注度数据来自《中国研究数据服务平台》（CNRDS）中的"上市公司新闻舆情"模块。网络媒体关注度数据来自百度新闻搜索引擎（http：//news. baidu. com/）；政府重视度数据来自 2008—2018 年中国 31 个省（自治区、直辖市）的政府工作报告。

表 5-5 介绍了数据的描述性统计。被解释变量的均值为 0.145，最低值为 0，最高值为 1，表明我国城市整体的环境公共品支出程度较低；而标准差为 0.145，表明供给差距并不明显。EID 的均值为 0.253，最高值为 0.834，同理，城市环境披露程度整体不高。为尽可能地涵盖更多的研究样本，最大限度地减少数据缺失，本章使用前后两年的均值对缺失数据进行填补，最终本章一共获取到 202 个城市 11 年的数据，共计 2222 个观测值，其中城市 EID（FITI）的数据缺失较多，本书仅获取到 1221 个观测值。

表 5-5　描述性统计

变量中文名	变量英文名	观测值	均值	标准差	极小值	极大值
环境公共品供给	env	2，222	0.145	0.145	0.000	1.000
环境信息披露	eid	2，222	0.253	0.112	0.000	0.834
城市化率	urb	2，222	0.944	0.191	0.109	3.594
邮电通信支出	tel	2，222	1.053	0.928	0.106	10.166
产业结构	str	2，222	45.506	11.366	8.580	80.980
财政集中度	fin	2，222	0.165	0.074	0.044	1.485
人口密度	den	2，222	0.048	0.034	0.002	0.265
人均教育支出	edu	2，222	1.139	0.784	0.000	7.653
文化支出	cul	2，222	0.010	0.012	0.000	0.219
人均收入	wag	2，222	4.718	1.721	2.010	8.910
人口	pop	2，222	5.974	0.690	2.923	8.133
城市交通支出	tra	2，222	0.131	0.092	0.003	1.084
医疗支出	med	2，222	0.250	0.141	0.000	1.000
外资利用水平	fdi	2，222	0.021	0.022	0.000	0.126
腐败程度	cor	2，222	23.563	6.166	4.617	46.320
政府重视度	imp	2，222	0.545	0.165	0.139	1.000
城市环境信息披露	piti	1，221	3.613	0.474	2.116	5.479
客观媒体关注度	iv1	2，222	0.778	14.170	0.000	552.506
网络媒体关注度	iv2	2，222	2.599	1.563	0.000	7.942
地区信任	tru	2，222	0.559	0.497	0.000	1.000

二、实证结果

动态面板回归中，当工具变量的可靠性较弱时，结果可能会产生偏误，由于固定效应模型的估计系数向下偏倚，若动态空间面板杜宾模型中的回归系数显著程度要优于固定效应模型，则结果是比较可信的。为方便对比，本书依次汇报了非空间 OLS 模型、非空间普通面板固定效应模型、非空间动态面板模型、静态 SDM、动态空间面板杜宾模型的回归结果，依次表示不考虑任何问题、考虑遗漏变量问题、考虑内生性问题、考虑空间相关性问题和考虑了所有问题的模型。表 5-6 报告了基准模型回归结果。由此可知，无论是否考虑内生性与空间相关性，EID 水平都对城市环境公共品供给具有促进作用。对比第（1）—（5）列的回归结果，第（5）列的回归结果具有更好的理论预期与技术表现。具体从回归（5）的结果来看，环境公共品供给（env）的滞后一期回归系数在 1% 的显著性水平上显著为正，表明环境公共品供给水平具有明显的路径依赖效应和滚雪球效应，表现出明显的刚性特征，上一期的环境公共品供给程度如若较高，会给下期的政府供给任务施加明显的压力，可以看出各个地区之间可能存在"逐底"的策略性竞争的现象。环境信息披露（eid）的回归系数为 0.0114，且通过了 1% 的显著性检验。因此，地区整体的环境披露水平越高，越有助于促进地方政府的环境公共品供给。一般来说，地区 EID 水平每增加 1 个单位，则地区环境公共品供给就增加 0.0114 个单位。企业主动向民众与社会公布环境信息，等于释放一种环境履责行为，能够提升群众的环境知情度，对于政府也能够形成一定的示范压力，从而有效地激励地方环境公共品供给。其次，第（4）—（5）列中，w. eid 的回归系数都为正，并且均通过了 1% 的显著性检验。因此，EID 对于其他城市的环境公共品供给具有正向溢出效应，即当地环境信息的披露程度将会对其他城市的政府形成较强的示范效应与竞争压力，导致其他城市也增加环境公共品的供给。

从控制变量来看，人口规模（pop）的回归系数为正，并且通过了 1% 的显著性检验，表明人口规模越大的城市环境公共品供给水平越高。结合在 1% 的显著性水平上显著为负的人口密度（den）的回归系数可以看出，人口总量较多但人口密度较低的城市，政府才更倾向于供给更多的环境公共品，而对于人口密度较高的城市而言，群众的更多诉求并非集中在环境公共品上，而是在诸如交通基础设施的完善程度、周边的生活配套设施（医院、学

校、银行、商场等）和工作岗位的供给量。城市化率（urb）的回归系数并
不显著，因此城市化率越高并不等于公共服务支出系统的瘫痪，大城市也可
以通过合理的布局从而成为适宜的居住环境。人均教育支出（edu）、医疗支
出（med）、邮电通讯支出（tel）的回归系数均为正，并且都至少通过了5%
的显著性检验，因此教育、医疗、邮电通信支出有助于促进环境公共品供
给，虽然理论上这是比较矛盾的。因为城市对于社会性公共品的支出本就有
限，因此对于教育、医疗和通信的支出往往会挤压环境公共品支出，本章推
断，这是由于同为社会性公共品，倾向于支出教育、医疗和通信公共品的政
府比较注重当地民生发展与公众福利，而非一味追求 GDP 增长，因此，即
使环境公共品支出占社会性公共品支出的相对比例在下降，但支出总量却在
上升。产业结构（str）的回归系数为正，并且通过了10%的显著性检验，因
此产业结构越高的地区，地方政府对于环境公共品支出越多，不难理解为何
在前文分析中，环境公共品供给水平较高的地区都是第三产业较为发达的地
区。人均收入水平（wag）的回归系数为负，并且通过了5%的显著性检验。
因此人均收入对于环境公共品供给具有抑制作用，由环境库兹涅兹曲线的第
一阶段可知，随着人均收入的增加，环境污染程度反而会增加。外资利用水
平（fdi）的回归系数为负，并且通过了1%的显著性检验，这与前文的假说
三似乎一致，但具体是否存在中介效应，需要进一步分析。

表 5-6　基准回归模型

	（1）	（2）	（3）	（4）	（5）
	非空间 OLS	非空间固定效应面板模型	非空间动态面板模型	静态空间杜宾模型	动态空间面板杜宾模型
VARIABLES	env	env	env	env	env
L. env			0. 0178 *** （10. 763）		0. 2114 *** （10. 239）
eid	0. 6406 *** −29. 436	0. 0111 *** （4. 284）	0. 0065 *** （4. 045）	0. 0090 *** （3. 500）	0. 0114 *** （4. 009）

续表

	（1）	（2）	（3）	（4）	（5）
	非空间 OLS	非空间固定效应面板模型	非空间动态面板模型	静态空间杜宾模型	动态空间面板杜宾模型
w. eid				0.0238*** （3.747）	0.0255*** （3.751）
w. fdi				0.1018*** （2.730）	0.1910*** （3.840）
控制变量	控制	控制	控制	控制	控制
Observations	2，222	2，222	1，818	2，222	2，020
R-squared	0.613	0.155	0.152	0.127	0.792

注：***、**、*分别代表在相关变量在1%、5%、10%的显著性水平下显著，括号内为 T 统计量，Observations 表示观测个体的数量。

三、外商资本的中介机制分析

前面已经证明了 EID 对于环境公共品供给的促进作用，为检验外资利用水平在这一环节中起到的中介作用，本书使用中介效应三步法来探究。表 5-7 的 Panel A 报告了未加入中介变量时，核心解释变量环境信息披露（eid）对于环境公共品供给（env）的影响。第（5）列考虑了内生性问题与空间相关性问题的回归结果，核心解释变量环境信息披露（eid）的回归系数明显大于第（2）—（4）列中的回归系数，且显著性水平更好，但比第（1）列中的环境信息披露（eid）的回归系数更小。原因在于第（1）列回归结果并未控制任何固定效应，可能存在遗漏变量问题，故结果不具有参考性。因此，综合来看，可认定动态空间面板杜宾模型的结果更优。

结果显示，环境信息披露（eid）的回归系数始终为正，并且通过了1%的显著性检验。因此，在没有中介变量作用的情况下，EID 仍然直接促进环境公共品供给，故继续观察其对于中介变量的作用。表 5-7 的 Panel B 报告了对应公式（5-4）的中介效应第二步检验。此时，核心解释变量环境信息披露（eid）的回归系数在仅考虑空间相关性或者仅考虑内生性问题时为正，在仅考虑遗漏变量问题时为负，在不考虑任何问题时在 1% 的显著性水平上显著为负，而在同时考虑几种问题后，其回归系数为负，并且通过了 1% 的显著性检验。因此，EID 会抑制外资利用水平，原因主要可以分为三个方面：第一，一般来说，外资更加倾向于流入环境监管水平更低的城市，城市的企业主动地进行 EID 无异于向外国资本释放禁止进入的信号，导致招商引资的项目减少。虽然 w. eid 的回归系数并不显著，但回归系数为正，从侧面表明 EID 对本地的外资流入产生了挤出效应，使得外国资本更多地流向 EID 程度较低的城市。第二，环境规制会增加企业的生产成本，挤出企业研发投资，降低生产率，不利于提升企业发挥比较优势和提升相对竞争力，从而不利于 FDI 的流入。第三，当地区的 EID 提高，表明环境规制程度加强，因此迫使企业增加更多与环境相关的投资，以通过环保部门的审查标准，企业不仅需要通过购买一定数量的减排设备来降低污染，污染密集型行业企业还需要按照排污量的多少来向环保部门缴纳相应的排污费。这些都会从不同维度来增加企业的生产经营成本，导致企业从产出端来减少生产规模，不利于 FDI 的流入。

结合表 5-7 中对应公式（5-4）的中介效应第二步检验可以看出，在同时加入环境信息披露（eid）与外资利用水平（fdi）之后，核心解释变量的回归系数仍然显著，而外资利用水平（fdi）的回归系数同样为负，并且通过了 1% 的显著性检验，且显著性程度更高。因此，EID 对于被解释变量不仅有直接影响，并且会通过抑制当地的外资利用水平（fdi）进而增加地方政府对于环境公共品的支出。当招商引资减少时，地方政府不必再为了吸引外资而大兴基础设施建设与配套设施，因此有更多的财政预算可以用于环境公共品支出；此外，虽然外资对于当地企业具有正向的技术溢出效应，[1] 但外资企业入驻前期会吸收大量的政府补贴，这直接挤出了政府对其他领域的财政

---

① 唐未兵、傅元海、王展祥：《技术创新、技术引进与经济增长方式转变》，《经济研究》2014 年第 7 期。

支出。相反,政府因外资资本减少所节省的财政预算可以更多地被用于环境公共品支出。综上所述,中介效应存在。

表5-7 中介效应

Panel A:第一步 VARIABLES	(1) 非空间 OLS	(2) 非空间固定效应面板模型	(3) 非空间动态面板模型	(4) 静态空间杜宾模型	(5) 动态空间面板杜宾模型
	env	env	env	env	env
L. env			0.0262*** (29.067)		0.2168*** (10.281)
eid	0.6535*** (30.447)	0.0115*** (4.382)	0.0075*** (6.822)	0.0088*** (3.363)	0.0117*** (4.028)
w. eid				0.0242*** (3.757)	0.0250*** (3.604)
Observations	2,222	2,222	1,818	2,222	2,020
R-squared	0.611	0.127	0.146	0.096	0.750
Panel B:第二步 VARIABLES	非空间 OLS	非空间固定效应面板模型	非空间动态面板模型	静态空间杜宾模型	动态空间面板杜宾模型
	fdi	fdi	fdi	fdi	fdi
L. fdi			0.4921*** (39.332)		0.6728*** (39.611)
eid	-0.0310*** (-8.491)	-0.0035 (-0.925)	0.0001 (0.033)	0.0011 (0.283)	-0.0088*** (-2.789)
w. eid				-0.0030 (-0.320)	0.0066 (0.885)
控制变量	控制	控制	控制	控制	控制
Observations	2,222	2,222	1,818	2,222	2,020
R-squared	0.520	0.064	0.083	0.092	0.609

注:***、**、*分别代表在相关变量在1%、5%、10%的显著性水平下显著,括号内为T统计量,Observations 表示观测个体的数量。

四、腐败程度的调节机制分析

为检验腐败程度是否充当了 EID 促进环境公共品供给的调节变量，本章使用调节效应模型来探究这一论点。表 5-8 报告了调节效应回归结果。由于 EID 与腐败程度均为连续变量，因此本章对两者做中心化处理，c_ eid 和 c _ cor 代表中心化之后的变量。依据前文所述，主要观察 c_ eid 与 eid_ cor 的回归方向，结果显示，第（1）—（5）列回归结果中，环境信息披露（eid）的回归系数始终为正，并且均通过了 1% 的显著性检验，表明主效应为正。其次，交互项的回归系数为负，并且也都通过了 1% 的显著性检验，因此，调节效应为负。根据调节效应的判断方法，可以得出调节变量抑制了主效应中的促进作用，即腐败程度越高的城市，EID 对于环境公共品供给的促进作用越低。主要原因在于，腐败现象较为严重的地区，其披露的环境信息的真实性难以保证，当地企业可能会披露不完全或者虚假的环境信息，导致真实的披露程度与计算得出的披露程度存在偏差，进而降低对环境公共品供给的促进作用。另一种解释是当存在规范性同构时，企业或者政府将乐意披露真实数据，而当强制性同构与模仿性同构发生时，腐败程度较高地区的企业与政府为了满足利益相关者的需求，则会利用逃避、遮掩和寻租手段来披露虚假信息，产生低效率的信息披露，导致 EID 对于环境公共品供给的激励不足。

表5-8 调节效应检验

VARIABLES	（1）非空间 OLS	（2）非空间固定效应面板模型	（3）非空间动态面板模型	（4）静态空间杜宾模型	（5）动态空间面板杜宾模型
	env	env	env	env	env
L. env			0.0149 *** (11.016)		0.2088 *** (10.181)
c_ eid	0.6420 *** (29.769)	0.0111 *** (4.282)	0.0049 *** (3.172)	0.0088 *** (3.451)	0.0108 *** (3.831)
c_ cor	0.0010 *** (2.893)	0.0001 ** (2.191)	0.0001 (0.112)	0.0001 *** (2.673)	0.0001 ** (2.381)
eid_ cor	-0.0201 *** (-6.279)	-0.0016 *** (-5.895)	-0.0012 *** (-6.539)	-0.0015 *** (-5.953)	-0.0016 *** (-5.819)
c_ eid				0.0252 *** (3.841)	0.0263 *** (3.726)
c_ cor				0.0001 (0.687)	0.0001 (0.250)
eid_ cor				-0.0003 (-0.417)	-0.0002 (-0.186)
控制变量	控制	控制	控制	控制	控制
Observations	2, 222	2, 222	1, 818	2, 222	2, 020
R-squared	0.621	0.170	0.184	0.127	0.783

注：*** 、** 、* 分别代表在相关变量在1%、5%、10%的显著性水平下显著，括号内为 T 统计量，Observations 表示观测个体的数量。

五、环境信息披露影响环境公共品供给的个体差异

　　EID 的效应对于环境公共品供给的效应对所有城市而言都是一样的，还是会因不同特征的城市个体而异？本部分试图解决这一问题，并从两个层面来进行阐述。

（一）基于不同信任程度的检验

前文的论述表明 EID 程度对于环境公共品供给具有促进作用，但这种披露程度是基于所公布的数据所得出，企业或者政府披露的数据与实际的环境信息却不一定相同。换言之，披露程度相同的两个地区，其对于环境公共品供给的促进作用可能并不一致，很大程度上归结于信息的真实性。披露信息与实际信息差异较小的地区，计算出的环境披露程度越高，对于环境公共品供给的激励作用应该几乎呈线性增长；而披露信息与实际信息差异较大的地区，计算出的环境披露程度与环境公共品供给的相关性曲线应该呈曲线上升状。有鉴于此，定义了一个新的变量 tru，用以表征地区的社会信任水平。信任通常被理解为"对一个机构将执行对我们有益或至少无害行为的期望，而不管我们监视这些行为的能力如何"。信任来源于两个利益相关方的开诚布公，而非仅仅一方的坦白，社会中双向交流的信息数量和质量与信任程度存在显著的正相关。[①] 一般来说，在社会信任程度较高的地区，信任会作为一种社会规范的力量，使得该地区个人受骗可能性的主观概率也随之下降。换言之，该地区的个人或者机构进行欺瞒或者行骗的概率也会更低。因此，社会信任度越高，政府或者企业进行环境实际信息披露的可能性越大，或者说披露的环境信息真实性越高，对于环境公共品供给的激励作用理论上也越大。

为了检验这一可能性，本章参考张维迎和柯荣住（2002）的研究，定义了信任变量（tru）。[②] 该研究使用了针对 15000 多家企业的问卷调查数据，并依据问卷中"根据您的经验，您认为哪五个地区的企业比较守信用（按顺序排列）？"。这一问题对回答者的答案进行排序，最后得出全国共 31 个省市

---

① Fisman R., Khanna T., "Is trust a historical residue? Information flows and trust levels", *Journal of Economic Behavior & Organization*, 1999, 38 (1), pp. 79-92.

② 张维迎、柯荣住：《信任及其解释：来自中国的跨省调查分析》，《经济研究》2002 年第 10 期。

自治区的地区信任度排名。本章将位于该排名中前 15 个省市自治区的城市定义为高信任度城市，将位于该排名中后 16 个省市自治区的城市定义为低信任度城市，随后使用双向固定效应模型进行分样本估计。

表5-9 报告了基于不同信任地区的回归结果。第（1）列代表高信任地区样本的回归结果，第（2）列代表低信任地区样本的回归结果。第（1）列中，核心解释变量环境信息披露（eid）的回归系数为正，并且通过了 1% 的显著性检验，表明高信任样本中仍然支持 EID 有助于促进环境公共品供给的结论；而第（2）列中，环境信息披露（eid）的回归系数方向变为负，且并不显著。因此，EID 在不同信任程度地区中对于环境公共品供给的影响存在着明显的异质性，这种异质性不仅仅体现在数量上的差异。具体而言，信任程度较高的城市中，政府与企业倾向于公布更高质量或者更真实的环境信息；而信任度较低的城市，政府与企业所公布的环境信息真实性较低，因此对环境公共品供给并无明显激励作用。这一结果可以作为前文优化机制分析结果的稳健性证明，对于腐败程度更高的地区，往往信任程度也较低，环境信息真实性程度较低，因此得出了相同的结论。

表 5-9　基于不同信任地区

	（1）	（2）
	高信任地区	低信任地区
VARIABLES	env	env
eid	0.0189 *** (5.110)	−0.0003 (−0.060)
控制变量	控制	控制
Observations	1，243	979
R-squared	0.136	0.238
F	7.559	11.79

注：*** 、** 、* 分别代表相关变量在 1%、5%、10% 的显著性水平下显著，括号内为 T 统计量，Observations 表示观测个体的数量。

（二）基于不同空间阈值的检验

前文中关于 EID 对于环境公共品供给的溢出效应已得到证实，这种溢出效应的本质还是归因于地区之间的经济竞争所引致的模仿效应，周边城市的环境公共品供给行为很可能受到自身前期的投入和其他区域竞争者的示范效应所影响，本部分将致力于探究这种示范效应在多大范围内存在。

区域之间的经济竞争压力常来自不同城市经济圈或者同一省级区划范围内的其他城市，本书通过空间权重矩阵的空间阈值来检验不同距离层级的溢出效应。一般而言，同省内高铁通勤时间一般不超过 3 小时，而城市群之间的高铁通勤时间一般最多在 9 小时左右，基于高铁的平均时速来测算两个层面的最大距离后，本书使用 800 公里与 2200 公里作为临界值，分别定义了 W800 和 W2200 的空间权重矩阵。具体做法为：以在前文定义的经济地理空间权重矩阵中，当两地之间的距离小于 800 公里时则保留原计算方法，使用 GDP 差值的倒数来填充矩阵，若两地距离大于 800 公里时则设置为 0；W2200 的空间权重矩阵的方法同理，即以两地距离为 2200 公里为分界点。以此分别探究不同空间阈值下空间溢出效应的大小。

表 5-10 报告了基于不同空间阈值的检验结果。第（1）列和第（2）列分别使用了 W800 和 W2200 的空间权重矩阵。第（1）列中 w.eid 的回归系数仍然通过了 1% 的显著性检验，而第（2）列中 w.eid 的回归系数却并不显著。表明这种溢出效应在不同的距离层级中存在明显的异质性影响，即在 800 公里的空间阈值范围内，EID 的示范效应并显著，可以初步判断这种示范效应在更大范围中存在。

表 5-10　基于不同空间阈值的检验

	（1）	（2）
	W800	W2200
VARIABLES	env	env
L. env	0. 2295 *** （−11. 045）	0. 2083 *** （−10. 075）
eid	0. 0135 *** （−4. 740）	0. 0117 *** （−4. 140）
w. eid	−0. 0041 （−0. 843）	0. 0233 *** （−3. 675）
w. fdi	−0. 0716 （−1. 369）	0. 1837 *** （−3. 863）
控制变量	控　制	控　制
Observations	2，020	2，020
R-squared	0. 821	0. 789

注：*** 、 ** 、 * 分别代表在相关变量在1%、5%、10%的显著性水平下显著，括号内为 T 统计量，Observations 表示观测个体的数量。

第三节　保障地方环境公共品有效供给建议

中共中央办公厅和国务院办公厅印发的《关于构建现代化环境治理体系的指导意见》中明确提出：到 2025 年，我国建立健全环境治理的完善体系，[①] 为构建政府为主导、企业为主体、社会公众参与的环境治理模式奠定了基调。能否有效激励地方政府主动进行环境公共品供给，已经成为当前和未来一段时间内，中国经济转型发展和环境治理体系走向完善所面临的重大现实问题。地方政府的环境公共品供给存在一定的路径依赖，EID 有助于促

[①]　中共中央办公厅、国务院办公厅：《关于构建现代环境治理体系的指导意见》2020 年3 月 3 日。

进地方政府与周边地方政府的环境公共品供给。EID 通过抑制地区的外资利用水平进而促进了环境公共品供给。

理论上来说，发展中国家常被发达国家认为是完美的污染避难所，外国公司将子公司选址设置在我国很大程度上是看重中国的环境规制力度水平较低，然而地方政府或者企业主动地向外界公布环境信息，等于在向外国资本释放高入驻成本的信号，环境成本的上升将会无形中阻碍外资进入甚至导致外资撤离。多年以来，各地区争相进行招商引资项目，确实带动了中国经济的快速发展，但地方政府过度采取一些激励政策以吸引外资的手段，导致对社会性公共服务供给的严重缺失，其中以环境公共品的缺失最为严重。这些手段主要可以归结为政府对公共服务领域的支出结构发生偏倚。而 EID 制度利用市场调节的手段挤出了外商利用资本，使得政府有更充足的财政预算用于社会性公共品的投入。地区腐败程度会抑制 EID 对于环境公共品供给的促进作用。腐败现象较为严重的地区，污染企业与政府之间的不良互动发生概率增加，政府层面逃避、推诿和造假的可能性也随之上升，不完全与虚假的 EID 对于环境公共品的激励作用有限。对于不同信任地区的检验结果同样可为这一结论提供支撑。在信任程度更高的地区，EID 的真实性也更高，因此对于环境公共品供给的促进作用更大，而信任程度更低的地区，EID 的真实性较低，对于环境公共品供给的促进作用较小。

本研究结论，对解决中国当前环境公共品缺位的经济现象，以及实现 2025 年建立健全环境治理体系的远景目标具有重要的政策意义。此外，现有研究着重于分析对公共品的供给激励研究，且研究设计中也倾向于将所有类型的公共品混为一谈，但公共品中的经济性公共品与非经济性公共品绝不能一概而论，尤其是非经济性公共品中的短板，即环境公共品供给激励机制的研究较为缺乏，决策者应从以下几个方面考虑环境公共品支出偏向的矫正。

一、构建更加完善的环境信息披露制度

EID 制度既是监督我国高污染企业的有效措施,更是激励政府履行环境治理义务的关键动力。尽管目前我国已经初步建立了环境信息披露制度体系,但公开程度与执行程度仍然处于起步阶段,在下一阶段政府应该有更加明确的规划和设计,建立与之相配套的制度保障体系,从而推动建立更加科学、广泛和完善的 EID 体系。要进一步明确政府与企业之间的权属范围和治理界限,推动 EID 制度相关立法,建立健全法律法规体系,充分发挥环境信息公开的外部监督作用。加强顶层设计,建立跨部门、跨地区的重大时间信息公开的联动机制,完善环境信息公开渠道,构建覆盖全国政府和企业环境信息公开平台,即时发布环境信息。从政府层面来看,政府应该逐步完善本地区的环境信息披露制度,积极推进环境治理政策对外公开,加强公众的知情权与参与权,扭转各地区环境公共品"逐底竞争"而引致的要素市场扭曲现象。各级政府在指定污染目标与政策时,更应该致力于完善基础设施建设,制定更详细的行业 EID 标准,以提高环境信息的可对比性。重污染行业中的国家重点监测企业要提高对环境披露的敏感度,保持自身优势的同时积极更新内在观念,抓住机遇,促进绿色生产技术和方法的升级换代,以披露更加完善和高质量的环境信息,赢得市场声誉,增加曝光度与关注度,从而提升长期竞争力。

二、以环境信息披露引导清洁型外资企业入驻

地方政府应权衡好外商资本利用程度与地方环境支出,在利用好外资的技术溢出效应从而推进产业结构转型之外,也要注重新型节能减排技术等支出,形成产业结构优化与技术创新双轮驱动的环境治理手段。尽管环境信息披露程度的加深阻碍了外商资本进入的总量,但实际上环境信息披露制度的建立有利于优化外商资本的流入结构,更有利于中国可持续发展进程的推

进。因此，地方政府应该深入推进环境信息披露制度，以企业环境信息或者城市环境信息披露作为传递载体，作为外资准入的市场信号，提高污染逃避型外资的准入门槛，吸引清洁型外资，从而最大化利用最优外资资源，实现经济效益与环境效益的同步提高。

在我国高质量发展的新阶段，加快经济结构转型是有效缓减经济结构失衡的主要手段，地方政府可以以环境信息披露为主要抓手，以外资为着力点，以环境为标尺，推动新时期的外资引入转型，以流入的外资企业的转型来辐射带动当地经济结构的转型，为经济高质量发展挖掘新的驱动力。此外，应注重对地区信任的关注。在研究样本中，信任程度较高的地区，应继续强化政府对企业环境信息披露的监督力度，逐步建立以信任为基础的信息披露体系，充分发挥环境信息披露对于环境公共品供给的激励作用。对于样本中信任程度较低的地区，政府应更主动地进行环境信息披露，以减少政府、企业与民众三者之间的信息不对称，逐步增加民众的信任度，提升环境治理责任感与参与度，形成良性循环。

三、推动环境问责从"督企" 向"督政" 转变

严惩在 EID 环节中存在的寻租腐败行为，将地方政府存在隐瞒和不完全报告的行为记录在案。寻租腐败行为往往发生于政府与企业的非正式联结，扼制寻租行为的关键在于切断政府与企业的利益关系，通过制度化的手段来有效监督政府资源。提高政府公信力，为完善环境信息公开激励环境公共品供给的渠道提供有效的制度环境，企业与省级以上政府之间的政治关联一定程度上加强了环境信息披露的透明程度，但与省级以下政府之间的互动也在一定程度上减弱了环境信息披露的实施效果。因此，执法部门不应仅仅停留在对污染企业进行问责的层面，要将环境治理的权责转移到政府，从"督企"转为"督政"。我国公司可量化信息的比例仍然很低，信息的真实性难以判断，应从企业层面和政府层面分别引入强制性环境审计制度，作为提高

环境信息准确性的措施，至少每年进行一次环境审计。当前，我国的信息披露仍然属于单方面信息输送，还应建立政府与民众之间的双向互动平台，增加民众的环境责任感，建立政府与民众共同治理的积极反馈机制，解决公共品供给中的信息不对称问题。还应该加强媒体对于环境信息披露存在重大问题企业的报道，促进公众对于环境信息的传播，加强公众对于环境问题的重视程度，引导投资者在市场中加强对环境信息的惩罚性反应，倒逼企业主动地进行整改，以提高环境信息披露政策的有效性。

第六章　社会组织与地方公共品供给[①]

提高地方公共服务供给水平和质量，不仅是增加居民获得感、幸福感的根本要求，也是我国经济从劳动密集型向资本和技术密集型结构性转变的必然选择，更是新时代"以人民为中心"治国理政观念的重要体现。随着我国经济发展进入新发展阶段，地方基本公共服务供给水平不断提高，构建起了覆盖全民的国家基本公共服务体系，但公民对基本公共服务的需求日益多样化、复杂化，地方公共服务供需错位、质量不高、发展不均衡等问题依然存在。以政府为主导的一元化管理和服务方式已经难以实现高效的供给，地方政府对公共服务需求的感知和分辨存在滞后效应，容易导致地方政府供给出现"缺位"和"失位"现象。[②] 在此背景之下，市场力量凭借其技术和管理优势，依托政府不断放松的进入壁垒，得以参与地方公共服务供给，对基础设施建设、医疗教育保障等地方公共服务供给提供了有力支撑，也在一定程度上解决了地方政府基础性项目支出的资金短缺问题。[③] 然而，以私人为主导的市场供给方式存在着逐利性要求，对地方公共服务供给可能存在选择性，容易出现"市场失灵"现象，影响地方基本公共服务供给效率的提高。

[①]　本章部分内容取自文献 Gangqiang Y., Yongyu X., Yuxi M., 等（2019）。

[②]　王浦劬、［美］萨拉蒙：《政府向社会组织购买公共服务研究——中国与全球经验分析》，北京大学出版社 2010 年版，第6—7页。

[③]　卓成刚、曾伟：《试论公共产品的市场供给方式》，《中国行政管理》2005 年第4期。

以地方政府为主导的公共服务供给模式和以市场为主导的公共服务供给模式，均有其优势和弊端。

面对公共服务需求日趋多元化、复杂化的趋势，地方公共服务供给必须从"政府本位""市场供给"向"社会多元参与"转变。2019 年国家发展和改革委等部门联合印发的《推动社会领域公共服务补短板强弱项提质量 促进形成强大国内市场的行动方案》，对多元主体参与公共服务供给提出了明确要求，强调"政府在做好政策制定、规划引领、环境营造、监管服务的前提下，要充分发挥市场和行业协会、商会等社会组织的作用，鼓励引导社会力量参与"。① 党的十九届四中全会强调，要"创新公共服务提供方式，鼓励支持社会力量兴办公益事业，满足人民多层次多样化需求，使改革发展成果更多更公平惠及全体人民。"② 党的十九届五中全会也明确指出，要"健全基本公共服务体系，完善共建共治共享的社会治理制度"。③ 新发展阶段，如何充分发挥社会组织的作用，成为我国提高地方政府治理能力和治理水平，提升地方政府公共服务供给质量和水平，推进我国供给侧结构性改革的重要方面。

第一节　社会组织与地方治理

一、社会组织与公共服务供给

社会组织依靠其具有的自愿、自治、非营利性等突出特征，已经逐步发展成为现代公共治理的第三大支柱，成为弥补政府和市场失灵的重要补充。社会组织参与公共服务供给可以有效缓解公共服务供给不足、提升公共服务

---

①　国家发展和改革委等：《关于印发加大力度推动社会领域公共服务补短板强弱项提质量 促进形成强大国内市场的行动方案的通知》，中国政府网，2019 年 2 月 19 日。

②　《中共中央关于坚持和完善中国特色社会主义制度 推进国家治理体系和治理能力现代化若干重大问题的决定》，人民出版社 2019 年版。

③　《中国共产党第十九届中央委员会第五次全体会议公报》，人民出版社 2020 年版。

有效性和政府供给效能。① 党的十九大提出"要加强社会治理制度建设，完善党委领导、政府负责、社会协同、公众参与、法治保障的社会治理体制"。② 古典经济学家强调发挥市场对经济和社会的调节作用，认为只要赋予公民追求个人利益最大化的自由选择权益，市场可以自发地对资源进行有效调节，从而实现社会福利最大化，政府只需做"守夜人"。然而，萨缪尔森（2013）指出，市场的能量存在极限，一旦超过其极限就会出现市场失灵问题。③ 由于公共品具有显著的非排他性和非竞争性属性，以价格为核心的市场机制难以反映消费者对公共服务的偏好，从会而导致基本公共服务供给低效，供给数量无法达到最优。斯蒂格利茨（1998）将市场的失灵归纳为公共产品、外部性等八个方面，④ 正是市场失灵的存在为政府拓宽经济职能提供了理由。依靠征收税款、设置准入门槛、提高交易成本等方式，政府在一定程度上弥补了市场存在的失灵问题，但由于个人对公共服务需求存在差异性，而政府的公共服务供给政策或方针制定更多地表现为一种政治性选择，具有明显的"中位选民"偏好，⑤ 导致政府公共服务的供给与社会和群众的诉求难以匹配，呈现缺位、失位或越位等状况，引发政府失灵问题。因此，在市场组织和政府组织之外寻找新的公共服务供给主体，成为提高地方公共服务供给效率，改善居民福利的必然选择，以社会组织为代表的第三方供给主体作用得以逐渐显现。

我国社会组织呈现蓬勃发展趋势，逐步成为解决公民个性化、特殊化利益需求的重要载体。截至 2018 年末，全国登记各类社会组织数量已达 81.6

---

① 马全中：《近年来政府向社会组织购买公共服务研究述评》，《社会主义研究》2016 年第 2 期。

② 习近平：《决胜全面建成小康社会 夺取新时代中国特色社会主义伟大胜利——在中国共产党第十九次全国代表大会上的报告》，人民出版社 2017 年版。

③ 萨缪尔森：《经济学》，商务印书馆 2013 年版，第 238—240 页。

④ 斯蒂格利茨：《政府为什么干预经济：政府在市场经济中的角色》，中国物资出版社 1998 版，第 189—200 页。

⑤ Weisbrod，Burton.，"Toward a Theory of the Voluntary Nonprofit Sector in a Three-Sector Economy"，Morality and Economic Theory，1977，pp. 98–110.

万个，其中民办非企业 44.4 万余家，社会团体 36.6 万家，基金会 7034 家；社会组织年末职工数超过 980 万人，民办非企业职工超过 556.8 万人，社会团体职工有 420 万人，基金会职工已超 3 万人。三类社会组织的数量、从业人员都呈现上升趋势，社会组织服务业增加值从 2007 年的 682 亿增长到 2018 年的 3542 亿元。社会组织已经从缓慢发展的新生力量逐渐被各种社会群体所接触和认识，呈现出稳健平稳发展的趋势。

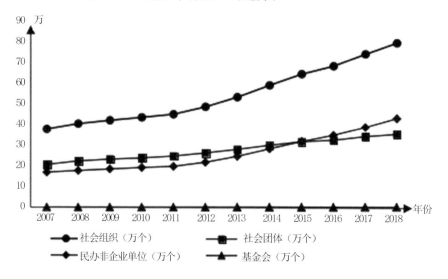

图 6-1　2007—2018 年社会组织数量

数据来源：中国民政统计年鉴。

就社会组织参与公共服务供给的前提条件和适用领域，国内外学者进行了大量的研究，普遍认为只要进行清晰的产权界定和利益评判，[①] 社会组织

---

　　①　Schmitz P. W ., "Government Versus Private Ownership of Public Goods: The Role of Bargaining Frictions", *Journal of Public Economics*, 2015, 132, pp. 23-31.

可以在基础设施建设、环境保护①、公共教育、② 社区福利甚至公共安全和突发事件③等方面发挥重要作用。王等（2020）的案例研究表明，非政府环保组织通过动员和组织公众参与环境行动和环境治理，提高了环境公共品的服务质量，也改善了居民的环保行为。④ 同时，非政府组织参与环保事业也会在一定程度上推动政府对环保信息的公开力度；此外，社会组织通过专业化智力支持，已经成为不同地区教育治理中多元主体的重要补充；⑤ 以社会组织为代表的社会力量通过参与公共图书馆建设等方式，正成为公共文化供给的不可或缺部分；⑥ 通过"双向参与"社区居家养老服务，社会组织显著提高了养老保障公共服务供给水平；⑦ 在公共医疗领域，社会组织的作用程度也日渐加强，针对相关疾病康复发挥重要作用；⑧ 通过与政府协同发展，社会组织可以积极动员社会力量、汇集资源，成为政府力量的有效补充，促进公共安全事件和公共卫生事件的有效解决。

现有的研究通过理论或案例分析的方式，从宏观层面探讨中国社会组织与公共服务发展的路径与机制，而针对社会组织内部的发展状况与公共服务

---

① Vatn，Arild，"Environmental Governance-From Public to Private?"，*Ecological Economics*，2018，148.

② Jia-nan，Chen， "Contributions of Environmental NGO to Environmental Education in China"，IERI Procedia，2012，2（Complete），pp. 901-906.

③ 孔娜娜、王超兴：《社会组织参与突发事件治理的边界及其实现：基于类型和阶段的分析》，《社会主义研究》2016 年第 4 期。

④ Yuanni Wang，Hailin Cao，Yingchun YuanRuilian Zhang， "Empowerment through emotional connection and capacity building：Public participation through environmental non-governmental organizations"，*Environmental Impact Assessment Review*，2020，80.

⑤ 郭晓斐、姚晓曦、高翠巧、徐波、隋晨光：《社会组织在贫困地区健康教育与健康促进中的作用》，《中国健康教育》2019 年第 4 期。

⑥ 黄莺：《社会力量参与公共图书馆建设的实践与思考——以上海市嘉定区公共图书馆为例》，《图书馆工作与研究》2019 年第 4 期。

⑦ 李灵芝、张建坤、石德华、王效容：《社会组织参与社区居家养老服务的模式构建研究》，《现代城市研究》2014 年第 9 期。

⑧ 胡晓龙、陈婷婷、赵姣文、张燕华：《社会组织介入严重精神障碍患者医院—社区—家庭一体化服务的探索》，《中国社会医学杂志》2020 年第 37 期。

供给水平的关系却鲜有实证研究。事实上，社会组织自身能力的高低直接影响其提供的公共服务质量，① 组织内部人力资本水平对其整体绩效具有显著影响，对服务交付以及社会组织的最终成败至关重要②。但当前中国社会组织质量与能力难以匹配公共服务发展需求，能力建设发展方向不明、③ 竞争能力不足、组织机制不规范和知识管理机制不健全等相关能力缺陷，成为制约社会组织有效提高服务效率的一大桎梏。因此，社会组织自身质量对公共服务供给具有显著影响，自身发展成效高的社会组织具有较强的公共服务供给能力。

二、政府治理能力与公共服务供给

地方政府的治理能力对公共服务供给具有显著影响，地方公共服务供给不足的根本原因在于地方政府责任缺失。学理和实践层面普遍认为供给公共服务是国家治理的逻辑起点，④ 提供公共服务是地方政府一项基本的法定职能。2021 年国家发展和改革委等 20 个部门联合印发的《国家基本公共服务标准（2021 年版）》，对基本公共服务的服务标准和流程进行了界定，为补齐基本公共服务短板，提高基本公共服务的可及性和便利性提供了依据，为有效落实地方政府基本公共服务支出责任提供了重要保障。⑤

要解决我国的发展阶段型失衡困境，地方政府要在公共服务领域承担更

---

① 沈瑞英、赵志远：《特大城市社会组织能力建设机制研究》，《华东理工大学学报（社会科学版）》2015 年第 30 期。

② Lise Anne Slatten, Joshua S. Bendickson, Meagan Diamond, William C. McDowell, "Staffing of small nonprofit organizations: A model for retaining employees", Journal of Innovation & Knowledge, 2021, 6 (1), pp. 50–57.

③ 林闽钢：《社会资本视野下的非营利组织能力建设》，《中国行政管理》2007 年第 1 期。

④ 薛澜、张帆、武沐瑶：《国家治理体系与治理能力研究：回顾与前瞻》，《公共管理学报》2015 年第 12 期。

⑤ 国家发展改革委等：关于印发《国家基本公共服务标准（2021 年版）》的通知，2021 年 4 月 20 日。

多责任，加快变革导致政府行为出现偏差的相关制度性因素。① 罗伯特和珍妮特从公民权、社区和市民社会、组织人本主义视角出发提出了新公共服务理论，认为政府在公共服务供给过程中要充当"代理人"的职能，其作用在于帮助公民表达和实现共同利益，而非控制或驾驭社会，认为政府的职能是"服务"而不是"掌舵"。② 为了实现社会共同、普惠的公共利益和符合全体社会成员共同价值想法的目标，政府应该通过搭建相关平台，让公民参与政府对公共服务的提供。同时，政府的目的是追求公共利益，应确保公共利益居于主导地位，提出符合公正、公平和平等准则的解决方案；为了实现公共服务集体远景目标，政府应将各方力量集中于实施计划过程，支持团体和个人参与公共服务供给。就地方政府自身而言，政府职能转变、政府透明度对社会组织参与公共服务供给具有重要影响。例如，地方政府对现有政策的执行能力、制度环境和社会经济环境也显著影响公共品供给 PPP 项目的落地率。③ 因此，相较于提升社会组织质量，提升地方政府的治理能力，是促进社会组织参与地方公共品供给的重要前提和保障。

三、"第三方治理"与公共服务供给

社会组织与政府的关系呈现"依赖式互动"和"对称式互动"特征，二者的互动关系显著影响了公共服务供给的质量。因此，构建最优的政府与社会组织关系有利于实现职能上相互补充监督。由于"市场失灵"、"政府失灵"和"志愿失灵"的现实存在，萨拉蒙（2008）提出了"第三方治理"理论，即政府公共部门和社会私人机构在责任界线上存在模糊性，二者在作

---

① 吕炜、王伟同：《发展失衡、公共服务与政府责任——基于政府偏好和政府效率视角的分析》，《中国社会科学》2008 年第 4 期。

② 珍妮特、罗伯特：《新公共服务：服务，而不是掌舵》，丁煌译，中国人民大学出版社2016 年版。

③ 王欢明、陈佳璐：《地方政府治理体系对 PPP 落地率的影响研究——基于中国省级政府的模糊集定性比较分析》，《公共管理与政策评论》2021 年第 1 期。

用方向和作用强度上具有混合性。① 他认为在美国的公共服务体系中，无论是政府公共部门还是非政府组织，从本质上都具有一致的服务目标。因此，在构建合理的社会治理体系过程中，非政府组织不可避免地成为有力补充，政府在其中扮演着资金的提供者和监管的执行者角色，具体服务由第三方机构提供。为了更好地推进公共利益最大化目标得以实现，应将政府、企业、社会组织等多元治理主体纳入公共事务，公共服务供给职责不仅限于政府，非政府组织和私人组织同样可以发挥作用。

要促进"第三方治理"有效进行，需要具有以下前提条件。第一，需要具有高水平的社会资本。在社会信任基础上形成的社会资本是促进治理变革的必要前提，也是实现善治的前提手段，具有良好的社会资本可以将分散的社会个体有效联合起来，从而促进各主体间互动机制的建立；第二，应具有充满开放性的社会。社会的开放性为第三方参与治理提供了基础前提，有利于消解现有从上到下一体垂直化的管理体制和较为固化的社会制度，从而建设出灵活、平等、扁平和富有效率的社会成员关系；② 第三，应具有适当的竞争性。第三方治理是运用市场彼此竞争对立的原则，对社会有限资源进行合理配置和公共服务有效供给，通过借鉴或引入市场竞争机制，一方面可以减少政府官僚化、保守化和垄断化带来的低效率，另一方面也可以激发参与主体的积极性和有效性，以此提升公共服务供给质量和效率。"第三方治理"理论的提出为政府向社会购买公共服务提供了理论参考，依据政府部门和社会组织各自的优势，进行有效合理的分工，社会组织作为主要地方服务项目的承接方和提供方，对本该由政府提供的服务进行合理承担，地方政府部门在对服务进行下放和分包之后，将主要精力和职能转变为提供资金保障和服务监管。

---

① 王浦劬、〔美〕萨拉蒙：《政府向社会组织购买公共服务研究——中国与全球经验分析》，北京大学出版社 2010 年版，第 6—7 页。
② 陈潭：《第三方治理：理论范式与实践逻辑》，《政治学研究》2017 年第 1 期。

社会组织的发展也离不开政府的参与和指导。在我国特有的政治体制框架下，政府公共部门与社会组织为代表的第三部门之间存在着"非对称依赖"关系，即政府对社会组织具有较强的领导和管理权威，而这种权威通常是通过相应的法令或制度安排直接或间接介入社会组织的运行得以实现，[①]政府治理能力的高低，直接影响到了社会组织的健康发展，同时也会对社会组织参与地方公共服务供给产生一定影响。一方面，社会组织在制度层面法人身份的获得以及合法效力，来自政府对其实施的登记、年检和评估等活动。社会组织在实际运作过程中出现的内外部纠纷、项目矛盾解决等需要政府制定的相关基本法律制度和规范条例；另一方面，政府直接购买服务、提供税收优惠政策、发放财政补贴等，成为社会组织得以有效运行的主要资金来源，同时囿于各地区政策体制差别、政策法规不同、技术能力差异，当前的社会组织参与公共服务供给还会遇到不同程度的阻碍。分析社会组织参与地方公共服务的供给，离不开对地方政府治理能力的探讨。

从现实视角出发，社会组织发展势头不断加快很大程度上是政府"去权威"化的结果，政府将部分公共服务或社会服务职能予以松绑，下放给以社会组织为代表的第三部门。但受多种因素影响，社会组织对政府部门的依赖性较强，而自身的话语权较弱，导致其面临着调控资源能力不足、专业化程度较低等问题，只能在政府给予的狭小生存空间内粗放式发展。[②] 社会组织和政府基于共识构建的协同治理，推动了公共管理自为秩序和社会治理的高质量，即便是正式制度较为薄弱或者法定责任界限划分不甚明晰的情况下，一旦行政主管官员或主政团体隶属于某个社会团体、民族团体等希冀其提供公共品或服务的团体，仍然可以提供相应的公共品或公共服务，即通过参与

---

① 汪锦军：《从行政侵蚀到吸纳增效：农村社会管理创新中的政府角色》，《马克思主义与现实》2011 年第 5 期。

② 鲁云鹏、李维安：《基于社会控制理论视角下的我国社会组织治理转型的路径与特征分析》，《管理评论》2019 年第 4 期。

包容性的连带团体履行集体义务，可以有效促进地方公共服务供给。[1] 尤其在环境保护领域，在地方政府有力支持下，非营利组织参与不仅提高了垃圾分类和固体废弃物处理的质量，也改变了居民的环保行为。[2] 同时，政府通过直接的财政支出、间接的财政补贴等方式向社会组织购买公共服务，既创新和开拓了地方公共服务供给渠道，也推动了政府职能转变。[3] 政府和社会组织的共生发展对于协同治理公共危机、促进环保、医疗康复、教育等地方公共服务供给等发挥着重要作用。因此，政府与社会组织在促进公共服务供给上存在互动效应，政府治理能力的提升，可以改善社会组织状况，进而对公共服务供给水平提升产生显著影响。

第二节　社会组织参与对地方公共品供给影响

一、实证策略

本节选择我国大陆 30 个省 2007—2018 年的面板数据（由于西藏自治区数据缺失较多，故没有将其纳入样本中），通过多种计量分析模型对社会组织、政府治理能力对公共服务供给的影响状况、作用机制和异质效应进行实证检验，剖析多元主体供给地方公共服务的优势和不足，为提出针对性政策建议奠定基础。

---

① 蔡晓莉、刘丽：《中国乡村公共品的提供：连带团体的作用》，《经济社会体制比较》2006 年第 2 期。

② Zongliang Ma, Changjun Li, Yunshu Xue, Chibuike K. Nduneseokwu, Xiao Wang, Marie K. Harder, "From pioneer to promotion: How can residential waste diversion non-profit organizations (NPOs) best co-evolve in modern China?", Environmental Challenges, 2021, (3).

③ 石亚军、高红：《政府职能转移与购买公共服务关系辨析》，《中国行政管理》2017 年第 3 期。

（一）变量选取和指标体系构建

首先，公共服务类型各异，同时社会组织与政府治理能力所影响的公共服务供给涉及多个维度，故采用综合指标法构建地方公共服务供给综合指标。参照现有研究和《"十三五"推进基本公共服务均等化规划》对公共服务的分类要求，考虑数据可获得性，将公共服务供给分为基本公共教育、医疗卫生、公共文化、环境保护以及社会福利等五类，并在此基础上选择十四个指标构建公共服务供给水平指标体系。

接着，考虑到社会组织对公共服务供给的影响存在两个途径，即一方面通过不断增加社会组织数量，提高覆盖范围，从而提升公共服务供给的参与度，保障公共服务均等化发展；另一方面通过不断完善内部治理结构和人员机构，完善服务功能，通过提供专业、高效、优质的服务，实现地方公共服务供给水平提升和效率优化。因此，从数量和质量两个角度对社会组织参与地方公共服务供给进行衡量，选择社会组织密度、社会组织质量构造社会组织参与指标体系，即用每万人拥有社会组织数代表社会组织密度，用社会组织职工人数中本科以上学历占比衡量社会组织质量。基于对政府治理能力的综合考虑，以营商环境、行政效率、公共管理以及财政自给能力构成的指标体系衡量政府治理能力。分别用私营企业就业人员占城镇总就业人员比重、每万元财政收入负担公职人员数、一般预算支出占地区生产总值比重、一般预算收入和支出的比值分别衡量营商环境、行政效率、公共管理以及财政自给能力。

同时，现有研究认为地方公共服务供给水平的好坏，很大程度上会受地区城镇化水平、人口密度的影响。通常而言，公共服务供给水平与城镇化水平呈现明显的正向关系，而人口密度越大的地区，公共服务供给可能会存在拥挤效应，导致服务水平的降低。此外，地区的经济能力也是影响公共服务供给的主要因素，收入越高的地区对于公共服务的投入相对更多，而作为地方经济能力重要体现的土地财政，也对公共服务供给具有显著影响。[1] 基于上述分析，参考吴群等（2010）关于公共服务供给的研究，[2] 选择土地财政（土地出让额占财政收入比重）、城镇化水平、人口密度三项指标作为控制变量，以确保实证研究的科学性。

在完成指标选取的前提下，通过熵值法确立各指标体系权重，运用线性合成法合成公共服务供给水平、社会组织参与、政府治理能力三个指标综合得分（计算过程略），主要变量选择和权重如表6-1所示。

表6-1　主要变量选择

变量类别	变量名称	衡量指标		权重
被解释变量	公共服务供给	公共教育 （0.211）	每十万人口小学在校生数	0.046
			每十万人口初中在校生数	0.128
			每十万人口高中在校生数	0.037
		医疗卫生 （0.152）	每千人口床位数	0.108
			每万人卫生机构数	0.025
			每万人卫生机构人员数	0.019
		公共文化 （0.25）	公共图书馆数量	0.163
			人均拥有公共图书馆藏量	0.074
			广播综合人口覆盖率	0.013
		生态环境 （0.154）	每十万人湖泊面积（公顷）	0.102
			自然保护区数	0.041
			公园个数	0.011
		社会福利 （0.233）	儿童收养机构年末床位数	0.043
			老年活动站/室/中心数	0.190

---

① 田传浩、李明坤、郦水清：《土地财政与地方公共物品供给——基于城市层面的经验》，《公共管理学报》2014年第4期。

② 吴群、李永乐：《财政分权、地方政府竞争与土地财政》，《财贸经济》2010年第7期。

续表

变量类别	变量名称		衡量指标	权重
解释变量	社会组织参与	社会组织密度	每万人拥有社会组织	0.554
		社会组织质量	年末社会组织职工数中本科以上学历比重	0.446
	政府治理能力	营商环境	私营企业个体人员占城镇总就业人员比重	0.1456
		行政效率	每万元财政收入负担公职人员数	0.4534
		公共管理	一般预算支出占地区生产总值比重	0.2558
		财政自给能力	一般预算内财政收入/一般预算内财政支出	0.1471
控制变量	土地财政		土地出让额占财政收入比重	
	城镇化水平		城镇常住人口占总人口比重	
	人口密度		单位土地面积上人口数量	

注：以上数据来源为历年的《中国统计年鉴》《中国民政统计年鉴》《中国卫生统计年鉴》《中国科技统计年鉴》《中国教育统计年鉴》《中国区域经济统计年鉴》《中国劳动统计年鉴》以及各省份各年度统计公报、检查公报。

（二）计量模型设定

实证检验的计量模型主要包括基准回归模型、中介效应模型和调节效应模型三个部分。由于社会组织和政府治理对地方公共服务供给的影响可能存在滞后效应，公共服务的供给质量提升并不一定会随着当年社会组织的建立或政府治理能力的改善而迅速改善，为了反映地方公共服务供给水平的连续性和动态调整过程，同时有效解决可能存在的内生性问题，选取 SYS-GMM 模型估计方法进行分析。基准模型设定如下所示：

$$\ln PS_{it} = \alpha_0 + \beta_1 \ln GO_{it} + \beta_2 \ln SO_{it} + \beta_3 \ln PS_{i,t-1} + \sum \beta_j X_{it} + \mu_i + \varepsilon_{it} \tag{6-1}$$

$$\ln PS_{it} = \alpha_0 + \beta_1 \ln SD_{it} + \beta_2 \ln SQ_{it} + \beta_3 \ln GO_{i,t} + \beta_4 \ln PS_{i,t-1} + \sum \beta_j X_{it} + \mu_i + \varepsilon_{it} \tag{6-2}$$

$$\ln PS_{it} = \alpha_0 + \beta_1 \ln SO_{it} + \beta_2 \ln EV_{it} + \beta_3 \ln EF_{i,t} + \beta_4 \ln PM_{i,t} + \beta_5 \ln FI_{i,t} + \beta_6 \ln PS_{i,t-1} + \sum$$
$$\beta_j X_{it} + \mu_i + \varepsilon_{it} \tag{6-3}$$

SYS-GMM 中模型（6-1）从整体分析社会组织参与、政府治理能力对公共服务供给水平的影响；模型（6-2）将社会组织参与分解为社会组织密度、社会组织质量，探讨在控制政府治理能力条件下社会组织参与对公共服务供给水平的影响机制；模型（6-3）将政府治理能力分解为营商环境、行政效率、公共管理能力和财政自给能力，探讨在控制社会组织参与情况下政府治理能力对公共服务供给水平的影响机制。

回归模型中，下标 i 和 t 分别表示第 i 省份的第 t 年；μ 是不可观测的地区效应，ε 是随机扰动项，α 是常数项，β 是待估参数；PS 是公共服务供给水平，GO 是政府治理能力综合指数，SO 是社会组织参与指数，$PS_{i,t-1}$ 是公共服务供给水平一阶滞后项，GO 是政府治理能力综合指标、SO 是社会组织参与，SD 和 SQ 分别代表社会组织密度、社会组织质量，EV、EF、PM、FI 分别代表营商环境、行政效率、公共管理和财政自主能力，X 是其他控制变量的集合。

在基准回归的基础上，为了检验社会组织密度和社会组织质量是否作为地方公共服务供给水平的中介，构建递推模型对社会组织参与、政府治理能力对地方公共服务供给水平的中介作用机制与路径进行检验。仍采用 SYS-GMM 估计方法进行中介效应基准检验，计量模型设定如下：

$$ln\mathrm{PS}_{it} = \alpha_0 + \alpha_1 ln\mathrm{GO}_{i,t} + \alpha_2 ln\mathrm{PS}_{i,t-1} + \sum \alpha_j \mathrm{X}_{it} + \mu_i + \varepsilon_{it} \qquad (6-4)$$

$$ln\mathrm{Social}_{it} = \beta_0 + \beta_1 ln\mathrm{GO}_{i,t} + \beta_2 ln\mathrm{Social}_{i,t-1} + \beta_j \sum \beta_j \mathrm{X}_{it} + \mu_i + \varepsilon_{it} \qquad (6-5)$$

$$ln\mathrm{Social}_{it} = \gamma_0 + \gamma_1 ln\mathrm{GO}_{i,t} + \gamma_2 ln\mathrm{Social}_{i,t} + \gamma_3 ln\mathrm{PS}_{i,t} + \sum \gamma_j \mathrm{X}_{it} + \mu_i + \varepsilon_{it} \qquad (6-6)$$

上述模型中 Social 代表社会组织密度和社会组织质量。其中，模型（6-4）检验政府治理能力对地方公共服务供给水平的影响；模型（6-5）检验政府治理能力对社会组织参与的影响；模型（6-6）综合考察两者对地方公共服务供给水平的显著性。在满足模型（6-4）的情况下再对（6-5）和（6-6）进行检验，如果社会组织参与和政府治理能力变量均显著，同时模型（6-6）中的社会组织参与的系数显著，则具有显著的部分中介效应；如果模型（6-5）中政府治理能力显著，模型（6-4）中社会组织参与显著而政府治理能力不显著，则为完全中介效应。

最后，为了进一步检验在地方公共服务供给过程中社会组织参与和政府治理能力是否存在调节机制，把政府治理能力分解为营商环境、行政效率、公共管理和财政自给能力，然后分别和社会组织密度、社会组织质量构造交互项，进一步分析社会组织参与、政府治理能力与影响公共服务供给水平发展的调节机制，分析社会组织参与影响公共服务供给水平过程中，是否受到不同程度政府治理能力的影响。其模型设定如下：

$$\ln PS_{it} = \alpha_0 + \beta_1 \ln SD_{it} * \ln Government_{it} + \beta_2 \ln SD_{it} + \beta_3 \ln Government_{it} +$$

$$\beta_4 \ln PS_{i,\ t-1} + \sum \beta_j X_j + \mu_i + \varepsilon_{it} \qquad (6-7)$$

$$\ln PS_{it} = \alpha_0 + \beta_1 \ln SQ_{it} * \ln Government_{it} + \beta_2 \ln SQ_{it} + \beta_3 \ln Government_{it} +$$

$$\beta_4 \ln PS_{i,t-1} + \sum \beta_j X_{it} + \mu_i + \varepsilon_{it} \qquad (6-8)$$

其中，Government 分别是营商环境、行政效率、公共管理和财政自给能力等分解的政府治理能力变量，其他指标与上述模型一致。

二、社会组织参与对地方公共服务供给影响

表6-2报告了社会组织参与对地方公共服务供给影响的回归结果。在不控制政府治理能力的前提下，社会组织参与对提高地方公共服务供给水平具有显著为正的影响。在控制了政府治理能力后发现，社会组织密度增加，能够显著提高地方公共服务的供给水平。而社会组织质量的改善，对地方公共服务供给水平提升具有负向影响，但并不显著。表明在我国提升地方公共服务供给水平，社会组织参与的首要途径是扩大覆盖范围以及覆盖人群，而社会组织自身质量对地方公共服务供给尚不具备带动作用。将社会组织密度和社会组织质量同时纳入模型发展，社会组织密度仍具有显著为正的影响，而社会组织质量的影响变为负向，在一定程度上甚至对地方公共服务供给水平产生抑制作用，更证实了上述结论。

当前，我国社会组织参与地方基本公共服务供给的主要手段，仍为扩大供给主体数量，社会组织参与公共服务供给具有"粗放式"发展特征。同

时，该实证结果表明，作为行政机构，政府没有足够的精力去处理各类专业的治理或公共服务问题。因此，必然要将一系列的专业问题转交给社会组织，凭借政社合作的优势"让专业的人干专业的事"，社会组织成为政府公共服务供给失灵的重要补充。鼓励引导以社会组织为代表的其他力量参与地方公共服务供给，对于提高地方公共服务供给水平，促进我国实现基本公共服务均等化等具有重要的现实意义。

表 6-2　社会组织参与对公共服务供给的影响状况

变量名称	（1）	（2）	（3）	（4）
社会组织参与	0.0204*** (0.00336)			
社会组织密度		0.0362*** (0.00237)		0.0359*** (0.00222)
社会组织质量			−0.00353 (0.00184)	−0.00342** (0.00161)
政府治理能力		0.102*** (0.0109)	0.213*** (0.0133)	0.111*** (0.0140)
控制变量	控制	控制	控制	控制
滞后项	控制	控制	控制	控制
常数项	−0.0166* (0.00931)	−0.0197 (0.0148)	−0.0301** (0.0133)	−0.0221* (0.0131)
AR（1）	0.0000	0.0000	0.0000	0.0000
AR（2）	0.0392	0.1614	0.4756	0.2099
Sargan	0.3736	0.4081	0.3813	0.4066

注：括号内为标准差；***、**、*分别代表在相关变量在1%、5%、10%的显著性水平下显著。

三、政府治理能力对地方公共服务供给影响

表6-3报告了政府治理能力对地方公共服务供给影响的回归结果。由此可知，无论是否加入控制变量，社会组织参与、政府治理能力对地方公共服务供给水平均具有显著为正的影响，但地方政府治理能力的回归系数要远大

于社会组织参与。这一结果符合供给公共服务是地方政府一项基本职能的现实，反映出地方政府在推动公共服务供给中占据主导和控制作用。地方政府较中央政府具有更多了解地方公众、社会与经济发展需求信息的途径，信息搜寻成本更低，能够发挥信息优势，以公众与经济发展需求为导向，提供地方公共产品，防止资源浪费，提高地方公共服务供给水平。实证结果表明，地方政府治理能力每提升 1 个单位，对地方公共服务供给水平的提升达到 0.1—0.3 个单位，这一点契合了地方政府作为政权组织，承担着向社会供给各类公共服务的重要职责。提高地方政府治理能力，提升政府为基层提供各项公共服务的能力，加强公共服务能力建设，是实现公共服务均等化，提高地方公共服务供给质量和水平的基础。

同时，对地方政府治理能力进行分解回归检验发现，在控制其他政府治理能力的前提下，政府公共管理能力越强，针对公共服务供给投入越高，对于其质量改善作用最为明显。仅从政府治理角度而言，提升行政效率对公共服务质量改善作用能力最强；此外，行政效率的提升对公共服务供给水平的提升强度也不断增强，而营商环境虽然也会明显提升公共服务质量，但作用力度明显弱于公共管理和行政效率，而财政自给能力的高低，并未对公共服务供给水平的提升产生明显影响。

表 6-3　政府治理能力对公共服务供给的影响状况

变量名称	（1）	（2）	（3）	（4）	（5）	（6）
政府治理能力	0.206 *** （0.00636）					
营商环境		0.0372 *** （0.00111）				0.00710 ** （0.00463）
行政效率			0.00601 *** （0.00211）			0.0217 *** （0.00454）
公共管理				0.0951 *** （0.00368）		0.0322 *** （0.00732）

变量名称	（1）	（2）	（3）	（4）	（5）	（6）
财政自给能力					−0.0703 （0.00382）	−0.0734 （0.00686）
社会组织参与		0.00982 *** （0.00349）	0.0156 *** （0.00423）	0.00423 ** （0.00303）	0.0204 *** （0.00427）	0.000543 ** （0.00409）
控制变量	控制	控制	控制	控制	控制	控制
滞后项	控制	控制	控制	控制	控制	控制
常数项	−0.0263 （0.0162）	−0.0928 *** （0.0123）	0.00502 （0.0107）	−0.157 *** （0.0149）	−0.0677 *** （0.0135）	−0.0144 （0.0406）
AR（1）	0.0000	0.0000	0.0000	0.0000	0.0000	0.0000
AR（2）	0.4413	0.0623	0.0629	0.9081	0.0777	0.4185
Sargan	0.3732	0.3893	0.3761	0.3834	0.3904	0.3903

注：括号内为标准差；***、**、*分别代表在相关变量在1%、5%、10%的显著性水平下显著。

四、社会组织参与对地方公共服务供给影响机制

在对社会组织和政府治理能力对地方公共服务供给影响进行分析的基础上，进一步分析社会组织参与政府治理能力在提升地方公共服务供给水平上的互动和作用机制。结果表明，政府治理能力的改善可以显著提升社会组织密度，从而提高公共服务供给水平；而政府治理能力与社会组织质量的互动作用尚不明显，二者难以在提高地方公共服务供给水平上形成合力。

（一）中介效应

通过中介效应检验，分析社会组织参与是否可以作为提高地方公共服务供给水平的中介变量，表6-4报告了中介效应回归结果。将社会组织参与分解为社会组织密度和社会组织质量两个指标进行分别检验。首先，检验政府治理能力对公共服务供给水平的影响，估计系数始终显著为正，意味着政府治理能力在提高地方公共服务供给水平方面始终发挥主导作用，依靠营商环境、行政效率以及公共管理能力等治理能力的改善，可以提高地方公共服务

质量。然后，分析中介变量政府治理能力对社会组织密度和社会组织质量的影响状况，结果发现政府治理能力的提升对提高社会组织密度和社会组织质量均具有显著正向的影响。最后，分析因变量对自变量和中介变量的回归。在加入中介变量社会组织密度后，政府治理能力的估计系数有明显下降，同时社会组织密度的系数显著为正，而加入中介变量社会组织质量的结果显示其并不显著，政府治理能力的估计系数也并未出现下降，这表明社会组织密度增加对推动地方公共服务供给具有中介效应，而社会组织质量改善目前尚不具有中介作用。

中介效应分析结果表明，当前在我国社会组织参与公共服务供给的过程中，社会组织密度的增加是主要渠道，建立覆盖全面的社会组织网络，仍是当前推动地方公共服务供给的有力途径，政府治理能力的提升可以通过促进社会组织密度提高，扩大社会组织数量，扩展社会组织的覆盖范围促进地方公共服务供给水平的提升。

表6-4　中介效应分析结果

变量名称	公共服务质量	社会组织密度	社会组织质量	公共服务质量	
	（1）	（2）	（3）	（4）	（5）
政府治理能力	0.206*** (0.00636)	0.635*** (0.0571)	0.820*** (0.262)	0.102*** (0.0109)	0.213*** (0.0133)
社会组织密度				0.0362*** (0.00237)	
社会组织质量					−0.00353* (0.00184)
控制变量	控制	控制	控制	控制	控制
滞后项	0.583*** (0.0138)	0.905*** (0.00614)	0.539*** (0.0390)	0.541*** (0.0147)	0.585*** (0.0142)
常数项	−0.0263	0.208***	−0.671***	−0.0197	−0.0301**
	(0.0162)	(0.0484)	(0.191)	(0.0148)	(0.0133)

续表

变量名称	公共服务质量	社会组织密度	社会组织质量	公共服务质量	
	（1）	（2）	（3）	（4）	（5）
AR（1）	0.0000	0.0000	0.0033	0.0000	0.0000
AR（2）	0.4413	0.3844	0.7033	0.1614	0.4756
Sargan	0.3732	0.6174	0.5220	0.4081	0.3813

注：括号内为标准差；***、**、*分别代表在相关变量在1%、5%、10%的显著性水平下显著。

（二）调节机制

为了对政府治理能力和社会组织参与对公共服务供给水平的影响作用进行进一步阐释，构造分解后的政府治理能力与社会组织参与的交互项，研究两者在促进地方公共服务供给中的调节机制。表6-5汇报了社会组织密度与政府治理能力调节效应检验结果。第（1）列汇报了没有分解前政府治理能力和社会组织参与的交互结果，在以政府为主导的地方公共服务供给过程中，良好的政府治理能力能够带动社会组织参与水平提高，进而对地方公共服务提升具有带动作用；第（2）—（5）列分别汇报了社会组织密度和营商环境、行政效率、公共管理及财政自给能力的调节效应，分解后的各项政府治理能力指标与社会组织密度的交互作用显著，政府治理能力的改善，可以带动社会组织密度提高，进而对地方公共服务供给水平提升产生积极影响。

这一结果既从侧面验证了社会组织密度在参与地方公共服务供给中的带动作用，又更加显著的突出了社会组织密度的中介效果。同时，根据结果发现，社会组织密度与营商环境调节效应最为明显，同时作为政府内部治理能力重要表现的行政效率与社会组织密度，也具有显著的调节效应。这说明我国政府的"放管服"改革凸显成效，良好的营商环境以及不断提高的行政效率，提高了社会组织活力和能力，促进了地方公共服务水平的提高。此外，政府购买是中国社会组织参与公共服务供给的一项重要途径，不断加大的政府购买数量以及不断扩展的购买种类，推动了社会组织密度的不断增加，提高了地方公共服务供给水平。

表6-5　政府治理能力和社会组织密度调节效应

变量名称	（1）	（2）	（3）	（4）	（5）
政府治理 * 社会组织参与	1. 122 *** （0. 115）				
营商环境 * 社会组织密度		0. 0968 *** （0. 0226）			
行政效率 * 社会组织密度			0. 0382 *** （0. 00430）		
公共管理 * 社会组织密度				0. 0512 *** （0. 0128）	
财政自给能力 * 社会组织密度					0. 0274 ** （0. 0137）
政府治理能力变量	控制	控制	控制	控制	控制
社会组织参与变量	控制	－	－	－	－
社会组织密度变量	－	控制	控制	控制	控制
控制变量	控制	控制	控制	控制	控制
滞后项	控制	控制	控制	控制	控制
常数项	0. 173 *** （0. 0182）	0. 0919 *** （0. 0191）	－ 0. 00323 （0. 0205）	－ 0. 0111 （0. 0187）	－ 0. 0212 （0. 0180）
AR（1）	0. 0001	0. 0001	0. 0000	0. 0000	0. 0000
AR（2）	0. 1649	0. 1778	0. 4705	0. 0583	0. 3104
Sargan	1. 0000	1. 0000	1. 0000	1. 0000	1. 0000

注：括号内为标准差；*** 、** 、* 分别代表在相关变量在1%、5%、10%的显著性水平下显著。

接着对社会组织质量与分解的政府治理能力进行交互分析。表6-6报告了政府治理能力与社会组织质量的交互结果。结果显示，营商环境、行政效率、公共管理与社会组织质量具有正向调节效应，而财政自给能力与社会组织质量的交互作用显著为负，在一定程度上抑制了公共服务质量提升。这个结果部分揭示了社会组织质量对推动地方公共服务质量提升不具备中介效应的原因。随着营商环境的改善、行政效率的提升、公共管理投入的加大，准入门槛逐渐降低，地方公共服务供给领域不断扩展，社会组织对高素质员工的需求日益旺盛，通过提高员工素质推动其提供更精细化，高质量的服务已经成为社会共识。所以营商环境、公共管理与社会组织质量具有正向调节效应；而政府的财政自给能力与社会组织质量是各自内部治理能力的集中体现，首先从理论上调节效应存在可能性较弱；此外，财政自给能力较高的政府，往往自身拥有供给高质量公共服务的能力，也在一定程度上限制了社会组织参与力度。同时，政府治理能力与社会组织质量的调节作用较弱，也说明当前政府对于提高社会组织质量的投入与重视程度较低。产生这样的原因，一方面是由于当前覆盖全面的社会组织网络尚未建立，政府更多关注在社会组织密度的增加，而忽视了对其质量的提高；另一方面也反映了政府财政对于社会组织高素质人才培养支持力度较弱的现实问题。

表6-6 政府治理能力和社会组织质量调节效应

变量名称	(1)	(2)	(3)	(4)
营商环境*社会组织质量	0.128*** (0.0127)			
行政效率*社会组织质量		0.0104*** (0.00328)		
公共管理*社会组织质量			0.0638*** (0.00559)	
财政自给能力* 社会组织质量				-0.0627*** (0.00697)
政府治理能力变量	控制	控制	控制	控制
社会组织质量变量	控制	控制	控制	控制
控制变量	控制	控制	控制	控制
滞后项	控制	控制	控制	控制
常数项	0.160*** (0.0278)	0.0326*** (0.00889)	-0.00591 (0.0166)	-0.159*** (0.0292)

变量名称	（1）	（2）	（3）	（4）
AR（1）	0.0002	0.0003	0.0006	0.0001
AR（2）	0.3383	0.4699	0.6450	0.7436
Sargan	1.0000	1.0000	1.0000	1.0000

注：括号内为标准差；***、**、*分别代表在相关变量在1%、5%、10%的显著性水平下显著。

五、社会组织参与影响的异质性

为了进一步剖析社会组织参与、政府治理能力对地方公共服务供给在不同区域、不同服务类型方面的差异，从区域和服务类型两个视角进行异质性分析，旨在更为全面、准确把握不同服务类型、不同区域社会组织参与、政府治理能力对地方公共服务供给水平的影响状况。

（一）地方公共服务类型异质性

表6-7报告了地方公共服务异质性检验结果。公共服务类型异质性分析结果显示，政府治理能力对医疗卫生、公共教育、生态环境、公共文化和公共福利等五类地方公共服务供给水平提升均具有明显的促进效应，其中对医疗卫生的影响程度从显著性水平到影响系数均最为明显，而社会组织参与对生态环境和公共福利两项公共服务的影响状况不明显，对公共教育、医疗卫生和公共文化建设具有显著为正的影响。同时生态环境类公共服务方面社会组织参与、政府治理能力之间的调节效应较弱，二者难以形成供给合力。生态环境建设和公共福利设施构建需要大量基础设施建设，仅依靠社会组织参与难以推动其有效供给，仍需要大量政府投入，仍需要避免过度依赖社会组织。

表 6-7　公共服务类型异质性

变量名称	医疗卫生	公共教育	生态环境	公共文化	公共福利
政府治理能力	5.531*** (0.158)	0.125*** (0.0239)	0.439* (0.260)	0.573*** (0.0991)	0.416*** (0.126)
社会组织参与	0.180* (0.105)	0.0241*** (0.00909)	0.463 (0.0321)	0.0701*** (0.0183)	−0.0501 (0.0347)
控制变量	控制	控制	控制	控制	控制
滞后项	控制	控制	控制	控制	控制
常数项	1.631*** (0.317)	0.621*** (0.0228)	2.067*** (0.259)	−0.255*** (0.0250)	0.0481 (0.0786)
AR（1）	0.0000	0.0000	0.0216	0.0298	0.0003
AR（2）	0.0509	0.4668	0.0776	0.1007	0.2515
Sargan	0.4102	0.3825	0.4825	0.5298	0.4100

注：括号内为标准差；***、**、*分别代表在相关变量在1%、5%、10%的显著性水平下显著。

接着，进一步分析政府治理能力、社会组织参与对不同类型的地方公共服务供给水平是否存在调节效应，以及调节效应是否具有异质性。表 6-8 汇报了公共服务调节效应异质性分析结果。结果显示，政府治理能力与社会组织参与的对医疗卫生、公共教育、公共文化以及公共福利均具有正向的调节效应，而对于生态环境的具有正向但不显著的影响，其中医疗卫生类的调节效应最为明显，这意味着生态环境类公共服务方面社会组织参与、政府治理能力之间的调节效应较弱，两者难以形成供给合力。可能存在的原因在于这类公共服务供给水平的提高，仅依靠社会组织密度的增加难以实现较好发展，需要大量专业性人才，这也进一步反映出当前社会组织质量对地方公共服务供给的带动能力较弱的现实困境。

表 6-8 公共服务调节效应异质性分析

变量	医疗卫生	公共教育	生态环境	公共文化	公共福利
政府治理能力 * 社会组织参与	13.53*** (2.272)	0.481*** (0.111)	0.00829 (1.655)	2.108*** (0.660)	4.481*** (0.766)
政府治理能力	0.214 (1.034)	−0.0835* (0.0497)	0.504 (0.650)	0.362 (0.332)	−1.322*** (0.280)
社会组织参与	−5.370*** (0.799)	−0.212*** (0.0392)	−0.413 (0.586)	0.888*** (0.251)	−1.778*** (0.294)
土地财政	−0.0267 (0.0180)	0.00621*** (0.000988)	−0.138*** (0.00701)	−0.0688*** (0.00312)	0.0455*** (0.00660)
人口密度	−0.265** (0.103)	−0.0230*** (0.00311)	0.0995** (0.0467)	−0.0498*** (0.0106)	0.0431 (0.0389)
城镇化率	−1.424*** (0.101)	−0.119** (0.00714)	−1.118*** (0.121)	0.376*** (0.0405)	−0.0333 (0.0642)
滞后项	0.713*** (0.0131)	0.734*** (0.0186)	0.788*** (0.00775)	0.937*** (0.00257)	0.850*** (0.0110)
常数项	3.817*** (0.777)	0.641*** (0.0264)	2.066*** (0.276)	−0.515*** (0.0769)	0.668*** (0.121)
AR（1）	0.0000	0.0000	0.0000	0.0003	0.0003
AR（2）	0.0678	0.5450	0.0790	0.1007	0.2504
Sargan	0.3802	0.3901	0.5191	0.5930	0.4062

注：括号内为标准差；*** 、** 、* 分别代表在相关变量在1%、5%、10%的显著性水平下显著。

（二）区域异质性

在全样本分析的基础上，为了进一步检验不同地区政府治理能力、社会组织参与对地方公共服务供给水平的影响异质性，将样本所选30个省份划分为东中西部进行分组检验，东、中、西部分类标准如表6-9所示：

表 6-9　东中西部划分

地区划分	省份名称
东部地区	北京、山东、河北、浙江、江苏、上海、福建、广东、海南、辽宁、天津
中部地区	河南、山西、湖北、湖南、江西、内蒙古、吉林、黑龙江、安徽
西部地区	陕西、四川、甘肃、青海、新疆、云南、贵州、广西、重庆、宁夏

在完成分类的基础上，对政府治理能力、社会组织参与和地方公共服务供给的影响状况进行异质性分析。表 6-10 汇报了区域异质性回归结果。结果发现，东中西部地区政府治理能力对公共服务供给水平提升均具有显著为正的影响，其中西部地区政府治理能力对公共服务供给水平提升的影响程度较弱；而中部影响度较高，政府治理能力每提升 1 个单位，中部公共服务供给水平提升超过 0.2 个单位；其中东部地区政府治理能力的影响程度最为明显，政府治理能力每提高 1 个单位，公共服务供给水平提高 0.237 个单位，较西部地区高出约 0.1 个单位。

从社会组织参与而言，中部地区社会组织参与对公共服务供给水平提升影响最为明显，在 5% 的水平下社会组织参与每提高 1 个单位，公共服务供给水平提高 0.022 个单位；东部地区社会组织参与对公共服务供给水平的影响在 10% 的条件下显著，而西部社会组织参与对公共服务供给水平的影响状况不明显，与基准全样本回归结果显示的社会组织参与对公共服务供给水平的影响程度低于政府治理能力的影响一致。可能的原因是东部地区政府治理能力较强，政府公共服务供给能力较强，西部地区社会组织覆盖范围和服务能力较弱，因此可能对公共服务提供作用力度较弱。总之，当前社会组织、政府治理对公共服务供给水平的影响程度呈现东中部较为突出，而西部有待提升状况，公共服务高质量供给均等化水平有待提高。

表 6-10　区域异质性分析结果

变量名称	东部地区	中部地区	西部地区
政府治理能力	0.237 *** (0.0900)	0.229 *** (0.188)	0.145 *** (0.0889)
社会组织参与	0.0178 * (0.0144)	0.0224 ** (0.0099)	0.00556 (0.0162)
控制变量	控制	控制	控制
滞后项	控制	控制	控制
常数项	−0.101 (0.140)	−0.186 ** (0.0913)	−0.186 ** (0.0779)
AR（1）	0.0268	0.0093	0.0286
AR（2）	0.2461	0.0143	0.3325
Sargan	0.9992	0.9998	0.9998

注：括号内为标准差；*** 、** 、* 分别代表在相关变量在1%、5%、10%的显著性水平下显著。

　　然后，从区域层面探究是否存在调节效应。表 6-11 报告了区域调节效应异质性回归结果。结果显示，东部和西部社会组织参与对政府提供公共服务难以形成合力，社会组织参与在政府提供公共服务供给方面未发挥调节效应。具体来看，西部地区政府治理能力和社会组织参与之间的调节机制最弱，中部地区调节效果最为明显。东部地区经济发展程度高，政府治理能力对公共服务的直接影响强度大，一定程度上淡化了社会组织的作用发挥，而西部地区一方面受制于政府财政能力不足或政府的治理方式影响，政府治理能力对公共服务供给的影响程度较弱。同时，西部地区社会组织无论从密度还是质量而言均明显低于中东部地区，导致政府与社会组织二者之间尚未实现有效协调，供给公共服务的合力尚未充分发挥。

表 6-11 区域调节异质性分析

变量名称	东部地区	中部地区	西部地区
政府治理能力 * 社会组织参与	2.099*** (1.864)	24.70*** (8.017)	-26.39*** (9.132)
政府治理能力	0.817 (0.937)	-10.68*** (3.538)	11.16*** (3.837)
社会组织参与	0.875 (0.731)	-9.012*** (2.930)	10.44*** (3.615)
土地财政	0.00134 (0.00199)	0.0206** (0.00850)	-0.0362*** (0.0110)
人口密度	0.0247 (0.0452)	0.100*** (0.0292)	0.00573 (0.0108)
城镇化率	0.0442 (0.113)	0.255* (0.134)	1.985*** (0.636)
滞后项	0.487*** (0.138)	-0.0269 (0.163)	-3.745*** (1.380)
常数项	0.233 (0.378)	3.165*** (1.148)	-6.446*** (2.170)
AR (1)	0.0000	0.0000	0.0000
AR (2)	0.1878	0.6469	0.3916
Sargan	0.9998	1.0000	1.0000

注：括号内为标准差；***、**、*分别代表相关变量在1%、5%、10%的显著性水平下显著。

第三节 社会组织参与地方公共品供给建议

在我国已初步构建起覆盖全民的国家公共服务体系的背景下，地方公共服务供给仍然存在"供给不足、质量不高、发展不均衡等突出问题"，[①] 分析社会组织参与、政府治理能力对地方公共服务供给的影响机制，加快提升公共服务供给水平成为解决我国现阶段社会主要矛盾的重要方面，也是推进供给侧结构性改革的重点。本章通过理论和实证分析，证明了以社会组织为

[①] 国务院：《关于印发"十三五"推进基本公共服务均等化规划的通知》，2017年3月1日。

主要参与者的多主体供给地方公共服务的必要性和可能性，也对当前供给模式存在的不足之处进行了一定阐述。基于理论和实证分析，本章针对提升地方公共服务供给水平提出以下路径与建议。

一、完善社会组织供给地方公共服务保障机制

党的十九届四中全会指出要"注重加强普惠性、基础性、兜底性民生建设，保障群众基本生活"。构建完善的地方公共服务保障机制，是推进基本公共服务均等化，提高公共服务供给水平的首要前提。

强化党对社会组织的领导和带动作用。着力构建"党建引领，政府主导，社会组织参与"的地方公共服务供给机制，以高质量党的建设推动社会组织高质量发展。具体而言，一方面要在符合条件的社会组织等机构强化党的基层组织覆盖，吸纳并发展社会组织的领导者、服务和技术骨干成为党员，将践行党员责任义务贯彻到社会组织的服务全流程和全过程；另一方面要强化社会组织内部和其员工的党性教育，以党性指引提升公共服务供给主人翁意识和责任意识，以此挖掘并发挥社会组织质量对地方公共服务供给的作用。

强化地方公共服务供给法律保障机制建设。地方公共服务供给中的非制度性约束以及法律制度缺失或层级较低问题不仅导致其供给缺乏效率，也难以对各方形成普遍性约束，同时非政府主体的"经济理性"，使其在公共服务供给中存在偷工减料、投机欺诈的动机，导致公共服务供给效率和质量下降。因此，要通过颁布实施新的专项立法、调整《政府采购法》等现有法律法规等方式，出台或细化针对社会资本、社会力量参与公共服务供给的法律规范，明晰其他非政府部门参与公共服务供给的行为边界和责任义务，对服务供给方的人员和资质要求进行规定，制定违规惩戒和处罚规章，从政策法规层面破解社会组织等社会力量参与公共服务供给的制度性障碍。

完善公共服务供给监督管理机制。社会力量参与公共服务的监管制度不

全、方式单一、制度落后等现实问题引致以权谋私、钱权交易等寻租行为是导致公共服务供给水平不高以及丧失社会组织公信力的主要原因。因此，公共服务的供给需加强政府的监管，压实主体责任，完善信息公开和绩效评估机制，针对社会力量参与社会公共服务供给，引入第三方评估机构，完善机构评级制度，构建完善的竞争淘汰机制，及时表彰表现良好的服务供给主体，淘汰资质不符、工作落后、难以胜任的组织团体，推动各社会主体形成地方公共服务供给合力。

二、加大政府向社会组织购买公共服务力度

国家"十四五"规划和2035年远景目标纲要强调，要"发挥群团组织和社会组织在社会治理中的作用，畅通和规范市场主体、新社会阶层、社会工作者和志愿者等参与社会治理的途径。"多主体供给公共服务的基本要求和途径就是完善以政府为主导的公共服务购买模式，这不仅是转变政府职能、实现服务型政府、有限政府建设目标的必要举措，也是引导各类社会组织投身公共服务供给，完善社会治理体系的重要举措，更是有序推动公共服务供给水平，提高公共服务供给效率的必要手段。

强化对多元主体参与公共服务的支持力度。地方公共服务的多元主体参与可以充分改善因政府单独供给公共服务引发的供给不足、供给低效的问题，一方面可以降低政府负担，另一方面也可以促进公共服务资源的有效配置，优化服务供给质量。支持多元主体参与公共服务供给，要加大准入支持力度，完善市场竞争机制，放宽市场准入条件，主动协调引导民间资本进入公共服务领域，通过大力实施民办公助、特许经营、扩大购买、授予经营权等多种方式，积极接纳社会组织、民营资本等社会资本参与公共服务供给；另一方面，要强化资金扶持力度，给予各主体以优惠政策和税收，为其供给公共服务拓宽空间；此外，要强化制度创设，提升政府的商议合作能力，推进政府与社会的"嵌入"及政府和社会组织的合作共治，建立政府与多元组

织的协力合作服务关系，形成"政府与社会需求有效对接、公共服务自我服务双向结合"的有序格局。

提升政府内部公共服务意识。服务意识淡薄影响了社会组织等第三方部门参与政府购买公共服务行为的积极性和公共服务供给质量。在实施政府购买公共服务过程中，要以建设服务型政府为己任，提升政府机构和政府工作人员公共服务意识，在服务类型选择和服务供给主体选择上做好规划调研，在供给主体选择上完善竞争举措和筛选机制，在服务供给过程中实施全生命周期动态管理，以"严把服务类型、严筛重点区域、严选服务对象、严格监督管理"等"四严"方式贯彻服务型政府理念，压实公共服务供给主体责任，提升公共服务供给效率和质量。

三、提高政府公共服务供给能力

从理论和实践角度而言，公共服务的主体均为政府，同时新公共管理理论认为，尽管政府可以将公共服务职能下放或给予市场或其他组织供给，但多元供给模式并非意味着政府可以将公共服务的市场化、社会化作为摆脱相关责任的托词，更不能将政府购买等方式作为变相"懒政"或"怠政"的借口，而仍应该一如既往保持在公共服务供给过程中的主体地位，承担着为社会公众提供各类公共服务的主要责任。

强化政府内部公共服务供给组织体系建设。以完善且权责分明的政府内部组织结构为依托，将以命令和服从为主的威权政府组织转变为服务型政府组织，以公共服务供给为主要方向，依照扁平化、柔性化方式构建政府组织结构，形成从中央到地方系统完备，组织清晰的公共服务供给组织体系。在简政放权、事权下放的过程中赋予下级服务供给部门和地方政府对等权责，既确保中央或上级部门对公共服务供给的领导和指导地位，又能在保持地方供给公共服务的积极性的前提下确保地方可以高效供给公共服务。在与社会组织的互动关系中，应超越政府中心主义治理逻辑，理清政府与社会组织的契合点，在强调共同职责的基础上与社会组织进行合作，推动以社会组织为代表的其他部门高效参与公共服务供给。

优化地方政府公共服务财政支出结构。财政能力是制约政府提供高质量公共服务的重要因素之一。实证研究表明，当前政府治理对公共服务高质量供给的一个制约因素就是财政自给能力状况。建立体系明了、行之有效的财政管理机制是提升财政服务能力、确保公共服务有效供给的内在要求。因此，为了更好发挥政府供给公共服务能力，迫切需要强化公共财政管理能力建设。更好地完善财政管理体制，要优化财政支出结构，要以优化公共服务供给为核心，完善转移支付制度，针对紧迫性、基础性公共服务实施更大范围、大投入的财政支出倾斜，扩大对边远贫困地区、公共服务落后地区的财政转移支付。此外，构建财权和事权相统一的财税体制，构建有利于地方政府提升财力的财政管理制度，要实施"政府过紧日子"的模式，压缩"三公经费"、优化政府日常办公费用支出，降低政府运营成本，从而节省更多财政资金投入公共服务建设领域。

提升地方政府公共管理能力。在控制了其他政府治理能力前提下，政府的公共管理能力对其公共服务供给水平的影响状况最为显著。因此，提升公共管理是提高地方政府公共服务管理能力的重点举措。首先，要明确地方政府公共服务供给总设计者的角色，跳出政府部门的狭隘利益，站在更好地供给公共服务的立场上来推进变革，将公共利益维护作为行动的边界和底线。其次，深化行政管理制度改革，明确地方各级、各部门公共服务职权，确保在公共服务供给过程中不出现政府失位、缺位或越位的现象。另外，应以民众需求为导向，从公众利益出发有针对性地进行政府职能变革和公共服务供给，要对公众需求进行动态追踪，掌握群众公共服务需求和社会公共服务诉求的变化状况，分析群众公共服务需求的未来走势，对现行的公共管理和公共服务政策进行动态调整和完善，确保政府提供公共服务政策在保持相对稳定的前提下具有动态可持续和一定的前瞻性。

四、提高社会组织供给公共服务能力

当前地方政府对社会组织的态度具有"利用式排挤"特性，一方面政府期待社会组织壮大，希冀借助其力量实现高效社会治理。因此，政府不断为社会组织参与公共服务构建发展平台；但另一方面，给予社会组织更多服务职能可能会引发其社会信任问题，进而影响自己的合法性和权威性，故在部分领域和部分环节上对社会组织层层设卡，阻止其进一步壮大。为了更高效地提供公共服务，社会组织应从自身做起，完善其公共服务供给职能，通过强化其自身能力从而确保更高效的公共服务供给。

不断提升社会组织合法性。社会组织的发展离不开地方政府部门的扶持，政府与社会组织关系的再优化也需要政府恰当地履行其职责。公共服务的社会组织供给效应的充分发挥必须完善相关制度设计，构建社会组织生存的良好生态环境。一方面社会组织自身应积极响应落实相关政策规范，及时且按规定对自身的资质进行完善，学习了解最新规章制度，强化内部风控合规制度建设，依法合规维权和解决争议问题，确保自身行为在制度框架下进行，以高质量自我发展保障自身合法地位；另一方面政府要创新制度设计，完善社会组织法律法规建设，降低"准入"门槛，改善登记管理中"高门槛、多限制"的现状，把工作重心转移到监督和管理上，拓宽社会组织的生存发展空间。

提高社会组织在薄弱领域和地区的覆盖范围。基于当前中国社会组织参与基本公共服务均等化发展仍处在初级阶段的现实特征，在短时期内仍需要增加社会组织数量，扩大社会组织密度，增强社会组织的辐射带动作用，尤其是当前社会组织覆盖面较小的西部地区和社会组织尚未有效进入的部分领域，如生态环境领域要提高其组织密度，确保社会组织在各个地区、各个领域充分进入，通过增强社会组织数量，提升社会组织在各个部门、各种公共服务供给的参与度，确保能够实现公共服务有效供给。

　　提升社会组织内部发展质量。社会组织应在准确自我定位的基础上，做好社会组织内部建设，平衡社会组织的短期和长期利益。一方面，要主动争取获得较好的外部环境，借助于政府力量通过制度、政策等拓宽其生存空间，获得一定的生存资源，实现类型结构的合理化等；另一方面，最根本的是要依靠社会组织自身实力的增强来提升其"造血"能力，针对当前社会组织质量较弱，高学历高素质专业人才较少的问题，要着重优化组织内部结构，完善年龄结构、学历结构，提高专业素质，努力实现精准化和专业化的供给。此外，各社会组织应完善培训交流机制，加强与同类型组织和其他地区社会组织交流，通过举办行业交流会和评级评选会等方式促进相互学习，提高各自服务质量，通过与专业智库、大学机构或其他管理部门联合组织开展培训讲座、高端论坛等方式增进各社会组织对当前行业发展动态和相关规章制度的了解，便于其及时转变服务供给模式和管理模式，促进更好的供给公共服务。

第七章 地方公共品有效供给激励与保障[①]

第一节 完善地方公共品有效供给制度

合理的制度安排是实现地方公共品有效供给的制度保障。进入新发展阶段，满足人民日益增长的对美好生活的需要，客观上需要以改革的办法突破体制机制的障碍，为促进地方公共品有效供给创造良好的制度环境。通过完善的制度保障，以期全面矫正地方政府对公共品供给的结构偏向和效率损失，提高供给的质量和水平，促进供给结构的优化。

地方公共品供给不平衡不充分的传导机制，主要通过基于制度内的约束和制度外的市场机制来实现。制度内约束主要体现为我国户籍制度、官员政绩考核制度和公共服务供给制度等的不完善，使得社会公共资源的规划及资源配置与居民需求、人口结构变动的关联度不够，导致公共服务享受不均。同时，社会公共资源管理体制机制的滞后，造成公共服务资源配置部门分割和地区分割，导致社会公共服务资源地区和群体配置的不均衡。制度外因素主要是社会公共资源市场作用机制的不完善和公共服务资源供给主体的单

---

① 本章部分内容取自文献 Gangqiang Y., Hong C. 等（2019）。

一，难以满足流动居民对公共产品的多样化、个性化需求。因此，应基于不同区域公共品需求偏好和区域匹配机制，重构地方公共品供给政府与市场边界，重塑配套制度改革与财政政策体系。既包括现有财政分权和转移支付制度的改革，也包括公共服务供给制度、户籍制度、官员考核制度等配套制度的改革，以期形成有利于区域间公共品结构均衡、供给效率不断增进的公共服务供给制度保障体系。

一、完善财政分权和转移支付制度

财政是国家治理的基础和重要支柱。实现基本公共服务供给的现代化，核心在于加快改革和完善现代财政制度。财政体制安排深度影响地方政府的行为，是国家治理体系的重要组成部分。完善的公共财政制度是保障各地区公共品有效供给的物质基础，科学合理的事权与财权划分和转移支付制度是促进公共品有效供给的重要制度保障。

（一）实现合理财政分权度与转移支付的匹配

从各国的经验看，中央财政对地方财政的转移支付构成了地方政府的一个重要财源。1994 年我国开始执行分税制的同时，相应的实施了比较规范的转移支付制度。由于制度在实施过程中还存在诸多问题，需要进一步完善。[①]因此，应针对不同发展水平区域、不同类型公共品，构建中央和地方政府事权与财权差异化的匹配。

首先，区域经济发展水平差异对财政分权过程中地方与中央的博弈行为产生着重要的影响，影响着区域公共品供给的效率。应加快财政体制改革，建立差异化的区域财政分权度，进一步明确省以下地方政府的财政分权。增强转移支付手段在跨公共品供给中的作用，特别是对于跨区域且对其他地区影响较大的公共品，中央应通过转移支付承担一部分地方事权支出责任。与

---

① 洪银兴、尚长风：《公共财政学》，南京大学出版社 2012 年版，第 339 页。

此同时，要正确规制地方政府面临"软预算约束"或"硬预算约束"产生的负外部性，提升政府的社会治理能力，有效解决地方政府面临的"纵向财政失衡"问题。其次，适度加强中央事权和支出责任。我国社会保障制度的完善，以及高铁快速发展等交通基础设施的不断完善，有效促进了居民基本公共服务需求的空间转移和跨区域基本公共服务需求不断增加。因此，对于具有强烈区域外溢性的地方公共品，中央应上收供给责任，如增加中央对跨区域医疗资源配置、疾病预防、污染治理等支出力度，从制度层面营造地区间协调有序的竞争关系。三是增强地方政府公共品支出的财政自主权。中央和地方政府按照事权承担相应的公共品支出责任，提高地方对公共品需求的反应能力，地方政府财政自主权的增强，能够提高对公共品需求的反应能力，提高地方公共品的配置效率。地方政府应进一步健全地方税制体系，扩大地方政府理财空间和调控能力。依据国家重大区域战略，深化地方政府间分工与合作，建立完善的横向转移支付机制、跨区域援助机制，率先实现各类城市群内基本公共服务供给的一体联动，实现区域内基本公共服务的一体化。

（二）健全区域公共品协同供给的财政体制

一般来说，区域公共品供给需由政府通过公共财政预算的方式加以解决。眼下，区域一体化进程的不断加快有利于形成公共服务支出的区域外溢性收益，但仍存在一些问题。[①]　在这一过程中，基于要素合理配置、高质量发展等目标，构建完善的地区利益分享机制，是激励地方政府提升对区域公共品供给效率和效用的重要途径。

一是完善地方公共品的合作供给机制。对于流域环境治理、区域生态环境治理、省际合作区公共品供给等，健全地方政府间公共品供给的成本分摊

---

① 杨刚强、孟霞：《促进跨区域公共产品有效供给》，《经济日报（理论版）》2016 年 6 月 2 日。

机制，实现区域政府财政转移支付和资金的合理分配。这一机制建立的核心在于有为政府的建立，基于相邻区域、城市群内各地区公共品供给的实际，以及各地区居民对公共品的需求结构和区域分布，构建地方政府间合作供给的激励机制，进而促使相邻区域政府和城市群内各级政府规避"搭便车"的行为和道德风险，使其自愿按照公共品的受益程度，分摊相应的供给成本，形成公共品联合供给的机制。二是建立地方公共品供给基金。当前中心城市和城市群正在成为承载发展要素的主要空间形式，城市群内主要城市不断加快推进同城化，城市群一体化进程的加快，其中的一个重要内容就是建立共建共享的基本公共服务供给机制。各城市应以提高区域内公共品供给治理和优化公共品供给结构为目标，建立区域公共品供给基金，通过公共品联合供给机制，提升区域内公共品供给的效率变革、动力变革。三是形成区域内统一的财政激励制度。我国教育、医疗等公共服务供给具有"双轨制"的特征，非营利组织和营利组织是除地方政府外的重要供给主体，但公共品的外部性特征使得私人供给公共品具有较高的成本。同时各地区基于行政边界的公共品供给制度，形成区域间公共品供给的碎片化格局和相关激励机制的差异化格局。因此，区域内应构建统一的财政激励机制，特别是税收优惠政策，加快推进私人公共品的高质量供给。①

二、完善地方政府公共品供给制度

地方政府作为提供地方公共品供给的主体，可以看成是集体成员分散化提供区域公共品的行为。但受多种因素的影响，地方政府间在公共品供给的结构与规模、有效性等方面存在较大偏好差异。② 因此，促进地方公共品的有效供给，应加快健全基本公共服务体系，推动城乡区域基本公共服务制度

① 杨刚强、孟霞：《促进跨区域公共产品有效供给》，《经济日报（理论版）》2016 年 6 月 2 日。
② 杨刚强、孟霞：《公共服务、家庭结构对劳动力转移的影响及公共政策选择》，人民出版社 2017 年版。

有效衔接，提高基本公共服务均等化水平。

（一）促进城乡公共品供给制度的衔接

按照《国家基本公共服务标准（2021年版）》，健全城乡一体的基本公共服务供给制度，完善有利于城乡基本公共服务共享的体制机制，改变管理属地化、制度碎片化的教育、医疗卫生、社会保障和就业体系，"为人们自由迁徙、安居乐业创造公平的制度环境"。加快实施乡村振兴战略和新型城镇化，积极推进基本公共服务向农村延伸和覆盖，推进城乡基本公共服务标准统一、制度并轨。

一是要建立城乡统一的义务教育体制，完善义务教育设施配套机制，使城乡孩子享有均等的受教育机会，切实保障劳动力转移人口随迁子女享有教育的权利，实现入学待遇的同城化，获得公平的受教育机会。二是要建立城乡统一的公共医疗卫生体制，调整医疗卫生资源配置区域布局。健全城乡公共卫生应急管理体系。采用"平战"结合的模式，优化公共卫生应急机构区域布局，健全重大疫情应急响应机制，实现公共卫生服务和医疗服务有效衔接。① 三是要建立城乡统一的社会保障体制，全面落实农村最低生活保障，在城乡医保统筹的基础上，进一步提高统筹基金的比例，进一步整合城乡养老保险制度。加强医疗救助与基本医疗保险制度的衔接。做好异地就医医疗费用结算工作，完善异地医保关系转移接续。四是要加快公共文化体育、优抚安置等领域标准的城乡衔接，促进公共服务资源向农村覆盖。

（二）健全基本公共服务标准体系

使城乡、各区域居民获得与经济发展水平相适应、均等化的基本公共服务，是我国社会公共资源配置的目标，也是我国社会公平和正义的必然要

---

① 习近平：《全面提高依法防控依法治理能力，健全国家公共卫生应急管理体系》，《求是》2020年第5期。

求。一是严格落实国家基本公共服务标准。各地方政府应因地制宜地制定本地区的基本公共服务具体实施标准，以标准化手段优化公共服务资源配置。二是推动基本公共服务标准动态调整。要根据不同公共服务的特点、各地区公共服务供给存在的短板，不断创新基本公共服务标准实施机制，积极加强各地方间基本公共服务标准的创新示范，提升各地方基本公共服务供给的针对性和有效性。健全标准实施的预警机制和反馈机制，根据各地区经济社会发展的阶段性特征，加快推动标准水平的动态调整。

三、完善地方政府民生性支出制度

受财政竞争和政绩考核等多种因素的影响，地方政府间在公共品供给的结构与规模、有效性与可极性存在较大偏好差异。因此，促进地方政府公共品的有效供给，关键是建立健全约束这一供给主体支出偏好的体制机制。

（一）健全居民需求表达制度

按照经济学基本理论，消费者的有效需求为在市场均衡状态下，消费者意愿、有能力消费一定价格和一定质量的公共品数量。[①] 满足居民对公共品的需求，是政府提供各类公共品供给的根本目的。但由于公共品具有外部性特征，公共品都不同程度地存在着"搭便车"问题，也都存在着需求信息和成本信息失真问题，这种信息失真有可能导致地方公共品提供方、生产方与需求方在公共品供给中的错位。一方面，地方政府提供的公共品在其数量、质量、结构等方面不一定合乎辖区居民的真实需求；另一方面，我国地域广大，区域之间特别是城乡间社会经济发展水平、人口结构、收入水平、消费偏好、风俗文化等都存在较大差异，不同辖区的居民对公共品的需求数量、

---

① 卢洪友、卢盛峰、陈思霞：《公共品定价机理研究》，人民出版社 2011 年版，第109 页。

质量及结构也存在差异。真实完整的需求信息是实现地方公共品有效供给的重要保障。从目前情况下，各地区在教育、医疗卫生、环境保护等方面的供给存在明显的差异，而这类地方公共品也是居民最为关注的基本公共服务，供给总量不足和结构失衡是最为普遍的问题。供需的不匹配，一部分原因在于各地区居民对区域内教育、医疗、文化体育、环境保护等公共品的需求表达机制不完善，没有形成对地方政府公共品供给的有效约束。因此，应积极健全区域居民对公共品需求偏好表达机制、传导机制，矫正地方政府公共品供给偏好和扭曲的财政支出结构，优化地方政府公共品支出模式。一是健全居民公共品需求偏好表达机制。加强居民对公共品需求表达的主体建设。加强政策宣传和教育，全面提高居民对公民需求表达的认识水平和参与程度，提高居民自我意愿表达的能力。健全居民公共品需求表达的参与机制。完善基层选举制度，加强民主管理，引导各辖区居民在民主管理中积极参与公共事务，有效表达自身关于教育、医疗卫生、文化体育、社会保障、环境保护等方面的利益诉求。进一步完善政府的决策听证制度，合理确定听证范围、事项代表、应将公平供给方式、供给规格、供给数量、质量标准等，纳入听证范围，征求居民和有关方面的建议。充分发挥信访制度在信息汇集、民主参与和有效监督等方面的作用。[①] 充分发挥互联网的作用，积极引导居民通过自媒体等网络平台，理性、准确向社会表达对公共品的需求信息。加强居民公共品需求表达的渠道建设。加强社区、居委会等基层民主自治组织建设，建立对公共品需求能表达、可传递、有反馈的信息系统。加强公共品需求大数据库建设，通过网络平台、抽样调查等途径和方式，建立各地区动态的公共品需求数据库。建立各城市居民公共品需求偏好传导机制，通过畅通的网络意愿表达来消除或弱化公共品支出中的"搭便车"效应。由于网络集体行动存在"反搭便车"效应，人们可以付出极低的成本通过网络意愿表达

---

① 刘书明：《多元合作公共服务供给理论与民族地区农民需求表达机制——基于甘肃省临夏回族自治州的实证研究》，《财政研究》2016年第9期。

或问责于地方政府官员,以实现个人利益表达或公共利益诉求,从而促进地方公共品供给效率的提升。[1] 当前,部分城市兴起的电视问政、网络问政等,为居民表达对公共服务领域的需求提供了重要渠道。

二是健全地方政府对居民公共品需求响应机制。政府及其公共事业主管部门,包括教育、医疗卫生、文化体育、社会保障、环境保护等部门,担负着公共品供给决策、公共品供给、公共品生产等职责。要坚持以人民为中心的发展思想,积极回应居民公共服务需求,补齐短板。一方面,各部门应综合考虑辖区居民平均收入水平、常住人口规模、流动人口规模、城镇化水平等宏观经济社会因素,以社会福利最大化为目标函数,设置公共品供给总量和结构的最低要求。另一方面,地方政府各部门应采取多种形式和技术手段,如调查走访、借助媒体或网络等,获取公共品需求信息,物价、财政、统计等部门应相互印证,建立连续的信息收集、处理、加工、发布、反馈机制。要精准识别不同地区居民对各类公共品的需求,增强地方政府对居民公共品需求的回应性。

(二) 完善官员绩效考核制度

既要激励社会大众对地方政府行为模式的监督和约束,又要通过晋升激励机制,激励地方政府对公共品的供给。完善地方政府的考核机制,将区域公共品供给的效率和质量纳入政绩建设和官员晋升的考核体系,既包括地方政府对本行政辖区的公共品供给效率,也包括对相邻地区带来的效用,不断提高政府自发性公共品支出意愿和资金使用效率,避免官员为晋升而出现的严重短视行为,实现政府能力与公共品供给任务的平衡。按照共享发展的理念,加大地方政府对基本公共服务保障的投入力度,统筹安排、合理使用、规范管理各类公共服务投入资金,提高资金使用效率。

---

[1] 管新帅、王思文:《地方公共品供给、网络集体行动与"反搭便车"效应》,《经济问题》2015 年第 11 期。

此外还需要对已有的行政管理体制继续进行改革，减少地方政府一般公共服务支出的规模。官员考核制度的执行，还要有一套完整的评价、监督、管理机制，将公共品的供给情况纳入相应的法律法规，以立法的形式固定下来并长期执行。社会监督是反馈公共品需求信息的重要渠道，消费者组织、居民委员会、村民委员会等组织以及消费者都有权对政府的公共品供给进行社会监督，应充分发挥居民的监督作用，增强对地方政府公共品供给的约束机制。

（三）提升地方公共品供给的针对性和有效性

随着各地区经济社会的高质量发展，以及新型城镇化进程的加快，公共服务资源配置格局和居民对公共服务需求的空格局可能会出现错配。因此，地方政府在提供公共服务产品时，不仅要考虑本地区的户籍人口与地区最优公共服务供给量之间的关系，还必须要兼顾人口跨地区流动因素所带来的影响。一方面，各地方政府应提高对流动人口转移空间与基本公共服务集聚互动发展重要性的认识，全面加快与本地区流动人口规模相适应的基本公共服务资源配置，不断改善与提升公共服务的供给结构与水平。[1] 另一方面，地方政府应注重公共品集聚对流动人口空间的引导。高质量的公共品供给是地方集聚资源要素的重要基础，也是地方推动经济高质量发展的重要保障。各地方政府应充分重视公共服务供给的重要作用，增强对区域协调发展的要素集聚功能。

第二节　优化地方公共品供给激励机制

从公共品供给事权与财权的维度看，地方政府承担着公共品的供给职

---

[1]　杨刚强、孟霞：《公共服务、家庭结构对劳动力转移的影响及公共政策选择》，人民出版社 2017 年版。

责，但地方财政一般预算收入增速过缓，在财政收入稳增长目标下，会导致地方政府公共财政支出的结构偏向；从公共品生产成本分摊或成本回收视角看，公共品存在显著的外部性，社会成本难以实现合理分摊，会导致地方政府公共财政支出的效率损失。为有效满足新时代人民日益增长的美好生活需要，推进地方政府公共品有效供给，需要构建合理的激励机制，实现公共品供给效率与公平的统筹兼顾。

一、优化公共品供给税收激励机制

税收激励的主体主要有两个方面：一是地方政府。适当调整税收分成比例、积极调整税种，提升地方政府的财力。通过税收激励增强地方政府对公共品支出的挤入效应。二是公共品私人供给主体。政府通过税收优惠的激励或补贴的介入，激励增加公共品的私人供给。

（一）税收激励地方政府公共品供给

中国分税制的预算管理体制是从 1994 年开始执行的。该制度实施以后，尽管地方财政拥有了比较稳定的收入来源，但将财权和事权结合起来看，地方财政收入难以满足地方政府执行正常职能对资金的需求。[①] 解决地方财政的困境，亟待深化财税体制改革，真正激发中央、地方两个积极性。2016 年我国明确提出降低宏观税负的政策，作为稳增长宏观政策的重要组成部分和深化供给侧结构性改革的重要政策工具。随着"一揽子减税降费改革方案"陆续落地成效，减税降费的力度不断加大。"十三五"时期我国累计减税降费超过 7.6 万亿元，地方政府普遍面临更紧的预算约束，地方政府存在通过缩减财政支出来缓解财政压力的强烈动机。

在政府支出既定的情况下，如何通过调整征税使税收对公共品供给的扭曲性极小化。在税收征管权方面，可以适当增加共享税中地方财政的分成比

---

① 洪银兴，尚长风：《公共财政学》，南京大学出版社 2006 年版，第 417 页。

例，尤其是原本归地方财政的所得税的分成比例。根据经济社会发展以及地方财政融资的现实需要，适时开征遗产税与赠与税。从国外的经验看，财产税一直是地方财政收入重要的来源，而最重要的财产税就是遗产税和赠与税。我国现行税制中的财产税尽管属于地方财政收入，但税种仅仅限于房产税和契税。① 当前，要进一步深化财政制度建设，加快推进税收制度改革，构建以共享税为主的中央地方收入分配格局，加快建立以个人所得税、房产税等直接税为主体税种的地方税体系，为各级政府的公共服务供给提供充足的财政资金保障。②

（二）税收激励私人主体公共品供给

政府、营利组织和非营利组织是公共品供给的重要力量，公共部门以公共需求为目标导向，非公共部门以市场需求为目标导向。随着我国市场经济的快速发展，市场在资源配置中起决定性作用。近年来，营利组织积、非营利组织对各级各类教育、医疗、文化体育等公共品供给的积极性不断增强，有效弥补了地方政府职能的"真空地带"，为地方居民提供多元化的公共品供给，缓解了城乡区域间公共品供给的结构失衡等问题。因此，应构建完善的税收激励机制，促进营利组织和非营利组织对公共品的供给。

就非营利组织而言，我国目前税法对于非营利组织的税收优惠主要体现在所得税、商品税、财产税等方面。③ 就其税收优惠对象而言，主要有对非营利组织的商业行为实行有选择性的税收减免，以及对社会捐赠主体的税收激励。但目前，对非营利组织的税收激励还存在一些局限性。因此，应积极完善对非营利组织的税收激励机制，具体路径主要有：一是建立统一独立的非营利组织免税资格认证制度，通过税收立法明确由中央财税部门统一认定

---

① 洪银兴、尚长风：《公共财政学》，南京大学出版社 2012 年版，第 338 页。
② 吕炜：《加强财政对公共服务供给现代化的支撑作用》，《光明日报》2020 年 6 月 9 日。
③ 张怡、李瑞缘：《非营利组织参与农村公共服务税收激励机制研究》，《经济与管理评论》2013 年第 5 期。

非营利组织的免税资格，并明确税务部门应定期对非营利组织免税资格进行审查、监督。二是提高捐赠者的税前抵扣比例，实施超额捐赠的递延抵扣制度，进一步提高非营利组织供给公共品的积极性。三是扩大对非营利组织从事公共品供给的税收优惠范围。即要对符合税收优惠条件、运行规范的非营利组织，给予免征所得税、增值税的全面税收优惠，充分提升其对公共品供给的有效性。

就营利组织而言，一是针对从事教育、医疗、文化体育等企业而言，虽然国家已出台了相应的税收优惠政策，但一刀切的政策设计不利于促进区域间公共品供给的结构平衡。当前，应进一步加大对革命老区、民族地区、贫困地区等中西地区相关企业的税收优惠政策，政府通过向社会组织购买公共服务的方式，激励私人对公共品的供给。二是针对治污的第三方企业而言，政府通过税收优惠方式，间接激励企业改进技术，促进技术创新，加大对污染治理的投入。但由于政府与市场之间、市场主体之间存在信息不对称，在一定程度上会削弱政策的实际效果。① 因此，应实施差异化的税收优惠政策，更加精准有效地实施定向调控和相机调控，对不同行业的企业、不同规模的企业，实施差别化的治污税收优惠政策。同时，应加快建立完善的税收优惠政策绩效评估体系，建立各部门顺畅的信息沟通机制，整合各部门的税收优惠政策，重点加大对企业污染治理、环境保护的税收优惠力度。

二、优化公共财政的支出激励机制

为了解决地方财政困难，还需要从理论上入手，准确区分中央和地方的事权，按照收入和支出相结合、财权和事权相对称的原则，重新调整中央和地方的税收以及职能，同时执行合理的政府间转移支付制度，尤其是需要完善地方政府之间的转移支付制度，为基层财政建立稳定、可靠的资金来源。

---

① 柳光强：《税收优惠、财政补贴政策的激励效应分析——基于信息不对称理论视角的实证研究》，《管理世界》2016 年第 10 期。

（一）调整中央与地方之间的财权与事权

中央和地方政府间合理的事权划分，是政府职能在各级政府间进行分工的具体体现，也是财政分权体制的基本内容和制度保障。[1] 改革开放 40 年来，我国经济社会发展取得了显著成效。党的十九大报告明确指出，中国特色社会主义进入新时代，我国社会主要矛盾已经转化为人民日益增长的美好生活需要和不平衡不充分的发展之间的矛盾。因此，基本公共服务领域财权与事权，也应随着经济社会发展和相关领域管理体制改革进行相应的调整。2018 年，虽然国务院出台了"基本公共服务领域中央与地方共同财政事权和支出责任划分改革方案"，对义务教育、学生资助、基本就业服务、基本养老保险、基本医疗保障、基本卫生计生、基本生活救助、基本住房保障等方面进一步明确了中央和地方政府间的共同财政事权、支出责任及分担方式，但从公共品供给的不平衡不充分的现状来看，还应进一步加大改革的力度，推进该领域财权事权的划分。

加快建立专门的委员会，出台中央与地方事权和支出责任调整的最优方案，实现政府间事权划分制度和收入划分制度相适应。并就方案的实施进行监督检查，解决争议问题，确定转移支付资金安排的基本框架。[2] 首先，要加快推进中央和地方政府事权的划分。按照受益范围原则、效率原则、法律规范原则等重新划分中央和地方政府间的事权。特别是具有明显区域外溢性公共品如环境保护，以及显示社会公平性的公共品如教育，应划入中央决策的事权范围。其次，要加快推进中央和地方政府财权的划分。按照受益原则、行动原则、技术原则等，重新划分中央财政和地方各级财政之间的支出范围。要满足地方财政执行财政政策对资金的需求，加快对当前的预算管理

---

[1]　高培勇：《公共经济学（第三版）》，中国人民大学出版社 2018 年版，第 273 页。

[2]　高培勇、汪德华：《本轮财税体制改革进行评估：2013.11—2016.10（下）》，《财贸经济》2016 年第 12 期。

体制进行调整，按照财权事权相对称的原则，重新划分中央和地方的事权和税收的征管权。避免将一些征管难度大、较为零碎的小税种给地方，中央则享有相对稳定、与经济发展相关程度高的大税种。由于区域城乡间经济社会发展存在明显的差距，受制于地方政府的财力无法实现社会公平和公共品供给效率，需要中央财政通过转移支付、税收等方式加大地方环境保护、文教科卫等项目的支出力度。

（二）增强财政转移支付的激励作用

当前，我国省级以下的转移支付主要有税收返还、专项转移支付、财力性转移支付三种类型。已有研究表明，只有专项转移支付具有较强的激励作用，有利于增加地方财力，促进公共品的有效供给。[①]

一是加快健全省级以下的财政转移支付制度。地方财政特别是县级财政，承担了众多公共品供给事务，但由于财力问题影响了供给的质量和效率。要增加中央财政以及地方财政对基层财政的转移支付，充分发挥转移支付收入效应，增强县级财政的自给能力。同时，要加强县级财政转移支付的监督与约束机制，优化转移支付的结构和资金分配方式，激励转移支付资金重点向教育、医疗卫生、文化体育等民生领域倾斜。

二是增强横向转移支付的作用。横向转移支付比例的提高，对地方政府支出政策的影响效应为财政收入流动效应，同时可以进一步弱化转移支付流出或流入对地方政府支出政策的收入效应，相对提高转移支付的激励作用。[②]要增加不同省份之间的横向转移支付，有效促进省市之间的横向转移支付，实现外溢公共品供给的成本分摊，充分发挥转移支付的激励效应。重视外溢性公共品在省域之间的合作供给，特别是生态环境的联防联治，建立健全流

---

① 贾俊雪、高立、秦冲：《政府间财政转移支付、税收效应与地方税收收入体系》，《经济理论与经济管理》2012 年第 6 期。

② 李永友、张子楠：《转移支付提高了政府社会性公共品供给激励吗？》，《经济研究》2017 年第 1 期。

域水环境治理、区域生态环境整治的横向生态补偿机制。

三、优化公共品供给市场化激励机制

（一）正确处理政府与市场关系

市场和政府两个方面合理供给，是解决公共品供给不平衡不充分问题的重要途径。既要坚持物质和文化产品供给，也应重视制度与政策产品的供给，实现两者并重供给。加快服务型政府建设，协调城乡基本公共服务均等化的机制，建立保障公共服务均等化的财政体制，推进政府向社会力量购买公共服务，发挥政府在基本公共服务供给中的主导作用，提高城乡基本公共服务供给能力。同时，还应充分发挥市场机制的作用，发挥政府投入对启动社会投资的杠杆作用，努力形成政府推动、多元投资、市场运作的资本经营机制，积极鼓励民间资本进入职业教育、医疗卫生、文化体育等公共服务领域，培育社会企业，实现公共服务多元化供给。

积极发挥社会组织对地方公共品供给的积极作用，优化"第三方治理"在地方环境污染治理中的重要作用。要充分利用社会组织形式灵活多样、活动具有自发性等优势，在其他主体无法充分发挥作用的某些基本公共服务供给环节起到更重要的作用。

在政府投入和供给方式上，通过政府购买或实施管理合同外包制、合约出租、财政参股、特许经营等形式，鼓励多元经济主体平等竞争，建立一种良性的基本公共服务供给方的竞争环境和机制，以提高公共品供给效率。[①]同时，政府要制定严格的市场监管机制，不能以市场化为借口，减少或放弃政府应当承担的公共品支出职责。

---

① 杨刚强、孟霞：《促进跨区域公共产品有效供给》，《经济日报（理论版）》2016年6月2日。

（二）优化政府公共财政市场化激励机制

积极实施政府公共财政有限市场化策略，通过建立激励相容的约束机制，充分发挥社会资本在提高地方公共品供给效率和质量中的作用。一是创新地方公共品投入机制。充分发挥政府和私人部门各自优势，大力推进公共品生产的市场化，完善政府采购制度。把政府的政策目标、社会目标和私人部门的运营效率、技术进步的内在动力有机结合起来，以市场的力量引导公共资源的合理配置。二是健全社会资本参与公共品供给的制度保障。在明晰政府和市场边界的基础上，完善公共品供给的成本评估、利益调整和公开机制，保障公共品投资领域社会资本的合法权益，不断提高公共产品和服务供给效率和质量。[①] 三是引入竞争机制。打破政府及公共部门对公共品的垄断制度安排，在非自然垄断性公共品、自然垄断性公共品中的非自然垄断业务以及所有公共品的生产过程中，引入竞争机制，允许私人部门和外国资本进入，最大限度地推进公共品产出的市场化，从而形成"公"与"公"、"公"与"私"的混合竞争格局，提高公共品的供给效率，改善各级地方政府居民的公共福利。[②] 如教育、医疗卫生、环境保护等可以通过合同外包的方式引入市场机制。这就需要建立公共品多元主体供给科学的决策机制、法律法规、监督评价机制、绩效问责机制等，充分发挥市场主体的积极作用。

第三节 创新地方公共品有效供给模式

国家"十四五"规划和2035年远景目标指出："创新公共服务提供方式，要区分基本与非基本，突出政府在基本公共服务供给保障中的主体地

[①] 杨刚强、孟霞：《促进跨区域公共产品有效供给》，《经济日报（理论版）》2016年6月2日。

[②] 卢洪友、卢盛峰、陈思霞：《公共品定价机理研究》，人民出版社2011年版，第13页。

位，推动非基本公共服务提供主体多元化、提供方式多样化。"① 公共服务供给模式的创新，要解决的两个关键问题是：供给能力和供给效率。

供给能力依赖于供给主体，要实现由地方政府单一供给体系向以地方政府供给为主体，其他社会组织协同参与的多元供给体系转变。既要积极发挥政府的主体作用，建设服务型政府，增强需求和政绩考核的约束机制，提升政府优化公共资源配置的效率；也要积极引入市场机制，通过合同外包、特许经营和内部市场等方式，发挥市场和社会组织等多种力量，实现多元主体的供给。供给效率依赖于供给方式，既要充分发挥新一代信息技术的作用，提高地方政府公共品供给效能，也要充分发挥地方政府间的联动合作供给，提高地方政府公共品供给的效率。关于供给主体，上一节已经有所涉及，本节主要从供给方式方面提出相应建议。

一、智能化治理与公共品供给

保障和改善民生、健全公共服务体系，是我国完善共建共治共享的社会治理制度的重要内容。随着人工智能、大数据等信息技术的发展，生产要素组合和边际产出贡献发生深刻变革。资本偏向性技术进步与资本深化水平融合促进了我国工业部门全要素生产率提高。② 提高全要素生产率是我国高质量发展的动力源泉，③ 必然要求各地方政府提高社会治理的能力和水平，加快有利于提高全要素生产率的改革。

（一）构建以数据共享为基础的供给体系

随着新一轮科技革命和产业变革持续推进，大数据、人工智能等得到广

---

① 《中华人民共和国国民经济和社会发展第十四个五年规划和 2035 年远景目标纲要》，人民出版社 2021 年版。

② 李小平、李小克：《偏向性技术进步与中国工业全要素生产率增长》，《经济研究》2018 年第 10 期。

③ 蔡昉：《以提高全要素生产率推动高质量发展》，《人民日报》2018 年 11 月 9 日。

泛的应用，以数字化、网络化、智能化以及融合化为主要特征的新型基础设施建设越来越受到关注，成为推动智慧城市建设的重要基础。① 一方面，要加强大数据等智能基础设施建设。各城市应加快推进 5G 新型基础设施建设，构建以智能技术、数据共享为基础，跨部门的公共品供给治理体系。按照各职能部门的分工，在部门数据共享的基础上，全景式数据模拟城市公共品供给状况，及时监测人口流动趋势和公共服务需求的新变化，建立政府部门之间以及政府与社会组织、市场机构等共同治理的正式制度，形成城市公共品供给的整体决策。② 另一方面，大数据赋能地方公共服务供给。加强城市间，特别是城市群内各城市相关数据的共享，实现跨部门、跨平台、多源头数据的开放共享，③ 将公共品以单一城市为主体的供给模式，推向多主体共建共享的新模式，提升城市治理数字化水平，提高地方公共品供给效率。

（二）创新"互联网+公共品"供给模式

享有公共品或提供公共品具有多种形式。当前，增加流动性成为现代社会的主要特征，传统的"地方空间"正转变为以信息流为主导的"流空间"，④ 使得各城市处于区域网络空间结构上，拓展了基本公共服务供给的广度和深度。地方政府应准确把握这一时代特征，加快大数据与交通、教育、医疗、文化、环境保护等领域的深度融合，创新"互联网+教育""互联网+医疗""互联网+文化"等公共服务供给模式，重构国家治理场景和治理基础。各地方政府应积极创造条件，积极鼓励和支持企业和社会组织进入市场，有效实现公共品供给结构的变革与升华，实现多元化、网络化、智慧化的公共品供给。这一市场化与信息技术相结合的供给模式，可以有效实现政府、社会组织和公众

---

① 王晓明、隆云滔：《新基建的模式与制度创新》，《经济日报》2020 年 12 月 14 日。
② 郁建兴、黄飚：《"整体智治"：公共治理创新与信息技术革命互动融合》，《光明日报》2020 年 6 月 12 日。
③ 王光辉：《后疫情时代大数据技术亟须补短板》，《光明日报》2020 年 9 月 11 日。
④ 姚文萃、周婕、陈虹桔、陈秋华：《基于互联网公共信息流的区域网络空间结构研究》，《经济地理》2017 年第 10 期。

（供给和需求主体）有机联系在一起，能够及时准确的把握市场需求，按照市场需求导向，高效地提供公共品供给，可以有效地解决供需的结构性矛盾，提高公共品供给的效率。

二、推动区域公共品协同供给

（一）加强政府间公共品共建共享

随着区域经济发展进入协调发展的新阶段，以城市群为主体形态的一体化进程加速，其中的重要方面在于基本公共服务的一体化。特别是随着高铁、高速公路等基础设施的不断完善，加快了地区间人口的流动和公共服务需求的空间转移。中心城市的人口集聚功能进一步增强，公共服务的辐射半径全面扩展。寻求高质量公共服务的主体，使得城市间公共服务的质量和水平得到表征，城市人口规模与公共服务供给水平处于动态的演进过程中。一方面，要进一步优化城市间公共服务空间布局。应基于多中心城市的空间格局，在充分发挥地方政府承担地方公共品供给职责的基础上，加强地方政府间在公共服务供给上的合作，公共服务供给模式从区域属地供给转向区域联动协同供给。另一方面，要进一步强化地方政府间公共服务供给制度衔接。重塑公共品供给与财政政策体系，从目前的公共服务"政策孤岛"向公共服务"政策网络转变"，加快各城市之间教育、医疗、社会保障等公共服务制度的相互衔接和重构，形成有利于城市间公共品供给结构均衡、供给效率不断增进的政策体系和供给模式。

（二）健全区域公共品供给补偿机制

优化公共品供给具有从微观到宏观的重要作用。微观视角而言，优化地方公共品供给有利于吸引流动性税基，在地区间要素竞争中处于有利地位，有利于促进地区产业结构的调整和经济的高质量发展。宏观视角而言，有效的公共品供给是满足人民美好生活需要的根本要求。完善的基本公共服务保障体系，有利于释放居民的消费需求，有利于扩大国内需求，为构建双循环新发展格局奠定坚实基础。因此，基于目前区域城乡间基本公共服务供给的失衡现状，特别是国家重要功能区如国家粮食主产区、重要生态功能区、资源输出地等，由于相对比较收益较低、或为可持续发展而造成的机会成本损益，基本公共服务供给存在明显的短板。对这些地区急需建立完善的跨区域公共品供给补偿机制，推进利益相关区域向该类地区增加基本公共服务的投入，特别是要向贫困地区、薄弱环节和重点人群倾斜，建立发达地区与受援地区基本公共服务资源互助共享机制。

三、强化公共应急防控能力

（一）完善公共应急防控体系

重大突发公共卫生事件防控、自然灾害预防、重大生产性险情处置等是地方公共品的重要组成部分，对该类型事件防控和救援能力，也是对各地方公共服务供给质量和水平的重要体现。

习近平总书记强调："把人民健康放在优先发展战略地位"。由于工业化、城镇化、人口老龄化进程的加快，以及疾病谱、生态环境、生活方式不断变化，我国仍然面临多重疾病负担并存、多重健康影响因素交织的复杂状况，特别是突发急性传染病传播迅速、波及范围广、危害巨大。[1] 2020 年以来，新冠肺炎疫情在全球蔓延，对全球人民生命健康造成了巨大的影响。疫情发生以来，在党中央的领导下，充分发挥我国社会主义制度集中力量办大事、办难事、办急事的独特优势，迅速动员全社会力量、调动各方面资源，开展全方位的应急防控和救治，取得了举世公认的伟大成就。[2] 这一突发公共卫生事件再次表明，迫切需要加快构建全周期的应急公共卫生防控管理体

---

① 《把人民健康放在优先发展战略地位——论学习贯彻习近平总书记在教育文化卫生体育领域专家代表座谈会上重要讲话》，《人民日报》2020 年 9 月 26 日。

② 《始终把人民生命安全和身体健康放在第一位》，《求是》2020 年第 18 期。

系。2021 年 7 月河南省多地遭遇特大暴雨的极端天气，造成重大人员伤亡和财产损失，也暴露了城市在公共安全和应急管理方面存在的短板弱项，地方政府应加快提高应急处突能力。

一是要完善应急防控管理体系。从统筹发展和安全的战略高度，构建整体性应急管理制度体系，围绕可能出现的重大公共卫生、公共安全等事件，构建全周期的公共卫生服务体系、医疗服务体系、医疗保障体系、药品供应保障体系以及重大疫情防控与安全应急管理体系；围绕可能出现的重大环境污染、生产安全、自然灾害等突发安全事件，构建跨区域全周期的指挥、救援、保障应急体系。二是要创新全方位全周期的应急公共品供给模式。一方面要优化应急公共品供给的空间布局。就是要加快补齐各地区公共品的短板弱项，形成分级、分层的公共品供给基地和区域中心。另一方面要创新应急公共品供给模式。地方政府应加大对生产应急产品企业的支持力度，基于平战结合、跨部门跨区域、上下联动的系统预警机制、协调机制，构建全方位全周期应急公共品"网络化"供给模式，保障应急公共品供给的质量和效率。三是提升现代信息技术在地方应急防控体系中的支撑作用。地方政府应面向公众基本公共服务需求和应急防控要求，大数据、人工智能等前沿技术，提升公共应急管理信息化水平，加快整合跨部门、跨地区公共服务资源，增强对风险因素的感知、预测、防范能力，使决策方式由"经验决策"转向"数据决策"、由"事后诸葛"转向"事前预警"，① 提高地方政府应急公共品供给能力和效能。

（二）增强公共应急救援能力

习近平总书记在"不忘初心、牢记使命"主题教育总结大会上的讲话指

---

① 王钦敏：《发展电子政务是提升国家治理能力的重要抓手》，《学习时报》2019 年 12 月 18 日。

出："越是接近民族复兴越不会一帆风顺，越充满风险挑战乃至惊涛骇浪"。① 国家"十四五"规划和 2035 年远景目标纲要也明确提出："防范化解重大风险体制机制不断健全，突发公共事件应急处置能力显著增强"。随着经济社会快速发展、深刻转型，各种可以预见和难以预见的风险因素明显增多。② 因此，地方政府全面提升公共服务应急保障和救援能力，是提升社会治理能力和治理水平的重要内容。应急救援能力是公共品供给质量和水平、供给效率等的综合体现，是全局性、系统性公共品供给保障能力的体现。因此，在全面提升地方政府公共品供给质量、实现均等化的基础上，要加强应急救援的合作模式创新。

一是加强单一系统内公共品的高效供给。地方政府应增强应急处置能力，公共应急救援既要体现公共品供给的时空效率，也要体现社会治理能效。二是要加强系统间公共品的协同供给。公共品供给是一个系统的体系，即有制度体系、供给体系、保障体系等。为提升应急救援能力，应加强各系统间的协作，加强各区域间的合作、国际间的合作，为应急公共品的供给开拓新的模式与渠道。三是加强地方政府、社会组织等各类主体对公共品的协同供给。就是要形成同舟共济、众志成城的强大力量，肩并肩、心连心，形成强有力的应急救援保障能力。

---

① 习近平：《在"不忘初心、牢记使命"主题教育总结大会上的讲话》，《求是》2020 年第 13 期。
② 陆园园：《着力提升应急处置能力》，《人民日报》2021 年 6 月 9 日。

参 考 文 献

一、中文论文

1. 白晓宇:《上市公司信息披露政策对分析师预测的多重影响研究》,《金融研究》2009 年第 4 期。

2. 《把人民健康放在优先发展战略地位——论学习贯彻习近平总书记在教育文化卫生体育领域专家代表座谈会上重要讲话》,《人民日报》2020 年 9 月 26 日。

3. 毕茜、彭珏、左永彦:《环境信息披露制度、公司治理和环境信息披露》,《会计研究》2012 年第 7 期。

4. 蔡昉、王美艳:《为什么劳动力流动没有缩小城乡收入差距》,《经济学动态》2009 年第 8 期。

5. 蔡昉:《以提高全要素生产率推动高质量发展》,《人民日报》2018 年 11 月 9 日。

6. 蔡培鹏、聂伟:《公共服务满意度对清廉感知的影响》,《西南交通大学学报(社会科学版)》2021 年第 1 期。

7. 蔡晓莉、刘丽:《中国乡村公共品的提供:连带团体的作用》,《经济社会体制比较》2006 年第 2 期。

8. 陈诗一、张军:《中国地方政府财政支出效率研究:1978—2005》,《中国社会科学》2008 年第 4 期。

9. 陈思霞、卢盛峰：《分权增加了民生性财政支出吗？——来自中国"省直管县"的自然实验》，《经济学（季刊）》2014 年第 4 期。

10. 陈潭：《第三方治理：理论范式与实践逻辑》，《政治学研究》2017 年第 1 期。

11. 陈怡俊、汪丁丁：《社会公共服务领域的协同治理研究——基于地方政府与社会组织策略互动的动态演化视角》，《中山大学学报（社会科学版）》2020 年第 3 期。

12. 邓明、魏后凯：《公共支出结构偏向的经济波动效应研究—兼论新常态下的公共支出结构调整》，《经济管理》2015 年第 9 期。

13. 丁菊红、邓可斌：《政府偏好、公共品供给与转型中的财政分权》，《经济研究》2008 年第 7 期。

14. 范柏乃、金洁：《公共服务供给对公共服务感知绩效的影响机理——政府形象的中介作用与公众参与的调节效应》，《管理世界》2016 年第 10 期。

15. 方颖、郭俊杰：《中国环境信息披露政策是否有效：基于资本市场反应的研究》，《经济研究》2018 年第 10 期。

16. 付文林、耿强：《税收竞争、经济集聚与地区投资行为》，《经济学（季刊）》2011 年第 4 期。

17. 付文林：《人口流动、增量预算与地方公共品的拥挤效应》，《中国经济问题》2012 年第 1 期。

18. 傅勇、张晏：《中国式分权与财政支出结果偏向：为增长而竞争的代价》，《管理世界》2007 年第 3 期。

19. 傅勇：《财政分权、政府治理与非经济性公共物品供给》，《经济研究》2010 年第 8 期。

20. 高培勇、汪德华： 《本轮财税体制改革进行评估：2013. 11—2016. 10（下）》，《财贸经济》2016 年第 12 期。

21. 龚锋、卢洪友：《公共支出结构、偏好匹配与财政分权》，《管理世界》2009 年第 1 期。

22. 官峰、王俊杰、章贵桥：《政商关系、分析师预测与股价同步性——基于腐败官员落马的准自然实验》，《财经研究》2018年第7期。

23. 管新帅、王思文：《地方公共品供给、网络集体行动与"反搭便车"效应》，《经济问题》2015年第11期。

24. 郭庆旺、贾俊雪：《地方政府间策略互动行为、财政支出竞争与地区经济增长》，《管理世界》2009年第10期。

25. 郭庆旺、贾俊雪：《政府公共资本投资的长期经济增长效应》，《经济研究》2006年第7期。

26. 郭晓斐、姚晓曦、高翠巧、徐波、隋晨光：《社会组织在贫困地区健康教育与健康促进中的作用》，《中国健康教育》2019年第4期。

27. 韩峰、李玉双：《产业集聚、公共服务供给与城市规模扩张》，《经济研究》2019年第11期。

28. 郝春虹：《公共产品偏好显示的税收激励机制分析》，《当代财经》2002年第10期。

29. 何炜、雷根强：《财政压力、税收转移与增值税分成机制探索》，《财贸经济》2018年第8期。

30. 侯慧丽：《城市公共服务的供给差异及其对人口流动的影响》，《中国人口科学》2016年第1期。

31. 胡晓龙、陈婷婷、赵姣文、张燕华：《社会组织介入严重精神障碍患者医院—社区—家庭一体化服务的探索》，《中国社会医学杂志》2020年第37期。

32. 胡祖才：《推进以人为核心的新型城镇化》，《旗帜》2021年第1期。

33. 黄建安、陈志刚：《公共服务延伸与农村社会治理创新——浙江建设村级便民服务中心的探索及启示》，《观察与思考》2017年第2期。

34. 黄少安、陈言、李睿：《福利刚性、公共支出结构与福利陷阱》，《中国社会科学》2018年第1期。

35. 黄莺：《社会力量参与公共图书馆建设的实践与思考——以上海市嘉定区公共图书馆为例》，《图书馆工作与研究》2019年第4期。

36. 黄滢、刘庆、王敏：《地方政府的环境治理决策：基于SO2减排的面板数据分析》，《世界经济》2016 年第 12 期。

37. 贾俊雪、高立、秦冲：《政府间财政转移支付、税收效应与地方税收收入体系》，《经济理论与经济管理》2012 年第 6 期。

38. 贾俊雪、梁煊：《地方政府财政收支竞争策略与居民收入分配》，《中国工业经济》2020 年第 11 期。

39. 贾晓俊、岳希明、王怡璞：《分类拨款、地方政府支出与基本公共服务均等化》，《财贸经济》2015 年第 4 期。

40. 江依妮：《外来人口聚集地区公共服务支出研究——以广东省为例》，《人口与经济》2013 年第 5 期。

41. 金观平：《激活高质量发展的动力活力》，《经济日报》2020 年 9 月 19 日。

42. 亢犁：《推进城乡基本公共服务均等化的路径》，《光明日报（理论版）》2013 年 1 月 2 日。

43. 孔娜娜、王超兴：《社会组织参与突发事件治理的边界及其实现：基于类型和阶段的分析》，《社会主义研究》2016 年第 4 期。

44. 赖先进、王登礼：《社会组织发展影响因素的实证研究——基于 2007—2014 年 31 个省级面板数据的分析》，《管理评论》2017 年第 12 期。

45. 李实、朱梦冰：《推进收入分配制度改革 促进共同富裕实现》，《管理世界》2022 年第 1 期。

46. 李小平、李小克：《偏向性技术进步与中国工业全要素生产率增长》，《经济研究》2018 年第 10 期。

47. 李超、万海远、田志磊：《为教育而流动——随迁子女教育政策改革对农民工流动的影响》，《财贸经济》2018 年第 1 期。

48. 李兰冰、阎丽、黄玖立：《交通基础设施通达性与非中心城市制造业成长：市场势力、生产率及其配置效率》，《经济研究》2019 年第 12 期。

49. 李灵芝、张建坤、石德华、王效容：《社会组织参与社区居家养老服务的模式构建研究》，《现代城市研究》2014 年第 9 期。

50. 李拓、李斌：《中国跨地区人口流动的影响因素——基于 286 个城市面板数据的空间计量检验》，《中国人口科学》2015 年第 2 期。

51. 李涛、周业安：《中国地方政府间支出竞争研究——基于中国省级面板数据的经验证据》，《管理世界》2009 年第 2 期。

52. 李一花、李静、张芳洁：《公共品供给与城乡人口流动——基于 285 个城市的计量检验》，《财贸研究》2017 年第 5 期。

53. 李兰冰、阎丽、黄玖立：《交通基础设施通达性与非中心城市制造业成长：市场势力、生产率及其配置效率》，《经济研究》2019 年第 12 期。

54. 李永友、沈坤荣：《辖区间竞争、策略性财政政策与 FDI 增长绩效的区域特征》，《经济研究》2008 年第 5 期。

55. 李永友、王超：《集权式财政改革能够缩小城乡差距吗？——基于"乡财县管"准自然实验的证据》，《管理世界》2020 年第 4 期。

56. 李永友、张子楠：《转移支付提高了政府社会性公共品供给激励吗?》，《经济研究》2017 年第 1 期。

57. 李永友：《转移支付与地方政府间财政竞争》，《中国社会科学》2015 年第 10 期。

58. 李哲：《"多言寡行"的环境披露模式是否会被信息使用者摒弃》，《世界经济》2018 年第 12 期。

59. 陆园园：《着力提升应急处置能力》，《人民日报》2021 年 6 月 9 日。

60. 梁若冰，汤韵：《地方公共品供给中的 Tiebout 模型：基于中国城市房价的经验研究》，《世界经济》2008 年第 10 期。

61. 林闽钢：《社会资本视野下的非营利组织能力建设》，《中国行政管理》2007 年第 1 期。

62. 刘秉镰、朱俊丰、周玉龙：《中国区域经济理论演进与未来展望》，《管理世界》2020 年第 2 期。

63. 刘汉屏、刘锡田：《地方政府竞争：分权、公共物品与制度创新》，《改革》2003 年第 6 期。

64. 刘蓉、刘楠楠、黄策：《地区间外溢性公共品的供给承诺与匹配率研究》，《经济研究》2013 年第 10 期。

65. 刘书明：《多元合作公共服务供给理论与民族地区农民需求表达机制——基

于甘肃省临夏回族自治州的实证研究》,《财政研究》2016 年第 9 期。

66. 刘小鲁:《区域性公共品的最优供给:应用中国省际面板数据的分析》,《世界经济》2008 年第 4 期。

67. 刘悦悦:《浅谈新公共服务理论对政府的重要性》,《劳动保障世界》2018 年第 21 期。

68. 柳光强:《税收优惠、财政补贴政策的激励效应分析——基于信息不对称理论视角的实证研究》,《管理世界》2016 年第 10 期。

69. 鲁云鹏、李维安:《基于社会控制理论视角下的我国社会组织治理转型的路径与特征分析》,《管理评论》2019 年第 4 期。

70. 罗伯特·B. 丹哈特、珍妮特·V. 丹哈特、刘俊生:《新公共服务:服务而非掌舵》,《中国行政管理》2002 年第 10 期。

71. 罗党论、佘国满、陈杰: 《经济增长业绩与地方官员晋升的关联性再审视——新理论和基于地级市数据的新证据》,《经济学(季刊)》2015 年第 4 期。

72. 吕炜、王伟同:《发展失衡、公共服务与政府责任——基于政府偏好和政府效率视角的分析》,《中国社会科学》2008 年第 4 期。

73. 吕炜、郑尚植:《财政竞争扭曲了地方政府支出结构吗? ——基于中国省级面板数据的实证检验》,《财政研究》2012 年第 5 期。

74. 马珺:《财政学研究的不同范式及其方法论基础》,《财贸经济》2015 年第 7 期。

75. 马全中:《近年来政府向社会组织购买公共服务研究述评》,《社会主义研究》2016 年第 2 期。

76. 马源、高太山等:《互联网医疗仍需包容审慎监管》,《经济要参》2020 年第 47 期。

77. 马伟、王亚华、刘生龙:《交通基础设施与中国人口迁移:基于引力模型分析》,《中国软科学》2012 年第 3 期。

78. 毛捷、赵金冉:《政府公共卫生投入的经济效应——基于农村居民消费的检验》,《中国社会科学》2017 年第 10 期。

79. 缪小林、王婷、高跃光:《转移支付对城乡公共服务差距的影响——不同经济赶超省份的分组比较》，《经济研究》2017 年第 2 期。

80. 倪红日、张亮：《基本公共服务均等化与财政管理体制改革研究》，《管理世界》2012 年第 9 期。

81. 平新桥、白洁：《中国财政分权与地方公共品的供给》，《财贸经济》2006 年第 2 期。

82. 钱金保、才国伟：《地方政府的税收竞争和标杆竞争——基于地市级数据的实证研究》，《经济学（季刊）》2017 年第 3 期。

83. 钱先航、曹廷求、李维安：《晋升压力、官员任期与城市商业银行的贷款行为》，《经济研究》2011 年第 12 期。

84. 乔宝云、范剑勇、冯兴元：《中国的财政分权与小学义务教育》，《中国社会科学》2005 年第 6 期。

85. 邵军：《地方财政支出的空间外部效应研究》，《南方经济》2007 年第 9 期。

86. 沈瑞英、赵志远：《特大城市社会组织能力建设机制研究》，《华东理工大学学报（社会科学版）》2015 年第 30 期。

87. 石亚军、高红：《政府职能转移与购买公共服务关系辨析》，《中国行政管理》2017 年第 3 期。

88.《始终把人民生命安全和身体健康放在第一位》，《求是》2020 年第 18 期。

89. 史贝贝、冯晨、康蓉：《环境信息披露与外商直接投资结构优化》，《中国工业经济》2019 年第 4 期。

90. 宋冬林、范欣、赵新宇：《区域发展战略、市场分割与经济增长——基于相对价格指数法的实证分析》，《财贸经济》2014 年第 8 期。

91. 汤韵、梁若冰：《中国省际居民迁移与地方公共支出——基于引力模型的经验研究》，《财经研究》2009 年第 11 期。

92. 唐齐鸣、王彪：《中国地方政府财政支出效率及影响因素的实证研究》，《金融研究》2012 年第 2 期。

93. 唐末兵、傅元海、王展祥：《技术创新、技术引进与经济增长方式转变》，《经济研究》2014 年第 7 期。

94. 陶希东：《高铁时代中国大都市圈发展战略重建研究》，《现代城市研究》

2010 年第 25 期。

95. 田传浩、李明坤、郦水清:《土地财政与地方公共物品供给——基于城市层面的经验》,《公共管理学报》2014 年第 4 期。

96. 田相辉、张秀生:《空间外部性的识别问题》,《统计研究》2013 年第 9 期。

97. 涂正革、谌仁俊:《排污权交易机制在中国能否实现波特效应?》,《经济研究》2015 年第 7 期。

98. 汪锦军:《从行政侵蚀到吸纳增效:农村社会管理创新中的政府角色》,《马克思主义与现实》2011 年第 5 期。

99. 王钦敏:《发展电子政务是提升国家治理能力的重要抓手》,《学习时报》2019 年 12 月 18 日。

100. 王欢明、陈佳璐:《地方政府治理体系对 PPP 落地率的影响研究——基于中国省级政府的模糊集定性比较分析》,《公共管理与政策评论》2021 年第 1 期。

101. 王欢明、陈司:《民生类公共服务支出的横向均等化测度及影响因素研究》,《大连理工大学学报(社会科学版)》2019 年第 40 期。

102. 王丽萍、郭凤林:《中国社会治理的两副面孔——基本公共服务的视角》,《南开学报(哲学社会科学版)》2016 年第 3 期。

103. 王光辉:《后疫情时代大数据技术亟须补短板》,《光明日报》2020 年 9 月 11 日。

104. 王晓明、隆云滔:《新基建的模式与制度创新》,《经济日报(理论版)》2020 年 12 月 14 日。

105. 王永钦、张晏、章元、陈钊、陆铭:《中国的大国发展道路——论分权式改革的得失》,《经济研究》2007 年第 1 期。

106. 王媛:《官员任期、竞争标尺与公共品投资》,《财贸经济》2016 年第 10 期。

107. 文雁兵:《政府规模的扩张偏向与福利效应——理论新假说与实证再检验》,《中国工业经济》2014 年第 5 期。

108. 王姣娥、焦敬娟、金凤君:《高速铁路对中国城市空间相互作用强度的影响》,《地理学报》2014 年第 12 期。

109. 王小龙、余龙：《财政转移支付的不确定性与企业实际税负》，《中国工业经济》2018 年第 9 期。

110. 王雨飞、倪鹏飞：《高速铁路影响下的经济增长溢出与区域空间优化》，《中国工业经济》2016 年第 2 期。

111. 吴红军、刘啟仁、吴世农：《公司环保信息披露与融资约束》，《世界经济》2017 年第 5 期。

112. 吴俊培、郭柃沂：《关于建构我国一般性转移支付基金制度的可行性研究》，《财贸经济》2016 年第 12 期。

113. 吴敏、周黎安：《晋升激励与城市建设：公共品可视性的视角》，《经济研究》2018 年第 12 期。

114. 吴秋余：《巩固拓展减税降费成效》，《人民日报》2020 年 1 月 20 日。

115. 吴群、李永乐：《财政分权、地方政府竞争与土地财政》，《财贸经济》2010 年第 7 期。

116. 吴伟平、刘乃全：《异质性公共支出对劳动力迁移的门槛效应：理论模型与经验分析》，《财贸经济》2016 年第 3 期。

117. 吴延兵：《中国式分权下的偏向性投资》，《经济研究》2017 年第 6 期。

118. 习近平：《全面提高依法防控依法治理能力，健全国家公共卫生应急管理体系》，《求是》2020 年第 5 期。

119. 习近平：《在"不忘初心、牢记使命"主题教育总结大会上的讲话》，《求是》2020 年第 13 期。

120. 习近平：《在庆祝中国共产党成立 100 周年大会上的讲话》，《求是》2021 年第 14 期。

121. 席鹏辉、梁若冰、谢贞发：《税收分成调整、财政压力与工业污染》，《世界经济》2017 年第 10 期。

122. 夏怡然、陆铭：《城市间的"孟母三迁"——公共服务影响劳动力流向的经验研究》，《管理世界》2015 年第 10 期。

123. 项后军、巫姣、谢杰：《地方债务影响经济波动吗》，《中国工业经济》2017 年第 1 期。

124. 辛方坤：《财政分权、财政能力与地方政府公共服务供给》，《宏观经济研究》2014 年第 4 期。

125. 徐超、庞雨蒙、刘迪：《地方财政压力与政府支出效率——基于所得税分享改革的准自然实验分析》，《经济研究》2020 年第 6 期。

126. 徐鹏庆、杨晓雯、郑延冰：《政治激励下地方政府职能异化研究——以基础教育的供给为例》，《财政研究》2016 年第 5 期。

127. 薛澜、张帆、武沐瑶：《国家治理体系与治理能力研究：回顾与前瞻》，《公共管理学报》2015 年第 12 期。

128. Yiu Por Chen：《财政分权下的地方经济发展、地方公共品拥挤效应和劳动力流动——以 1982—1987 年为例》，《世界经济文汇》2009 年第 4 期。

129. 姚文萃、周婕、陈虹桔、陈秋华：《基于互联网公共信息流的区域网络空间结构研究》，《经济地理》2017 年第 10 期。

130. 严雅雪、齐绍洲：《外商直接投资与中国雾霾污染》，《统计研究》2017 年第 5 期。

131. 阎坤、王进杰：《公共品偏好表露与税制设计研究》，《经济研究》2000 年第 10 期。

132. 杨刚强、程恒祥、吴斯：《晋升压力、官员任期与公共服务供给效率——基于中国 70 个城市的实证》，《云南财经大学学报》2020 年第 2 期。

133. 杨刚强、孟霞、孙元元等：《家庭决策、公共服务差异与劳动力转移》，《宏观经济研究》2016 年第 6 期。

134. 杨刚强、孟霞：《促进跨区域公共产品有效供给》，《经济日报（理论版）》2016 年 6 月 2 日。

135. 杨刚强等：《官员晋升激励、标尺竞争与公共品供给——基于 286 个城市的空间杜宾模型实证》，《宏观经济研究》2017 年第 8 期。

136. 杨晓军、陈浩：《中国城乡基本公共服务均等化的区域差异及收敛性》，《数量经济技术经济研究》2020 年第 12 期。

137. 杨晓军：《城市公共服务质量对人口流动的影响》，《中国人口科学》2017 年第 2 期。

138. 姚兆钊、曹卫东、岳洋、张大鹏、任亚文：《高铁对泛长三角地区可达性格局影响》，《长江流域资源与环境》2018 年第 27 期。

139. 叶陈刚、王孜、武剑锋、李惠：《外部治理、环境信息披露与股权融资成本》，《南开管理评论》2015 年第 5 期。

140. 尹恒、朱虹：《县级财政生产性支出偏向研究》，《中国社会科学》2011 年第 1 期。

141. 尹振东、汤玉刚：《专项转移支付与地方财政支出行为——以农村义务教育补助为例》，《经济研究》2016 年第 4 期。

142. 郁建兴、黄飚：《"整体智治"：公共治理创新与信息技术革命互动融合》，《光明日报（理论版）》2020 年 6 月 12 日。

143. 袁飞、陶然、徐志刚、刘明兴：《财政集权过程中的转移支付和财政供养人口规模膨胀》，《经济研究》2008 年第 5 期。

144. 张晏、龚六堂：《分税制改革、财政分权与中国经济增长》，《经济学（季刊）》2005 年第 1 期。

145. 张海峰、林细细、梁若冰、蓝嘉俊：《城市生态文明建设与新一代劳动力流动——劳动力资源竞争的新视角》，《中国工业经济》2019 年第 4 期。

146. 张华：《地区间环境规制的策略互动研究——对环境规制非完全执行普遍性的解释》，《中国工业经济》2016 年第 7 期。

147. 张军、高远、傅勇、张弘：《中国为什么拥有了良好的基础设施？》，《经济研究》2007 年第 3 期。

148. 张军：《中国经济发展：为增长而竞争》，《世界经济文汇》2005 年第 4 期。

149. 张克中、陶东杰：《交通基础设施的经济分布效应——来自高铁开通的证据》，《经济学动态》2016 年第 6 期。

150. 张莉、皮嘉勇、宋光祥：《地方政府竞争与生产性支出偏向——撤县设区的政治经济学分析》，《财贸经济》2018 年第 3 期。

151. 张明军、陈朋：《中国特色社会主义政治发展的实践前提与创新逻辑》，《中国社会科学》2014 年第 5 期。

152. 张琦、郑瑶、孔东民：《地区环境治理压力、高管经历与企业环保投资——

一项基于〈环境空气质量标准（2012）〉的准自然实验》，《经济研究》2019 年第 6 期。

153. 张琦：《公共物品理论的分歧与融合》，《经济学动态》2015 年第 11 期。

154. 张维迎、柯荣住：《信任及其解释：来自中国的跨省调查分析》，《经济研究》2002 年第 10 期。

155. 张晏、龚六堂：《分税制改革、财政分权与中国经济增长》，《经济学（季刊）》2005 年第 1 期。

156. 张怡、李瑞缘：《非营利组织参与农村公共服务税收激励机制研究》，《经济与管理评论》2013 年第 5 期。

157. 张宇：《财政分权与政府财政支出结构偏异——中国政府为何偏好生产性支出》，《南开经济研究》2013 年第 3 期。

158. 张征宇、朱平芳：《地方环境支出的实证研究》，《经济研究》2010 年第 5 期。

159. 赵良玉、李增泉、刘军霞：《管理层偏好、投资评级乐观性与私有信息获取》，《管理世界》2013 年第 4 期。

160. 张小筠、刘戒骄：《新中国 70 年环境规制政策变迁与取向观察》，《改革》2019 年第 10 期。

161. 赵领娣、张磊：《财政分权、人口集聚与民生类公共品供给》，《中国人口·资源与环境》2013 年第 12 期。

162. 赵农、刘小鲁：《区位性因素与公共品的最优供给》，《经济研究》2008 年第 10 期。

163. 赵文、陈云峰：《高速铁路的区域分配效应：基于理论与实证的研究》，《经济社会体制比较》2018 年第 3 期。

164. 周黎安：《晋升博弈中政府官员的激励与合作—兼论我国地方保护主义和重复建设问题长期存在的原因》，《经济研究》2004 年第 6 期。

165. 周黎安：《中国地方官员的晋升锦标赛模式研究》，《经济研究》2007 年第 7 期。

166. 周亚虹、宗庆庆、陈曦明：《财政分权体制下地市级政府教育支出的标尺竞争》，《经济研究》2013 年第 11 期。

167. 周业安、宋紫峰：《公共品的自愿供给机制：一项实验研究》，《经济研究》2008 年第 7 期。

168. 周业安、章泉：《财政分权、经济增长和波动》，《管理世界》2008 年第 3 期。

169. 周业安：《地方政府竞争与经济增长》，《中国人民大学学报》2003 年第 1 期。

170. 朱平芳、张征宇、姜国麟：《FDI 与环境规制：基于地方分权视角的实证研究》，《经济研究》2011 年第 6 期。

171. 卓成刚、曾伟：《试论公共产品的市场供给方式》，《中国行政管理》2005 年第 4 期。

二、英文文献

1. Baicker K. The Spillover Effects of State Spending. *Journal of Public Economics*, 2005, 89 (2-3): 529-544.

2. Baretti, C., Huber, B., Lichtblau, K., A tax on tax revenue: the incentive effects of equalizing transfers: evidence from Germany. International Tax and Public Finance, 2002, Vol. (9), pp. 631-649.

3. Barro R. J. Government Spending in a Simple Model of Endogenous Growth. Journal of Political Economy, 1990, 98 (5): 103-126.

4. Beltratti A., Stulz R. M. "The Credit Crisis around the Globe: Why Did Some Banks Perform Better". Journal of Financial Economics, 2012, 105 (1), pp. 1-17.

5. Bellofatto, A. A. and Besfamille M., 2018, "Regional state capacity and the optimal degree of fiscal decentralization", Journal of Public Economics, vol. 159, pp. 225-43.

6. Besley T., Case A. Incumbent Behavior: Vote Seeking, Tax Setting and Yardstick Competition, American Economic Review, 1995, 85 (1): 25-45.

7. Boadway, R. and Shah, A., 2007, "Intergovernmental Fiscal Transfers:

Principles and Practice", The World Bank.

8. Borcherding T. E., Deacon R T. The Demand for Service of Non-Federal Governments. American Economic Review, 1972, 62 (5): 891–901.

9. Buchanan J. M., An economic theory of clubs, Economica, 1965, pp. 1–14.

10. Campbell D. "A longitudinal and cross-sectional analysis of environmental disclosure in UK companies—a research note". British Accounting Review, 2004, 36 (1), pp. 107–117.

11. Case A. C., Rosen H. S., Hines J. R. Budget Spillovers and Fiscal Policy Interdependence: Evidence from the States, Journal of Public Economics, 1993, 52 (3): pp. 285–307.

12. Castelló I., Lozano J. M. "Searching for New Forms of Legitimacy Through Corporate Responsibility Rhetoric". Journal of Business Ethics, 2011, 100 (1), pp. 11–29.

13. Clark, E. H. "Multipart pricing of public goods", Public Choice, 1971, pp. 17–33.

14. Dahlberg M., Ekl? f M, Fredriksson P., Jofre-Monseny J. Estimating preferences for local public services using migration data. Urban Studies, 2012, 49 (2), pp. 319–336.

15. DiMaggio, P., & Powell, W. W. "The iron cage revisited: Col-lective rationality and institutional isomorphism in organisational fields". American Sociological Review, 1983, 48 (2), pp. 147–160.

16. Elhorst J. P., Fréret S. Evidence of Political Yardstick Competition in France Using a Two-Regime Spatial Durbin Model with Fixed Effects. Journal of Regional Science, 2009, 49 (5): pp. 931–951.

17. Elhorst J. P. "Applied Spatial Econometrics: Raising the Bar. Spatial Economic Analysis", 2010, 5 (1), pp. 9–28.

18. Faguet, J., "Does decentralization increase government responsiveness to local needs? Evidence from Bolivia". Journal Of Public Economics, Vol. 88, No. 3, 2004.

19. Figlio D., Kolpin V., Reid W. Do states play welfare games? Journal of Urban E-

conomics, 1999, 46（3）: pp. 437−454.

20. Fisman R., Khanna T. "Is trust a historical residue? Information flows and trust levels", Journal of Economic Behavior & Organization, 1999, 38（1）, pp. 79−92.

21. Garzarelli, G. "Old and New Theories of Fiscal Federalism, Organizational Design Problems, and Tiebout". Journal of Public Finance and Public Choice, 2004, 22（1−2）, pp. 91−104.

22. Gangqiang Y., Yongyu X., Yuxi M., Social Organization Participation, Government Governance and the Equalization of Basic Public Services: Evidence from China, Int. J. Environ. Res. Public Health 2019, 16（16）, 2996.

23. Gangqiang Y., Yuxi M., Yongyu X., Xia M., Does the Development of a High-Speed Railway Improve the Equalization of Medical and Health Services? Evidence from China, Int. J. Environ. Res. Public Health 2019, 16（9）, 1609.

24. Gangqiang Y., Hong C., Xia M., Regional Competition, Labor Force Mobility, and the Fiscal Behaviour of Local Governments in China, Sustainability 2019, 11（6）, 1776.

25. Gilles Duranton and Diego Puga, "The Economics of Urban Density, Journal of Economic Perspectives", 2020, 34, pp. 3−26.

26. Givoni M. "Development and impact of the modern high-speed train: a review". Transport Reviews, Vol. 26, No. 5 2007, pp. 593−611.

27. Gordon, Roger H., and W. Li. "Provincial and Local Governments in China: Fiscal Institutions and Government Behavior". NBER Working Paper No. 16694.

28. Groves, T. & J. Ledyard, "Optimal allocation of public goods: A solution to free-rider problem, Economitrica", 1977, pp. 783−809.

29. Groves, T., "Incentives in teams", Econometrica, 1973, pp. 617−631.

30. Hainmueller J., Mummolo J., Xu Y. How Much Should We Trust Estimates from Multiplicative Interaction Models? Simple Tools to Improve Empirical Practice. Social Science Electronic Publishing, 2016.

31. Haisen Wang, Gangqiang Yang, Xiao Ouyang, Ziyi Tan, Does environmental in-

formation disclosure promote the supply of environmental public goods? Evidence based on a dynamic spatial panel Durbin model, Environmental Impact Assessment Review, 2022, Volume 93, pp. 1-14.

32. Haisen W., Gangqiang Y., Jiaying Q., City Centrality, Migrants and Green Inovation Efficiency: Evidence from 106 Cities in the Yangtze River Economic Belt of China, Int. J. Environ. Res. Public Health 2020, 17 (2), 652.

33. Hansen W. G. "How accessibility shapes land use". Journal of the American Institute of planners, Vol. 25, No. 2 1969, pp. 73-76.

34. Hatfield J. W., Kosec K. Federal competition and economic growth. Journal of Public Economics, 2013, 97 (2038): pp. 144-159.

35. Jia J., Guo Q., Zhang J. "Fiscal decentralization and local expenditure policy in China". China Economic Review, 2014, 28, pp. 107-122.

36. Jia-nan, Chen. "Contributions of Environmental NGO to Environmental Education in China". IERI Procedia, 2012, 2 (Complete), pp. 901-906.

37. Juergen Bracht, Charles Figuières, Marisa Ratto, Relative performance of two simple incentive mechanisms in a public goods experiment, Journal of Public Economics, Volume 92, Issues 1-2, February 2008, pp. 54-90。

38. Keen M., Marchand M. "Fiscal Competition and the Pattern of Public Spending". Journal of Public Economics, 1997, 66 (1) pp. 33-53.

39. Kim K. S. "High-speed rail developments and spatial restructuring: A case study of the Capital region in South Korea". Cities, Vol. 74, No. 4, 2000, pp. 251-262.

40. Krugma P. Increasing Returns and Economic Geography. Journal of Political Economy, 1991. 99 (3): pp. 483-499.

41. Li H, Zhou L. Political Turnover and Economic Performance: the Incentive Role of Personnel Control in China. Journal of Public Economics, 2005, 89 (9-10): pp. 1743-1762.

42. Lise Anne Slatten, Joshua S. Bendickson, Meagan Diamond, William C. McDowell. "Staffing of small nonprofit organizations: A model for retaining employees", Journal

of Innovation & Knowledge, 2021, 6 (1), pp. 50-57.

43. Lourenco I C., "Rathke A , Santana V, et al. Corruption and earnings management in developed and emerging countries". Corporate Governance International Journal of Business in Society, 2018, 18 (1), pp. 35-51。

44. Marco Battaglini and Stephen Coate. A Dynamic Theory of Public Spending, Taxation, and Debt, American Economic Review 2008, 98：1, pp. 201-236.

45. Mohring, Herbert., "Optimization and Scale Economies in Urban Bus Transportation", American Economic review, 1972, 62 (4). pp. 591-604.

46. Mol A. P. J. "The Lost Innocence of Transparency in Environmental Politics" Transparency in Global Governance. critical Perspectives. 2014.

47. Monzon A., Ortega E., Lopez E. "Efficiency and spatial equity impacts of high-speed rail extensions in urban areas". Cities, Vol. 30, 2013, pp. 18-30.

48. Musgrave R. A. The Theory of Public Finance-A Study in Public Economy. New York: McGraw-Hill Press, 1959.

49. Nechyba T. J., Strauss R. P. Community choice and local public services: A discrete choice approach. Regional Science and Urban Economics. 1998, 28 (1): pp. 51-73.

50. Oakland W. H. Congestion. "public goods and welfare", Journal of public economics, 1972, 1 (3): pp. 339-357.

51. Oates W. E. The Effects of Property Taxes and Local Public Spending on Property Values: An Empirical Study of Tax Capitalization and the Tiebout Hypothesis. Journal of Political Economy, 1969, 77 (6): 957-971

52. Oates, W. E., "Fiscal Federalism. Harcourt Brace Jovanovic", New York, 1972.

53. Oates, Wallace E., Fiscal Federalism, New York; Harcourt, Brace, Jovanovich, 1972.

54. Olson. M., "The Logic of Collective Action : public goods and the theory of groups", Cambridge: Harvard University Press ltd, 1965.

55. Pan J. Measuring the Goals and Incentives of Local Chinese Officials. Harvard University Working Papers, 2013.

56. Philipp Lergetporer, Katharina Werner, Ludger Woessmann. Educational inequality and public policy preferences: Evidence from representative survey experiments, Journal of Public Economics, Volume 188, August 2020, 104226.

57. Peisakhin L., Pinto P. "Is transparency an effective anti-corruption strategy? Evidence from a field experiment in India" Regulation & Governance, 2010, 4 (3), pp. 261 −280.

58. Richard A. Musgrave, Alan T. Peacock, "Classics in the Theory of Public Finance", Palgrave Macmillan, London, 1958.

59. Roth, K., and O'Donnell S. "Foreign subsidiary compensation strategy: An agency theory perspective". Academy of Management Journal, 1996, 39 (3), pp. 678 − 703.

60. Saavedra L. A model of welfare competition with evidence from AFDC. Journal of Urban Economics, 2000, 47 (2): 248−279.

61. Sasaki K., Ohashi T., Ando A. "High-speed rail transit impact on regional systems: Does the Shinkansen contribute to dispersion?", The Annals of Regional Science, Vol. 31, No. 1, 1997, pp. 77−98.

62. Schmitz P. W ., "Government versus private ownership of public goods: The role of bargaining frictions", Journal of Public Economics, 2015, 132, pp. 23−31.

63. Shih, Victor, Ming xing Liu and Qi Zhang, Eating Budget: The logical of Fiscal Transfers under Predatory Fiscal Federalism . FED Working Papers Series, 2005, No. FE20050009.

64. Shroff N., Verdi RS, and Yu G. "Information Environment and the Investment Decisions of Multinational Corporations". Accounting Review, 2014, 89 (2), pp. 759−790.

65. Smoke P. "Decentralisation in Africa: goals, dimensions, myths and challenges". Public Administration and Development, 2003, 23 (1): pp. 7−16.

66. Taniguchi M., Nakagawa D., Toda T. "The changing urban hierarchy of Japan:

the impact of the high-speed rail", Cities in competition: productive and sustainable cities for the 21st Century. Melbourne: Longman, 1995, pp. 191-199.

67. Thompson P. N., "Effects of fiscal stress labels on municipal government finances, housing prices, and the quality of public services: Evidence from Ohio", Regional Science And Urban Economics, 2017, (64) pp. 98-116.

68. Tiebout, C., "A Pure Theory of Local Expenditures", Journal of Political Economy, 1956, 64 (5), pp. 416-424.

69. Tsai P. Fiscal Incentives and Political Budget Cycles in China. International Tax and Public Finance, 2016, 23 (6): 1030-1073.

70. Vatn, Arild. "Environmental Governance – From Public to Private?", Ecological Economics, 2018, 148.

71. Vickerman R. W., "Spiekermann K, Wegener M. Accessibility and economic development in Europe", Regional Studies, Vol. 33, No. 11, 999, pp. 1-15.

72. Vickrey, William. "Counterspeculation, Auctions, and Competitive Sealed Tenders", The Journal of Finance, 1961, pp. 8-37.

73. Weingast, Barry R., "Second Generation Fiscal Federalism: The Implications of Fiscal Incentives", Journal of Urban Economics, 2009, pp. 279-293.

74. Weisbrod, Burton. "Toward a Theory of the Voluntary Nonprofit Sector in a Three-Sector Economy", Morality and Economic Theory, 1977, pp. 98-110.

75. Wilson, John D., "Theories of Tax Competition", National Tax Journal, 1999, pp. 269-304.

76. Xiqian, Cai, Yi, et al. Does environmental regulation drive away inbound foreign direct investment? Evidence from a quasi-natural experiment in China. Journal of Development Economics, 2016, 123, pp. 73-85.

77. Xu C. The Fundamental Institutions of China´s Reforms and Development, Journal of Economic Literature, 2011, 49 (4): 1076-1151.

78. Yuanni Wang, Hailin Cao, Yingchun YuanRuilian Zhang, "Empowerment through emotional connection and capacity building: Public participation through

environmental non-governmental organizations", Environmental Impact Assessment Review, 2020, 80.

79. Yan Song, XiaoZhang, MingZhang. The influence of environmental regulation on industrial structure upgrading: Based on the strategic interaction behavior of environmental regulation among local governments, Technological Forecasting and Social Change, Volume 170, September 2021, pp. 1-12.

80. Zhang L., Mo A, He G. "Transparency and information disclosure in China´s environmental governance", Current Opinion in Environmental Sustainability, 2016, 18, pp. 17-24.

81. Zodrow, G. and Mieszkowski, P. (1986). "Pigeou, Tiebout, property taxation and the underprovision of local public goods", Journal of Urban Economics, Vol. 19, p. 356.

82. Zongliang Ma, Changjun Li, Yunshu Xue, Chibuike K. Nduneseokwu, Xiao Wang, Marie K. Harder, "From pioneer to promotion: How can residential waste diversion non-profit organizations (NPOs) best co-evolve in modern China?", Environmental Challenges, 2021, (3).

83. Zuo C. V. Promoting City Leaders: The Structure of Political Incentives in China. The China Quarterly, 2015, 224: 955-984.

84. Harvey S. Rosen. The way we were (and are): changes in public finance and its textbooks. No. w5972. National Bureau of Eronomic Research, 1997. http://www. nber. org/papers/w5972.

三、相关著作

1.《十八大以来重要文献选编》（中），中央文献出版社 2016 年版。

2.《中华人民共和国国民经济和社会发展第十四个五年规划和 2035 年远景目标纲要》，人民出版社 2021 年版。

3.［英］安东尼·B. 阿特金森、［美］约瑟夫·E. 斯蒂格里：《公共经济学》，上海三联书店出版社 1992 年版。

4. 奥斯本，盖布勒：《重塑政府》，周敦仁等译，上海译文出版社 2019 年版。

5. CharlesD. Kolstad 著，傅晋华、彭超译：《环境经济学》，中国人民大学出版社 2011 年版。

6. 查尔斯·韦兰著，魏陆译：《公共政策导论》，格致出版社、上海三联书店、上海人民出版社 2014 年版。

7. 丹尼斯·C. 穆勒著，韩旭、杨春学等译：《公共选择理论（第三版）》，中国社会科学院出版社 2017 年版。

8. 道格拉斯·C. 诺斯著，杭行译：《制度、制度变迁与经济绩效》，格致出版社、上海三联出版社、上海人民出版社，2019 年版。

9. 樊丽明：《中国公共品市场与自愿供给分析》，上海人民出版社 2005 年版。

10. 盖伊. 彼得斯：《政府未来的治理模式》，中国人民大学出版社 2001 年版。

11. 高培勇：《公共经济学（第三版）》，中国人民大学出版社 2018 年版。

12. 龚辉文：《促进可持续发展的税收政策研究》，中国税务出版社 2005 年版。

13. 洪银兴、尚长风：《公共财政学》，南京大学出版社 2012 年版。

14. 胡伟、吴伟：《中国城市公共服务评价报告》，社会科学文献出版社 2013 年。

15. 黄冠豪：《中国城市公共品需求表达机制研究》，西南财经大学出版社 2016 年版。

16. 黄佩华、迪帕克等：《中国：国家发展与地方财政》，中信出版社 2003 年版。

17. 加里. S. 贝克尔著，李杰、王晓刚译：《偏好的经济分析》，格致出版社、上海三联出版社、上海人民出版社，2015 年版。

18. 贾康等：《财政学通论》，中国出版集团、东方出版中心 2019 年版。

19. 李·S. 弗里德曼：《公共政策分析的微观经济理论》，中国人民大学出版社 2019 年版。

20. 刘君：《财政分权、空间溢出与我国公共物品供给研究》，吉林大学出版社 2017 年版。

21. 卢洪友、卢盛峰、陈思霞：《公共品定价机理研究》，人民出版社 2011 年版。

22. 卢洪友：《政府预算学》，武汉大学出版社 2006 年版。

23. 马光荣：《中国财政分权的成就与代价——地方政府激励的视角》，中国人民大学出版社 2019 年版。

24. 马国贤、任晓辉：《公共政策分析与评估》，复旦大学出版社 2012 年版。

25. 马克·布劳格：《经济理论的回顾》，中国人民大学出版社 2018 年版。

26. 麦履康、黄挹卿：《中国政府预算若干问题研究》，中国金融出版社 1998 年版。

27. 曼昆：《经济学原理：微观经济学分册》，梁小民、梁砾译，北京大学出版社 2009 年版。

28. 曼瑟·奥尔森：《集体行动的逻辑》，陈郁、郭宇峰、李崇新译，格致出版社、上海人民出版社 2018 年版。

29. 乔治恩德勒：《面向行动的经济伦理学》，上海社会科学出版社 2002 年版。

30. 萨缪尔森：《经济学》，华夏出版社 1999 年版。

31. 萨缪尔森：《经济学》，商务印书馆 2013 年版。

32. 商庆军：《公共财政政策的激励相容机制》，经济科学出版社 2010 年版。

33. 斯蒂格利茨：《政府为什么干预经济：政府在市场经济中的角色》，中国物资出版社 1998 版。

34. 唐纳德·E. 坎贝尔：《激励理论：动机与信息经济学》，王新荣译，中国人民大学出版社 2013 年版。

35. 田国强：《高级微观经济学》，中国人民大学出版社 2016 年版。

36. 王浦劬、莱斯特·萨拉蒙等：《政府向社会组织购买公共服务研究》，北京大学出版社 2010 年版。

37. 王守义：《财政分权、转移支付与基本公共服务供给效率》，社会科学文献出版社 2017 年版。

38. 王雯：《地区间外溢性公共品供给研究——以缓解治理为例》，经济科学出版社 2017 年版。

172. 邬志辉、秦玉友：《中国农村教育发展报告 2019》，北京师范大学出版社 2020 年版。

173. 伍凤兰、董江涛、赵文强：《区域公共产品的有效供给与实现路径研究》，中国经济出版社 2016 年版。

39. 习近平：《决胜全面建成小康社会 夺取新时代中国特色社会主义伟大胜利——在中国共产党第十九次全国代表大会上的报告》，人民出版社 2017 年版。

40. 杨刚强、孟霞：《公共服务、家庭结构对劳动力转移的影响及公共政策选择》，人民出版社 2017 年版。

41. 杨长江、陈伟浩编著：《微观经济学》，复旦大学出版社 2004 年版。

42. 杨志勇、张馨：《公共经济学》，清华大学出版社 2017 年版。

43. 姚志勇等：《环境经济学》，中国发展出版社 2002 年版。

44. 叶响裙：《公共服务多元主体供给：理论与实践》，社会科学文献出版社 2014 年版。

45. 约瑟夫·E. 斯蒂格利茨：《公共部门经济学》（第三版），中国人民大学出版社 2005 年版。

46. 詹姆斯·M. 布坎南：《公共品的需求与供给》，上海人民出版社 2017 年版。

47. 张康之：《合作的社会及其治理》，上海人民出版社 2014 年版。

48. 张五常：《卖桔者言》，四川人民出版社 1988 年版。

49. 张晓嫦：《中国公共支出与公共产品研究：宏观优化的视角》，上海社会科学院出版社 2016 年版。

50. 章奇、刘明兴：《权力结构、政治激励和经济增长》，格致出版社、上海三联书店、上海人民出版社 2016 年版。

51. 珍妮特、罗伯特：《新公共服务：服务，而不是掌舵》，丁煌译，中国人民大学出版社 2016 年版。

52. 中共中央文献研究室：《习近平关于社会主义生态文明建设论述摘编》，中央文献出版社 2020 年版。

53. 中共中央宣传部：《习近平总书记系列重要讲话读本》，人民出版社 2016 年版。

54. 周黎安：《转型中的地方政府：官员激励与治理》，格致出版社、上海三联书店、上海人民出版社 2017 年版。

55. 周业安等；《社会偏好理论与社会合作机制研究》，中国人民大学出版社 2011 年版。

四、网络文献

1. Besley，Timothy J. and Ghatak，Maitreesh，Government Versus Private Ownership of Public Goods（March 2001）. Available at SSRN：https：//ssrn. com/abstract = 266455.

2. 财政部、国家税务总局：《关于全面推开营业税改征增值税试点的通知（财税〔2016〕36 号）》2016 年 3 月 23 日。

3. 国家发展和改革委员会：《关于印发国家基本公共服务标准（2021 年版）的通知》2021 年 4 月 20 日。

4. 国家发展和改革委员会：《中长期铁路网规划（2008 年调整）》2008 年 10 月 8 日。

5. 国家发展和改革委员会：《中长期铁路网规划（2016 年调整）》2016 年 7 月 20 日。

6. 国家发展和改革委员会等：《关于印发加大力度推动社会领域公共服务补短板强弱项提质量促进形成强大国内市场的行动方案的通知》2019 年 2 月 19 日。

7. 国家统计局：《第七次全国人口普查公报（第七号）》2021 年 5 月 11 日。

8. 国家统计局：《中华人民共和国 2019 年国民经济和社会发展统计公报》2020 年 2 月 28 日。

9. 国家统计局：《中华人民共和国 2020 年国民经济和社会发展统计公报》2021 年 2 月 28 日。

10. 国务院：《关于推进中央与地方财政事权和支出责任划分改革的指导意见》2016 年 8 月 24 日。

11. 国务院：《关于印发"十三五"推进基本公共服务均等化规划的通知》2017 年 3 月 1 日。

12. 国务院：《国务院关于实行分税制财政管理体制的决定（国发〔1993〕85 号）》1993 年 12 月 15 日。

13. 国务院：《关于印发所得税收入分享改革方案的通知（国发〔2001〕37 号）》2001 年 12 月 31 日。

14. 国务院办公厅:《关于印发基本公共服务领域中央与地方共同财政事权和支出责任划分改革方案的通知》2018 年 1 月 27 日。

15. 国务院办公厅:《医疗卫生领域中央与地方财政事权和支出责任划分改革方案》2018 年 8 月 13 日。

16. 国务院办公厅:《促进"互联网+医疗健康"发展的意见（国办发〔2018〕26 号）》2018 年 4 月 28 日。

17. 国务院新闻办公室:《中共中央关于全面深化改革若干重大问题的决定》2013 年 11 月 15 日。

18. 习近平:《决胜全面建成小康社会夺取新时代中国特色社会主义伟大胜利》2017 年 10 月 18 日。

19. 习近平:《决胜全面建成小康社会夺取新时代中国特色社会主义伟大胜利——在中国共产党第十九次全国代表大会上的报告》2017 年 10 月 27 日。

20. 新华社:《中共中央关于坚持和完善中国特色社会主义制度推进国家治理体系和治理能力现代化若干重大问题的决定》2019 年 11 月 5 日。

21. 新华社:《中国共产党第十九届中央委员会第五次全体会议公报》2020 年 10 月 29 日。

22. 新华社:《中华人民共和国国民经济和社会发展第十四个五年规划和 2035 年远景目标纲要》2021 年 3 月 13 日。

23. 中华人民共和国中央人民政府:《"健康中国 2030"规划纲要》2016 年 10 月 25 日。

24. 中华人民共和国中央人民政府:《国家新型城镇化规划（2014—2020 年）》2016 年 5 月 5 日。

25. 中共中央办公厅、国务院办公厅:《关于构建现代环境治理体系的指导意见》2020 年 3 月 3 日。

后　记

促进地方公共品有效供给，实现基本公共服务均等化水平明显提高，是我国社会治理的核心议题之一，也是我国坚持以人民为中心的发展思想，实现全体人民共同富裕的必然要求。学界围绕这一问题从多种视角进行了深入的理论研究，各地方政府也进行了丰富多样的实践探索。为更好满足人民日益增长的美好生活需要，中央政府和地方政府把保障和改善民生放到了更加重要的位置，在地方公共品供给理论、制度和实践进行了有效的探索和创新，形成了一系列行之有效的政策和制度体系，采取有力措施保障和改善民生，各地区基本公共服务水平得到大幅提升。但也应认识到，地方公共品供给不平衡不充分的问题依然突出，民生保障依然存在短板弱项。随着我国进入高质量发展新阶段，已开启全面建设社会主义现代化国家的新征程，增进民生福祉，完善社会治理体系和治理能力现代化显得尤为重要，有效提高地方政府公共品供给质量和效率是重要任务。

新发展阶段，实现经济高质量发展的生产要素正在发生深刻变革，包括要素投入结构和要素边际贡献的变革，影响经济社会发展的因素趋于复杂多元。提升地方基本公共服务供给的质量和水平，根本的在于满足人民日益增长的美好生活的需要，但也对城市资源要素的集聚和合理配置、扩大内需和构建新发展格局、推动高质量发展和实现全体人民的共同富裕等，都具有重要的保障和促进作用。本书立足这一宏观背景，全面分析了劳动力流动、有效需求空间转移、环境信息披露、社会组织参与等因素，对地方政府公共品支出回应性的影响，并力图从完善供给制度、优化供给机制、创新供给模式等方面，构建地方政府基本公共服务高质量供给的制度体系。但对这一问题的认识还在不断地深化，相关的研究还在不断地推进，解决的路径还在不断的探索，本书只是提供了一种理解的思路。

本书内容是团队多年研究成果的结晶，具体写作分工如下：杨刚强撰写导论、第一章、第二章和第七章，陈洪、杨刚强撰写第三章，马雨希、杨刚强撰写第四章，王海森、杨刚强撰写第五章，薛永钰、杨刚强撰写第六章。衷心感谢参与写作的团队成员、给予指导和帮助的老师以及所列参考文献的作者。

本书在写作过程中参考了大量国内外文献，努力把握该领域研究的前沿和最新实践，但书中难免有不足之处，真诚地希望广大读者批评指正并提出宝贵建议。